초일류기업을 위한
스마트  생산운영

심현식 저

박영사

머리말

연구실에서 바라보는 광교산 자락은 삭풍이 몰아치는 엄동설한에 앙상한 가지만 남기고 흰눈으로 뒤덮혀 있다. 지난 여름의 뜨거운 태양과 때없이 쏟아지는 장마와 태풍에 살아남은 나무들은 언제 그랬냐는 듯 변함없이 그 자리에서 또 다른 새로운 모습으로 우리에게 다가온다. 이제는 한겨울의 혹독한 추위를 이겨내고 생명이 잉태하는 따뜻한 봄을 기다리고 있으리라.

처음에는 일년에 한 권씩 책을 쓰리라 작정했지만, 해가 갈수록 그 기간이 조금씩 길어져 간다. 나의 게으름과 나태함을 탓하면서도 이 또한 자연의 섭리라 스스로 위로하면서 집필하였다. 한여름의 뜨거운 태양과 장마가 지나가고, 한겨울의 혹한을 2번 거치며 이 책은 다시 세상에 나오게 되었다. 그동안 감추어져 있던 우리만의 생산방식에 대하여 고민해보고 모르던 것들을 하나씩 찾아내어 세상 밖으로 내보낸다. 부족하지만 이 분야를 공부하는 학생들과, 흥망의 기로에서 변화를 열망하는 기업들에게 조금이나 도움이 된다면 더할 나위없는 큰 선물이 되리라 믿으며 힘을 내어 원고를 집필하였다.

오늘날 우리가 살아가고 있는 세상은 무서운 속도로 변화하고 있다. 그중에서도 특히 제조업의 급격한 변화는 기업의 생존과 직결되는 문제로 더 심각하게 다가오고 있다. 4차 산업혁명으로 대표되는 인공지능(AI), 빅데이터(Big Data), 사물인터넷(IoT), 스마트팩토리(Smart Factory), 스마트제조(Smart Manufacturing) 등 변화의 큰 물결앞에 많은 제조기업들이 조금이라도 경쟁력을 높이기 위하여 치열한 변신을 해나가고 있다.

최근 대형은행들은 코로나로 창구에 내방하는 고객은 줄고 온라인 고객이 늘어나면서 점포를 통합하고, 이에 더하여 AI 행원을 만들어서 창구에 배치하여 그 영역이 영업점을 넘어 앱까지 진출한다고 발표하였다. 국내 자동차 회사에서는 실제 공장과 똑같은 메타팩토리(메타버스&스마트팩토리)를 만들어서 가상공장에서 고객이 주문하는 제품의 사양을 먼저 만들어보고 실제 공장에서 제품을 생산한다고 발표하였다. 가전제품 회사에서도 인공지능(AI) 기반의 통합 가전솔루션 '스마트싱스홈라이프'를 통하여 맞춤형 제품을 출시한다고 발표하였다. 이와 같이 제조의 패러다임은 개인화 & 맞춤형 생산시대로 변화하고 있고, 그에 따른 운영시스템의 중요성은 점점 더 높아지고 있다. 이러한 시대적인 변화와 혁신의 요구에 발빠르게 대응해나가고 준비하는 기업들은 살아남아서 그 열매를 따먹고, 제대로 대응하지 못하는 기업들은 점점 경쟁력을 상실해가고 있는 것이 오늘의 냉혹한 현실이다.

또한 오늘날 대학을 졸업한 학생들의 취업 문제는 얼마나 심각한가. 대기업, 공기업의 입사경쟁율은 수십대일에서 수백대일에 달하고, 그 경쟁률을 뚫고 입사하기란 낙타가 바늘구멍을 통과하는 것만큼이나 어려워졌다. 그러다보니 재수·삼수는 기본이고 삼포(연애, 결혼, 출산)세대가 사회의 신조어로 떠오른 지 오래되었다. 이러한 삼포세대가 나오게 된 배경은 안정된 일자리를 구하지 못한 데서 비롯된 것임은 두말할 필요가 없다. 이와 같이 기업은 기업대로 시장에서 생존하기 위하여 지속적인 변화와 혁신을 해야 하고, 또 그 과정에서 직장인들은 아무런 준비 없이 거리로 내몰리고 있다.

필자는 기업의 제조현장에서 경쟁력을 끌어올리기 위한 스마트팩토리, 스마트매뉴팩처링 구축 업무를 추진하였고, 몸담고 있는 기업의 눈부신 발전을 함께 하였다. 그러한 성장의 가장 큰 비결은 사원들의 열정도 중요하지만, 기업의 빠른 변화와 혁신 그리고 정보시스템을 활용한 기업 경쟁력의 확보라는 것을 결코 부인할 수 없다.

본 저서는 크게 생산방식, 생산공정관리, 운영시스템, 프로세스 및 사례연구 순으로 구성되어 있다. 첫째, 생산방식의 변천과정 및 주요 생산방식, 동기화생산에 대한 이해와 기법들에 대하여 살펴보고, 둘째, 생산공정관리 및 필요한 핵심기술들에 대하여 다루었다. 초일류기업에서 사용하는 최신 공정관리 및 설비관리, 그리고 품질관리 기법 위주로 기술하였다. 셋째, 운영시스템에서는 전체 공장운영의 중요한 역할을 담당하는 Factory Integration 및 자동화에 대하여 정리하였다. 마지막으로 생산프로세스 및 프로세스혁신, 그리고 생산시스템 사례에 대하여 기술하였다.

본 저서는 제조패러다임의 변화에 맞추어 현장의 생산방식과 운영시스템에 초점을 맞추었고, 이에 필요한 핵심 기술들을 살펴보고 나아갈 방향을 제시하고자 하였다. 핵심적으로 필요한 기술들은 이론적인 내용과 독자의 이해를 돕기 위하여 현장 사례들을 추가하여 기술하고, 일정계획·설비지능화 등 기업에서 많이 이슈가 되고 있는 분야는 이론적인 내용 위주로 최대한 자세하게 기술하였다. 또한 현장에서 활용할 수 있는 알고리즘 및 예제를 추가하여 학생들이 실무와 이론을 같이 학습할 수 있도록 배려하였다.

필자는 그동안 제조현장에서 생산·기술·품질·스마트제조 업무를 수행하면서, 현장의 프로세스이노베이션(process innovation)·생산시스템·무인자동화에 이르는 전 과정을 선도적으로 추진하였다.

무인화된 스마트제조 라인을 구현하려면 제조현장의 생산·기술·품질·설비관리 등 전체 공장운영(smart operation system)에 필요한 각 부분의 프로세스혁신 작업이 선행되어야 하고, 운영시스템에는 현장의 업무(process & know−how)가 그대로 녹여져 들어가 있어야 한다. 그리고 이러한 제조 패러다임의 변화가 제조경쟁력의 원천이 되고, 이러한 활동들이 기업이 초일류기업으로 도약하는 데 핵심 요소가 된다는 것을 직접 경험하였다. 아울러 초일류기업으로 성장하려면 관련된 분야의 최신기술에 대한 지속적인 벤치마킹, 끊임없는 혁신 활동이 전제되어야 한다는 것은 두말할 필요가 없을 것이다.

그동안 국내 대기업의 제조경쟁력은 세계 최고의 수준에 올라섰지만, 그 위상에 걸맞은 우리만의 독자적인 생산방식이 없다는 것에 대하여 이 분야를 연구하는 학자로서 항상 아쉽고 안타까운 마음을 지울 수 없었다. 특히 생산방식·스마트팩토리·스마트제조 분야의 이론적 정리된 내용들이 많지 않지만, 최대한 관련 자료들을 체계적으로 정리하여 전반적인 이해를 도울 수 있도록 기술하였다. 현재 우리의 경쟁우위를 지속적으로 확보해나가고, 우리의 후세대에 선배들이 이룩한 우수한 생산방식(know-how)을 전수해 줌으로써 선진 제조강국으로 도약하는 계기가 되리라 믿으며, 그동안의 실무경험과 강의 및 자료들을 정리하여 이 책을 집필하게 되었다.

마지막으로 생산방식에 대한 체계적인 연구가 부족한 상황에서 강의용 교재로 출간하다 보니 그 내용이 다소 미약하고 일부 순서가 맞지 않는 부분들이 있을 수 있다는 것을 미리 말씀드리며, 앞으로 빠른 시일내에 더 나은 내용으로 독자들에게 보답할 것을 약속한다.

본 교재를 출간할 수 있기까지 저의 영원한 스승이신 사랑하는 부모님, 그리고 가정에서 많은 응원과 후원을 아끼지 않은 사랑하는 아내와 우진이, 윤옥이가 있기에 이 책이 나오게 되었습니다. 그리고 물심양면으로 지원해 주신 경기대 산업경영공학과 교수님과, 집필 과정에 처음부터 함께 해준 경기대 조유진 양에게도 진심으로 감사의 말씀을 드립니다.

끝으로 본 도서가 나오기까지 오랫동안 많은 도움과 지원을 아끼지 않으신 박영사 안종만 회장님, 안상준 대표님, 영업부 정연환 과장, 편집부 탁종민 대리께도 깊은 감사를 드립니다.

2023년 봄
광교산자락 연구실에서
玄 岩

차례

CHAPTER 03 생산공정관리

CHAPTER 04 설비관리

CHAPTER 05 초일류기업의 품질관리

CHAPTER 06 Factory integration

CHAPTER 07 자동화(automation)

CHAPTER 08 프로세스 혁신 (1)

생산방식의 변화과정

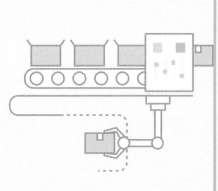

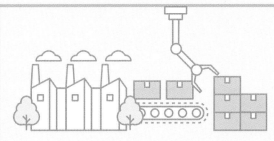

초기에는 '생산관리' 용어가 대부분 제조업의 생산활동만을 의미했으나, 최근 서비스 산업을 비롯해 비제조기업이 점점 증가하면서 '생산운영관리', '생산경영', '오퍼레이션스 경영' 등으로 불리고 있다. 모든 시스템은 투입, 변환, 그리고 산출의 세 가지 과정을 거치는데, 생산운영시스템 역시 자재, 설비, 자본, 기술을 투입해 제품이나 서비스를 만들어낸다. 이러한 과정에서 이익을 최대화하고 비용을 최소화하는 효율적인 생산방식이 생산운영시스템의 목표인 것이다. 생산방식에 대하여 좀더 이해를 쉽게 하기 위해서 경영이 어떻게 발전되어 왔는지를 살펴보자.

농경과 목축 그리고 인간과 자연과의 교환활동을 주고받았던 과거에도 '경영'이란 개념은 존재하였다. 이는 인간과 인간의 물물 교환의 형태로 발전하면서 화폐 등장의 배경이 되어, 경영 활동을 활성화 시켰다. 이렇게 초기 경영의 가장 간단한 관리 형태이며, 과학적 관리에 대응하는 경험 및 인습적 관리 방법을 표

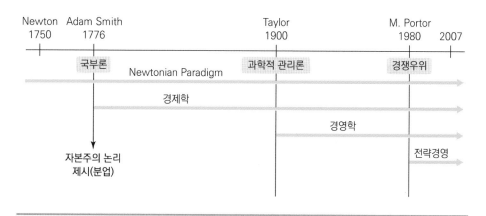

▲ 그림 1-1 경영학의 발전 과정

류관리라고 한다. 이를 기점으로 경영의 형태는 점차 발전하며 나아갔다. 1776
년 애덤 스미스가 "국부론"에서 처음으로 분업을 주장하면서 경제학으로 발전하
였고, 18세기 영국에서 시작된 산업혁명(industrial revolution)을 계기로 대량생산
이 이루어지면서 체계적이고 구체적인 이론에 근거한 경영의 필요성이 제기되
었다.

스미스는 당시 한 지붕 밑에서 수공업으로 핀을 만들던 작업을 나누어 했을
때의 생산량을 측정함으로써 분업의 효율성을 강조하였다.

📖 **분업**

애덤스미스는 국부론에서 분업은 생산의 기초이고 국부의 원천이라고 주장하였다. 분업이 생산성을
향상시킬 수 있는 이유는 "근로자들이 반복작업을 통해서 자신들이 맡은 일에 더 빨리 숙련되고,
하나의 작업에서 다른 작업으로 이동하는 시간을 절약할 수 있으며, 근로자 스스로 작업능률을 획
기적으로 올릴 수 있는 생산방법을 찾아낼 수 있기 때문이다"라고 하였다. 그러면서 옷핀을 예로
들었는데, 옷핀을 만드는 데는 약 18개의 공정을 거쳐야 하고, 이 공정을 한 사람이 진행할 경우
하루에 만들 수 있는 양이 약 20개를 만들 수 있다. 그런데 이 공정을 10명이 나누어 작업(분업)을
할 경우는 약 48,000개를 만들 수 있다고 주장하였다. 분업을 함으로써 인당 생산성을 약 240배
높일 수 있다는 것을 보여주었다.

분업을 하면 한 작업에 집중해 숙련도가 향상되고, 이동시간이 단축되며 작
업이 단순해져 기계를 바꿀 생각도 하게 되는 것이다. 이렇듯 생산방식은 갑자
기 한 시대에 등장한 개념이 아니라 과거에서부터 개발된 기법이나 일하는 방법
이 축적된 것으로 볼 수 있다.

이후 1900년대 들어서면서 프레드릭 W.테일러의 출현으로 과학적 관리론이
나오면서 경영학이라는 학문이 본격적으로 대두되기 시작하였다.

1980년대 들어오면서 마이클 포터의 경쟁우위 전략을 비롯하여 디지털경영,
감성경영, 기술경영, 품질경영 등 융복합 시대의 종합적인 생산운영으로 발전하
게 된다(표 1-1).

다음절에서는 현대 생산운영의 근간이 되는 주요한 생산방식에 대하여 살펴
보기로 한다.

▍표 1-1 생산운영관리의 역사

연대	공헌한 사람 및 기관	생산관리 발전에 공헌한 내용
1770년대	J. Watt J. Hargreaves Adam Smith Eli Whitney	• 증기기관의 발명 • 방적기관의 발명 • 국부론(분업에 의한 생산성 향상) • 호환성 부품
1830년대	C. Babbage	시간연구에 의한 임금 차별화 개념
1910년대	F. W. Taylor Frank and Lillian Gilbreth Henry Ford Henry L. Gantt A. K. Erlang	• 차별적 성과급에 의한 과업관리(과학적 관리법) • 산업심리학과 동작 연구(경제적인 작업방법) • 이동조립법에 의한 대량생산방식 확립(표준화, 전문화, 단순화) • 간트 차트 창안(도해적 생산경영) • 대기행렬이론
1920년대	E. W. Harris E. Mayo Shewhart and Feigenbaum H. B. Maynard McGreger L. H. C. Tippet Mirofanov University of Pennsylvania G. B. Danzing UNIVAC NASA Dickey	• EQQ 모델 제시(계량적 생산경영) • 호손 실험에 의한 인간관계론 • SQC, TQC • 동작 및 시간연구를 방법공학으로 통합 • X 이론, Y 이론 • 작업측정에 있어서 워크샘플링 도입 • GT 도입 • 최초의 컴퓨터 ENIAC 개발 • 심플렉스 해법에 의한 선형(lp)모델 개발 • 최초의 상업용 컴퓨터 UNIVAC 개발 • PERT 개발 • ABC 분석
1965년	E. S. Buffa Qilicky	• 시스템적 생산경영 • MRP
1960년대	학계, 기업, 연구 기관 등	• 시뮬레이션, 의사결정 이론, 동적 계획법 등 • 경영과학의 개발, PERT/CPM, 인간공학의 등장, VE
1970년대	학계, 기업, 연구 기관 등	수요예측, 입지, 시설배치, 일정관리, 재고관리, FMS, TPM, QM
1980년대	마이클 포터, 스키너, 윌리엄 오우치, 이면우 등	• 전반적인 전략과 정책에 따른 생산활동(경쟁전략, 경쟁우위) • 종합적인 접근 방식, 제품개발, QFD • 종합적인 생산관리로 접근, Z 이론, W 이론
1990년대	로렌스, 로시, 마이클 헤리 등	상황이론, ERP, 6σ, CIM, SCM, CRM
2000년대	피터 드러커, 피터 셍게, 밀러	디지털 생산경영 시대, 지식 근로자의 출현, 지식경영, 학습경영, 감성경영, fusion 경영, 기술경영
2010년	스티브 잡스, 롤프 안센, 게리 허멀, 리처드 브랜슨 등	융복합 시대, 스토리텔링 경영, 핵심역량, 스마트폰, 유비쿼터스, RFID, 감성경영

자료: 유지철(2013).

02 | 포드 생산시스템

제조의 과정을 주문에 의한 조달 개념에서 대량생산의 개념으로 바꾸어놓은 대표적인 생산체계는 포드 생산시스템이다. 이는 소품종 대량생산의 시작으로 오늘날 모든 생산시스템의 가장 밑바탕에 자리 잡은 개념이다. 도요타 생산시스템도, 또는 이보다 더 효율적인 첨단 생산방식도 그 바탕은 포드 생산시스템의 과학성을 기초로 하고 있으며, 대부분 그 틀 안에서 단점을 보완하고 개량한 방식이라고 할 수 있다. 현대의 물질적 풍요는 포드 생산시스템의 산물이라고 봐도 과언이 아니다. 포드 생산시스템이 제조에 가져다준 획기적인 생산성 변화, 예를 들면 생산시간의 80~90% 이상 단축, 생산량의 5~10배 이상의 증대, 생산원가를 종전의 20% 수준 이하로 낮출 수 있었던 것은 생산방식의 일대 획기적인 변화라 할 수 있다.

19세기 말부터 20세기 초까지, 산업화 과정에 있던 미국에서는 공장 형태의 공업이 급진적으로 발전하기 시작했다. 그 규모는 점차 확대되어 근대적 생산관리 형태가 출현하기에 이르렀지만 관리의 형태는 대부분 인습적이고 구시대적인 방법으로 유지되었다. 따라서 산업 현장에서는 언제나 임금과 생산성 문제로 인한 노사 간 첨예한 대립이 이어지고 있어, 이를 해소할 수 있는 방안이 절실하게 요구되는 상황이었다. 이러한 배경에서 출발한 대표적인 이론이 테일러(F. W. Taylor)의 '과학적 관리론(principles of scientific management)'이다. 본 장에서는 포드 생산시스템의 근간이 되는 테일러의 과학적 관리론, 그리고 포드 생산시스템에 대하여 살펴보기로 한다.

2.1 과학적 관리론

미국에서는 남북전쟁을 계기로 급속한 공업화 과정을 겪게 되었고, 종업원들의 조직적인 태업의 문제에 직면하게 되었다. Taylor는 이러한 문제들이 생산성 증가로 인한 해고에 대한 두려움, 불안정한 임금체계, 그리고 작업의 비효율성으로 생각하였고, 이러한 문제들을 해결하기 위하여 시간연구와 동작연구에 의한 표준작업량 설정, 차별적 성과급제를 통한 동기부여 및 임금체계 개선으로 해결하려고 하였다. 테일러시스템은 (그림 1-2)와 같이 표준작업량을 설정하고, 작업관리의 4대 원칙을 제시하고 이에 따라서 작업관리를 실시하였다.

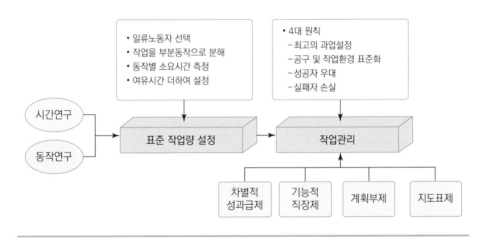

▲ 그림 1-2 Taylor의 과학적 관리론

① 과업관리 4대 원칙

Taylor는 작업자의 작업시간과 동작을 분석하여 1일 과업량 설정, 표준화된 작업 조건의 구비, 성공한 작업자 우대, 실패한 작업자에 대한 손실 등의 과업관리 4대 원칙을 제시하였다. 하지만 여기서 중요한 것은 표준 작업량을 설정할 때 일류작업자를 기준으로 작업량을 설정한다는 것이다. 실제 현장에서는 작업자별 능력에 따라서 업무 편차가 크게 나타나며, 이때 가장 잘하는 작업자를 기준으로 작업량을 설정한다는 것은, 작업 단위별 생산량을 극대화 한다는 것과 같은 의미라고 할 수 있다.

② 차별성과급제

작업자별로 목표로 제시된 과업을 달성했을 때는 고율임금(기본급＋성과급)을 주고, 달성하지 못했을 때는 저율임금(기본급 – 감급)을 지불토록 하는 차별적인 성과급제를 실시하였다. 오늘날 대부분의 기업들이 도입하고 있는 성과급제(연봉제)는 테일러의 성과급제에서 유래했다고 할 수 있다.

③ 기능직장제도

현장의 작업을 전문화하고 각 분야의 기능별로 전문지식을 가진 직장을 배치하여 작업자를 지휘 및 감독하게 하는 기능직장 제도를 실시하였다.

예를 들어 자동차를 수리하는 공업사의 경우를 살펴보면 공업사는 차체반, 엔진반, 도금반 등으로 나누어져 있고, 각 반별로 숙련된 작업자(직장 또는 반장)를 배치하여 자동차 수리 업무를 효율적으로 수행하고 있다. 공업사에 고객의 수리할 자동차가 입고되면 먼저 데스크에서 접수가 되고, 자동차의 증상부위에 따라 해당 반의 작업자가 맡아서 증상을 확인하고 수리에 들어가든가, 또는 여기서 대응이 잘 안될때는 작업자 위의 반장 또는 직장이 대응하여 전문성을 높이는 구조로 되어 있다.

④ 기획부서 및 지시카드 제도

제조라인에서 생산과 계획 업무를 분리하여 생산계획은 계획부서에서 수립하고, 계획된 목표를 실행하는 생산은 생산부서에서 담당하고 있다. 이와 같이 생산과 계획이 분리되지 않으면 현장에서 효과적인 관리가 어렵고, 책임소재가 불명확 할 수 있다. 만약 같은 부서에서 계획 및 생산을 관리한다면, 실적이 계획보다 저조할 경우 계획(목표)을 임의로 조정한다든가 지표를 변경하여 통제하기가 어려울 수 있다.

지시표제는 작업 현장에서 눈으로 보는 관리를 의미한다. 즉 생산현장의 감독자는 작업을 지시하고 관리할 때 중요한 사항을 작업카드(작업sheet, 매뉴얼)에 기록하여 작업을 관리하고 통제하도록 하였다. 현장에서는 일반적으로 눈으로 보는 관리(안돈)라고 많이 얘기한다.

테일러는 노동자의 일일 적당 작업량을 과학적으로 결정하기 위해 모든 작업에 표준시간을 결정하는 시간 연구와 동작 연구를 통해 과학적 관리법의 체계를 만들었다. 이를 기초로 하여 노동의 능률을 좌우하는 작업량, 작업속도, 작업동작, 작업방법 등을 과학적으로 분석하여 임금의 결정을 합리화하고, 생산의 계획적 관리를 실천하며 공장에서 빈번하게 발생하던 노동자의 조직적 태업을 근본적으로 해결하고자 했다. 이때 제시된 표준시간의 개념은 지금도 대부분의 제조 현장에서 관리하고 있는 제조 표준시간의 형태로 사용되고 있으며, 생산성을 관리, 평가하는 기초 데이터가 되었다.

과학적 관리론은 경영학의 학문적 발전은 물론이고, 실제 기업의 경영에 큰 영향을 미쳤으며 오늘날에도 기업 현장에서 많이 활용되고 있다.

그러나 과학적 관리론에 대한 문제점도 다수 지적되고 있다. 현장에서 일어나는 작업자들 간의 인간관계나 사회적 관계의 영향을 반영하지 않고, 경제적 논리에 의한 성과만을 지나치게 강조하고 있으며, 작업이 지나치게 단순화되고 표준화됨으로써 작업에 대한 만족도가 떨어지고, 차별적 성과급제는 성과를 달성하지 못한 종업원들에 대한 해고 수단으로 사용되는 등의 많은 문제점이 드러났다.

2.2 포드시스템

테일러 시스템의 원리와 사고는 그 후 많은 후계자들에 의해 계승되었으며, 미국의 포드에 의해 포드 생산시스템으로 발전하면서 체계화된다. 테일러시스템을 바탕으로하여 개발된 포드 생산시스템은 능률 향상을 시간 연구나 성과급제와 같은 인위적인 방식에만 의존하는 것이 아니라, 자동적인 기계의 움직임을 연구함으로써 컨베이어 시스템에의한 대량생산 방식을 통한 능률 향상과 직결시킨 것이 특징이다. 테일러 시스템은 조직적 태업을 방지하는 데는 어느 정도 기여했으나 그 이후 공장 규모의 거대화, 급진적인 기계화, 강력한 노동조합의 출현 등으로 변화된 경영 여건을 충족시키기에는 부족한 불완전한 시스템이었다. 테일러의 과학적 관리법이 개별 작업의 능률을 향상시키기 위하여 작업자 개개인의 과업관리를 시도한 데 반하여, 포드 생산시스템은 기계화된 컨베이어 시스템에 의해 전체 작업조직을 합리화하여 대량생산을 가능케 한 획기적 방법이었다. 이는 작업장 전체가 동시에 작업을 시작하고 관리되며, 동시에 정지하는 동시관리의 시작이었다.

▲ 그림 1-3 포드의 모델 T 자동차

헨리 포드(henry ford)가 디트로이트에 있는 자신의 집 창고를 개조한 실험실에서 최초의 포드 1호 자동차를 만든 것은 1896년이었다. 자전거 바퀴에 4륜 마차의 차대를 얹고 자신이 직접 만든 2기통짜리 휘발유 엔진을 장착한 자동차였다. 1903년 디트로이트의 중소 자본가의 자금을 모아 포드자동차를 설립하였을 때, 이곳에는 이미 50여 개의 자동차 회사들이 존재하고 있었다.

포드의 회사가 이들과 달랐던 점은, 당시 새로운 탈것이었던 자동차를 누구나 구입할 수 있는 저렴한 가격에 공급하겠다고 생각했다는 점이다. 대량생산방식을 적용하여 생산한 모델 T 자동차는 1908년에 생산되기 시작하였는데, 당시 다른 자동차 회사들의 자동차 가격이 평균 2,000달러 정도였던 데 비해 825달러에 판매되었다. 그 후 가격은 더욱 떨어져 300달러 미만까지 떨어졌다.

포드 생산시스템이 이를 실현시키는 과정에는 수많은 부가작업이 수반되었다. 컨베이어 벨트 등을 포함한 대규모 투자가 동반되었고, 이동식 조립공정이 아니라 고정된 작업위치에서 부품을 장착하도록 하기위해 호환성과 부품조립의 용이성 및 표준화 과정이 정비되었다. 작업의 극단적인 세분화와 분업화로 작업자는 오직 한 가지 작업만을 수행하면 되었기에 조립공의 교육도 간단했다. 그러나 작업장 전체를 파악하고 관리하는 기능이 별도로 필요해졌으며, 이는 간접지원 부문의 탄생으로 이어졌다. 그러나 이 모든 과정은 생산성의 급격한 증대로 연결되어, 재고 삭감 효과와 더불어 획기적인 발전을 가져왔다.

1) 포드시스템 개요

　포드시스템은 미국 포드자동차의 설립자인 헨리 포드에 의해 개발된 시스템으로, 생산의 표준화와 컨베이어벨트에 의한 소품종 대량생산 체계를 의미한다. 포드시스템은 컨베이어벨트를 이용한 연속적인 생산방식을 사용함에 따라, 제품의 원가 및 리드타임을 획기적으로 단축할 수 있었다(그림 1-4). 포드의 경영이념은 기업경영을 사회에 대한 봉사활동으로 간주하고, 고객에게는 저가격을 종업원에게는 고임금의 경영방침을 추구하였다.

　포드는 이와 같은 고임금과 저가격의 경영이념을 실현하기 위해서, 대량생산 체제를 도입하여 원가절감을 추진하였고, 그 일환으로 작업현장에 생산표준화(4S) 및 이동조립법을 구현하였다. 생산표준화(4S)는 제품의 표준화, 부품의 규격화, 제품 및 작업의 단순화, 공정 및 공구의 전문화로 나눌 수 있다.

　제품의 표준화는 표준화된 제품을 전문적으로 생산하는 것을 의미하며, 생산하는 제품과 작업방법을 단순화 시키고, 공정 및 공구를 전문화하여 컨베이어벨트를 사용하여 대량생산을 가능하게 구현하였다. 조립 공정에서 컨베이어 벨트를 사용하여, 각 공정간 부품의 이동 및 조립작업을 기계화 하였다. 또한 컨베

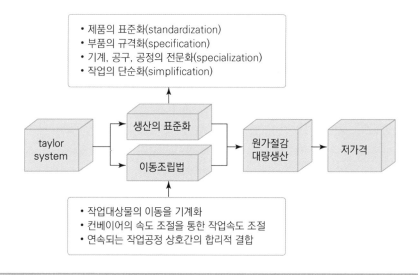

▲ 그림 1-4 포드시스템

이어 벨트의 속도 조절을 통하여 작업속도를 조절할 수 있으며, 연속되는 작업 공정에서의 유실을 최소화하고, 리드타임을 최소화 하도록 구현하였다.

그러나 이 시스템은 지나친 생산 과정의 기계화와 자동화를 추구함으로써 작업자의 자율성을 약화시키고, 기계부품화 함으로써 작업자의 권익과 노동조합의 결성을 촉진하는 계기가 되었다.

2) 포드시스템 이후 생산방식의 변화

대규모 공장 단지와 전용 기계 등을 이용한 대량생산 시스템은 이후 점차 미국의 사회구조까지 바꾼다. 현재 전 세계를 주름잡는 미국의 대기업들과 수많은 체인 사업들의 밑바탕에는, 비록 형태가 많이 달라지고 변형되었지만 포드주의가 자리 잡고 있다. 이러한 규모의 경제는 원가 절감의 기획을 원료부터 판매까지 장악하기에 이른다.

처음에는 엔진이나 섀시를 포함한 부품은 타 회사에서 구매하여 완성차를 만들었지만, 1915년경부터는 모든 부품을 사내에서 만들게 되었고, 점차 원자재부터 완성차 생산에 따르는 모든 과정을 기업 내부에 소유하기위한 노력이 계속되었다. 이는 모든 것을 직접 만들어야 원가 절감의 폭을 더욱 확대할 수 있으리라고 믿었기 때문이고, 결과적으로 디트로이트에 루지(rouge) 공단[1]이 형성되기 시작했다. 브라질의 고무 농장과 미네소타의 철광을 매입하고, 5대호를 통해 루지 공단까지 철광석과 석탄을 수송하는 선박과 디트로이트 지역의 포드 공장을 연결하는 철도망을 소유하게 되었다. 수직적 통합이라고 불리는 이러한 과정은 현대에도 공급망 경영[2]이라는 개념으로 기업 내 또는 기업 간에 여러 가지 형태로 시도되거나 실현되고 있는데, 포드의 대량생산방식이 탄생하면서 자연스럽게 제기되었던 새로운 개념의 프로세스 개혁이었다. 그러나 이러한 시도는 하일랜드

---

1) 디트로이트의 루지 공단은 헨리 포드가 자동차 생산을 위해 건설한 당시 세계 최대의 공단이었다. 1917년부터 건설하기 시작하여 10년 후에는 공단 내 90마일의 철도, 27마일의 컨베이어 벨트로 확장되어 7만 5,000명의 직원이 일하는 거대 공단이 된다. 지금도 포드자동차의 대표적 제조공장 중 하나다.
2) 생산의 준비단계, 즉 원자재 및 부품 구매부터 제품이 고객에게 전달되는 마지막 단계까지를 체계적이며 종합적으로 관리함으로써 기업의 경쟁력을 높이고자 하는 경영체계.

파크(highland park)의 자동차 공장 외에는 수포로 돌아갔는데, 다른 종류의 산업 간 시너지 효과를 적절하게 찾아내지 못했고, 거대한 규모의 사업을 체계적으로 조직화할 수 있는 경영능력과 방식 등이 미처 따라오지 못했기 때문이다.

포드의 공장에서 시작된 대량생산의 방식은 이를 수용하기 위한 연결 프로세스에서의 변화를 요구하게 된다. 이를 해결한 사람은 아이러니컬하게도 당시 포드의 경쟁자였던 제너럴모터스 사(GM)의 슬론(a. p. sloan)이었다. 그는 포드의 대량생산방식을 도입한 후, 발생하는 경영의 문제를 해결하기 위해 사업부제라는 경영체제를 구축하였는데, 이는 대량생산방식에 필요한 많은 수의 사업체를 전문적으로 관리할 수 있는 효율적인 방법이었다. GM은 단일 제품 생산에 만족하지 않고, 모든 고객의 재정과 목적에 맞는 다양한 자동차를 개발하는 자동차 공장으로 발전한다. GM은 광범위한 고객의 요구를 만족시키기 위해 가격을 차별화하여, 시보레에서 캐딜락까지 제품을 다섯 등급으로 구분하였다. 또한 뒤퐁 사(du pont), 모건(morgan)은행 등과 협력하여 필요할 때는 언제든 활용할 수 있는 안정적인 외부자금 조달원까지 확보하였다. 분권화 사업부제는 미국 내에서뿐 아니라, GM의 해외 자회사의 운용에도 크게 기여하게 된다.

슬론의 경영전략은 재무 관리자, 마케팅 관리자 등의 전문가를 탄생시켰고 전문적 업무의 분업체계로까지 확대되었다. 당시 이와 같은 슬론의 혁신은 자동차 산업의 판매와 관리에 있어서 혁명과도 같았다. 포드가 처음 만든 대량생산방식을 GM의 슬론이 발전시켜 오늘날 우리가 대량생산방식이라고 부르는 진정한 모습을 갖추게 된 것이다.

1955년, 미국에서 처음으로 자동차 판매대수가 700만 대를 넘어섰다. 미국의 3대 자동차 회사인 포드, GM, 크라이슬러가 전체 판매의 95%를 차지했고, 여섯 가지 모델이 전체 자동차 판매량의 80%를 차지했다. 또한 자동차 공장의 수공업 생산방식은 완전히 사라지게 된다. 이때부터 유럽에서도 대량생산방식이 일반화되기 시작했는데, 이미 1930년대에 다겐헴(dagenham)과 쾰른(cologne) 공장을 통하여 유럽에 이 방식을 소개한 이후 점차 발전하게 된 것이다. 1950년대 말에는 폴크스바겐의 독일 볼스부르크(wolfsburg) 공장, 르노(renault)의 프랑스 플린스(flins) 공장 등이 미국 디트로이트 공장에 필적할 만한 생산 규모를 갖추게 되었다.

유럽의 메이커들은 특화된 자동차 모델과 저임금을 무기로 하여 세계 자동차 수출시장에 뛰어들었으며, 1980년대까지 상당한 성공을 거두었다. 그러나 유럽의 생산체계는 포드자동차를 중심으로 한 디트로이트의 복사판에 불과한 데다, 일부 업체를 제외하고는 공장 내의 능률과 정밀도에서 많이 뒤떨어져 있다. 생산성의 혁명을 가져다준 포드 생산시스템은 자동차 산업에 다른 형태의 생산방식이 소개되기 이전까지 포드의 공장과 이를 확대한 GM의 공장에서 최고의 생산성을 유지하고 있었다.

인간을 하나의 생산단위로 취급하는 사고방식은 이후 소품종 대량생산의 한계에 부딪혀 적시생산을 축으로 한 린(lean) 생산방식에 자리를 내주지만, 아직도 공장 생산시스템의 대부분은 대량생산방식이며 적어도 개선된 생산방식도 포드의 체계 위에 더해지고 있다. 이러한 생산 시스템은 자동차 산업뿐 아니라 다양한 산업에 파급되었으며, 자동화를 가능하게하는 공작 기계 등과 같은 다양한 산업을 탄생시켰다. 또한 대량생산을 통한 생산 및 자본비용의 절감 등으로 제품을 보편화시키는 데 성공했다. 공장에서 시작한 생산방식에 경영기법이 더해지면서 포드 생산시스템은 반세기 이상 생산시스템의 표준으로 군림하게 되고, 나아가서는 미국의 사회 전반에 가장 큰 영향을 준 생산 패러다임이 되었다.

19세기는 영국, 프랑스, 네덜란드, 스페인 등의 유럽에 의해 전 세계가 지배되고 있었는데, 이는 자생적인 산업이 아니라 식민지 확장을 통한 경제력의 확대 때문이었다. 당시 신대륙의 약소국이었던 미국은 포드의 생산방식에 의해 시장경제를 활성화시켰고, 이를 통해 20세기에 이르러 최강국의 위치에 오르게 되었다. 지금도 미국에서는 매년 2,000만대 내외의 자동차가 판매되고 있으며, 포드와 GM은 여전히 자동차 생산에 있어서 최강자의 자리에 있다.

포드 생산시스템의 탄생과 발전과정에서 주목할 만한 사실은 우선 오랜 기간의 준비과정이 있었다는 것이다. 즉 테일러의 과학적 관리기법 이론과 이에 대한 논쟁, 시행착오 등을 거쳤으며, 자동차 산업이 발전하고 성숙되는 과정에서 이러한 이론들이 적절하게 적용된 것이다. 또한 이러한 생산체계는 어느 한순간에 완성된 것이 아니라 포드의 경쟁자 슬론에 의해서 완성되었던 것과 같이, 시간적으로 또한 공간적으로 확대되어 가는 과정에서 더욱 세련되고 견고해졌다고 볼 수 있다. 그 후 현대의 다양한 시장 필요에 의해 새로운 생산방식이 탄생하고, 특히 도요타 생산시스템에 의해 도전받고 있으나 아직도 미국은 생산의 효율성에서 세계 최고의 자리를 유지하고 있다.

비록 포드 생산시스템이 구세대의 방식이라고는 하지만, 스스로 만들어낸 최고의 생산방식으로 단련된 그들은 새로운 방식을 받아들여 심을 터전을 갖추고 있다. 그들은 지금도 새롭게 개발되는 방식을 포드의 생산방식 속에 이식시킬 방법을 찾고 있다. 포드 방식이 가지고 있는 장점을 잃지 않으면서도, 새로운 방식의 핵심만을 취하는 최고의 전략을 구사하고 있는 것이다.

미국에서 탄생되어 그들에 의해 자연스럽게 발전, 정착되었다는 것은 그들의 사회관념, 생활방식과 적절하게 조화되어 있다는 의미이다. 포드 생산시스템은 그래서 더욱 강력한 생산 패러다임으로 발전할 가능성이 크다. 테일러의 이론이 포드의 생산으로, 또한 슬론의 경영기법으로 확대 발전한 것과 같이, 내·외부로부터의 필요와 실험에 의해 그들은 앞으로도 그들만이 구사할 수 있는 최고의 생산방식을 만들어낼 것이다. 이미 그들은 수많은 종류의 방식과 기법, 그리고 패러다임을 양산해내고 있다.

03 | 린(lean) 생산방식

3.1 린 생산의 개요

1900년대 초에 시작하여 효율적 생산방식으로 세계의 많은 기업들이 채택했던 포드시스템(ford system)을 대체한 것은 일본의 JIT 방식이다. 1940년대 말부터 toyota 자동차에서 현장의 경험을 바탕으로 생산방식의 개선이 축적되어 1970년대 중반 이후 toyota의 효율적 생산방식이 세계에 알려지게 되었는데, 이것이 JIT 혹은 TPS(toyota production system)이다. 이후에 JIT에 대한 연구가 심화되고, 미국을 비롯한 세계의 많은 기업들이 JIT를 도입하려 노력하였다.

그 후 미국에서는 현장중심이며, 경험중심적인 JIT를 좀 더 체계화하고 발전시키려 노력하였는데, 그 결과가 린 생산(lean production)이다. 즉, JIT를 미국식 환경에 맞추어서 재정립한 것이 린 생산이라고 할 수 있다. 린 생산은 JIT에 기반을 둔 것이기 때문에 JIT와 매우 유사하며, 앞서 설명된 JIT의 주요 구성요소는 모두 린 생산에서도 그대로 적용된다.

린이란 용어는 1990년에 경영학자인 James Womack이 『The Machine that Changed the World』라는 책에서 처음 소개하였으며, 그 후 MIT 등 학계, 정부 및 산업계에서 사용하는 일반용어가 되었다. 린(lean)이란 사전적 의미로 '얇은' 혹은 '마른'의 의미를 가지나, 이것이 생산에서 의미하는 바는 '낭비없는 생산(wasteless production)'을 의미하는 것으로서, 생산과정에서 발생할 수 있는 어떤 유형의 낭비도 철저히 제거하고자 하는 것이다. 그러므로 린 생산은 부가가치가 없는 곳에 투입되는 자원의 낭비를 지속적으로 줄이고, 고부가가치를 생산할 수 있는 합리적 프로세스를 구축하여 조직성과를 제고하도록 하는 것이다.

린 생산은 고객관점에서의 가치를 창조하고, 운영의 유효성을 최대화하는 전략이다. 린 생산은 하나의 부서, 부문 혹은 프로세스에 초점을 맞추기보다는, 고객으로부터 주문을 받아서 완제품을 배달할 때까지의 전체 프로세스 흐름(entire value stream)의 최적화에 초점을 맞춘다. 전체 프로세스가 최적화되면 제품이나 자재의 흐름에 빠르고 막힘이 없게 되는데, 이를 위해서는 낭비를 발견하여 이를 제거해야 한다. 낭비(waste)는 고객에게 가치를 부가하지 못하는 모든 활동(activity), 단계(step), 프로세스(process)를 포함한다. 따라서 린 생산시스템을 적용하는 조직은 고객중심적이며, 빠른 시간에 낮은 원가로 고품질을 제공하게 된다.

3.2 7가지 낭비

낭비의 제거는 기업의 수익성을 좋게 하는 가장 효과적인 방법 중 하나이다. 일반적으로 프로세스는 제품이나 서비스에 가치(value)를 부가하거나 혹은 낭비(waste)를 부가하게 된다. 낭비(waste, 일본어로는 muda)란 '필요 이상의 것'으로서, 부가가치의 획득에 기여하지 못하고 있는 것이다. 예를 들어서 인력, 자재, 시간, 공간, 설비, 재고, 업무 등 어떤 것이든 가치에 기여하지 못하고 있는 것은 낭비이다. 그러나 낭비라고 하는 것은 일반적으로 잘 보이지도 않고, 제거가 쉽지 않다. 실질적으로 대부분의 기업에 있어서 가용자원의 70%~90% 정도를 낭비하고 있는 것으로 밝혀지고 있다. 린 생산을 성공적으로 실행하고 있는 기업들에서조차 약 30% 정도의 낭비가 존재한다고 한다.

다음에서 설명되는 7가지 낭비(the seven wastes)는 일본의 Ohno에 의해 낭비를 관리적 차원에 의해서 분류한 것이다.

① 과잉생산(over production)

과잉생산이란 실제 필요로 하는 시점보다 앞서서 미리 생산하는 것이다. 과잉생산은 자재의 원활한 흐름을 방해하고, 품질과 생산성을 감소시킨다. JIT의 의미도 바로 모든 아이템은 필요한 때 만들어져야 한다(every item is made just as it is needed)는 것이다. 과잉생산은 just in case로 리드타임을 길게 하고, 재고유지 비용을 증대시키며, 불량을 발견하기 어렵게 한다.

② 대기(waiting)

재화가 움직이지 않거나 가공되고 있지 않을 때마다 대기라는 낭비가 발생한다. 전통적인 배치생산 후 대기형태의 생산방식에서는 후속프로세스에서 가공되기 위한 대기시간이 매우 길게 발생한다. 생산가동시간이 길며, 따라서 대기시간도 길어지고, 자재의 흐름이 좋지 않게 되어 리드타임의 대부분이 대기시간에 소요된다.

③ 운송(transportation)

프로세스 사이의 운송은 제품에 부가가치를 주지 않고 비용만을 발생시킨다. 이동거리가 길고 자재취급이 많아지면, 자재가 훼손되거나 품질이 떨어질 가능성이 커진다. 따라서 제품의 흐름을 그려서 가시화시키는 것은 프로세스의 선후관계와 연계성을 파악하는 데 도움을 준다.

④ 부적당한 가공(inappropriate processing)

가공을 위해서는 적당한 기계와 방법이 선택되어야 한다. 종종 단순하고 유연한 자동화장비가 매우 비싸며, 정교한 장비보다 더 효과적이다. 값비싼 장비는 때로는 선후프로세스를 멀리 떨어지게 하고, 자산활용률(투자수익률)을 높이기 위해서 로트(1회 생산량)를 커지게 한다. 작고 유연한 장비, 셀생산, 단계들의 결합 등은 이러한 낭비를 없앤다.

⑤ 불필요한 재고(unnecessary inventory)

재공품(WIP: work-in-process)은 과잉생산과 대기의 직접적인 결과이다. 과잉재고는 작업장의 문제를 숨기고, 리드타임을 늘리며, 작업장의 불필요한 공간을 차지하게 된다. 작업장 간의 틈이 없는 유연한 흐름은 이러한 재공품 재고를 줄일 수 있다.

⑥ 불필요하거나 과잉 움직임(unnecessary/excess motion)

인간공학과 관련된 것으로서, 구부리거나 뻗거나 걷거나 끌어 올리거나 닿거나 하는 움직임이 이러한 예로서, 이러한 것들은 작업자의 건강과 안전에 밀접한 관련이 있다. 과잉 움직임을 유발하는 직무는 개선을 위해서 재설계되어야 한다.

⑦ 결함(defects)

품질의 결함이 발견되면 재작업 혹은 폐기처리 등을 해야 하는데, 이는 조직에 막대한 비용을 초래한다. 재고증대, 재검사, 스케줄변경, 생산능력의 손실 등 부가가치보다는 비용의 증대를 초래하게 된다.

위에 설명된 7가지 낭비는 전통적으로 JIT에서 언급되었던 것이며, 린 생산에서는 이에 추가하여 종업원의 저활용(underutilization of employees)을 제8번째 낭비로 보고 있다. 조직은 종업원의 육체적 능력을 위해 고용한 것이 아니다. 다른 7가지 낭비를 제거하고, 조직성과를 올리기 위해서는 종업원의 창의력을 높이기 위한 투자를 해야 하는 것이다.

Toyota가 강조하는 낭비제거는 환경경영이라는 측면에서 보면 친환경 생산과도 부합한다. 낭비는 그 자체로 부가가치를 창출하지 못하면서 자원을 사용하거나 환경부하를 유발하기 때문에, 경제성과 환경성 모두를 저해하는 요소이다. 이런 의미에서 Toyota 원칙은 지속가능 발전과도 부합한다. Toyota를 비롯한 많은 초일류기업들이 이러한 낭비를 제거하기 위해서 지속적으로 노력해 왔으며 상당 부분 실현했다. 이는 고객은 부가가치에 기여한 작업에 대해서는 기꺼이 지불하지만, 낭비에 대해서는 지불하지 않는다는 평범한 진리에 기초한 것이다.

3.3 Lean의 5가지 원칙

James Womack과 Daniel Jones는 lean thinking에 대하여 5가지 원칙을 제시하였다. 경영자들이 이러한 개념들을 모두 적용한다면, 린 기법의 효과를 충분히 볼 수 있으며, 제품의 경쟁력을 크게 향상시킬 수 있을 것이다.

① 구체적 제품에 대한 가치를 정확히 명시하라
가치는 고객에 의해서 정의되고, 구체적인 가격과 시간에(고객의 욕구를 만족시키는) 구체적인 제품에 의해서 표현되었을 때에만 의미가 있다. 흔히 범하는 오류 중의 하나는 가치의 정의가 기업의 내부적 관점으로 정해지는 것이다. 현재의 자산과 기술에 대해서는 잊고, 강력한 상시적인 제품팀과 함께 제품계열을 기반으로 하여 사업운영에 대해서 다시 생각하는 것이다.

② 개별 제품에 대한 가치흐름을 인지한다

가치흐름(value stream)이라고 하는 것은, 원자재가 들어 와서 완성품이 고객에게 전해질 때까지의 특정제품을 생산하여 제공하는 데 필요한 모든 단계와 프로세스를 의미한다. 제품의 전체흐름을 분석하면, 낭비와 부가가치를 제공하지 않는 순서가 밝혀진다. 리엔지니어링이 필요한 부분이다. 가치흐름 분석은 3가지 유형의 행동(단계)이 발생하는 것을 알 수 있다. 첫째, 가치를 창조하는 단계, 둘째, 가치를 창조하지는 않으나 현재의 기술과 생산방식 혹은 자산에 의해서 피할 수 없는 단계, 셋째, 가치를 창조하지 않으며 피할 수 있는 단계이다. 이 세 번째가 바로 낭비를 제거하고 가치를 올리는 기회의 즉각적인 타겟(목표)이 된다. 린 생산을 하기 위해서는 전체기업이 전체로서 가치흐름을 분석하고, 이를 향상시켜야 한다.

③ 단절이 생기지 않는 가치의 흐름을 만들어라

일단 가치가 정확히 명시되면 구체적인 제품에 대한 가치흐름이 그려지고, 낭비적인 단계는 제거되어야 한다. 즉 기능주의, 전문화, 부서, 묶음생산 등에 익숙해져 있는 사고를 버려야 하는데, 이는 병목현상으로 대기시간이라는 낭비를 발생하게 한다. 전통적인 기업들은 모든 사람이 바쁘면 효율적이라고 생각한다. 그러나 기업이 조직이나 장비보다는 제품에 초점을 맞추고, 모든 활동이 연속적인 흐름(continuous flow 혹은 process flow)으로 이루어질 때 보다 더 효율적이 된다.

④ 고객이 생산자로부터 가치를 끌어 당기도록 하라

기능적 부서와 생산묶음으로부터 제품팀으로 전환하고 흐름으로 생산하면, 무엇보다 리드타임을 극적으로 단축할 수 있다. 최고도의 린 시스템에서는 변화하는 수요를 수용할 수 있기 때문에, 고객은 현재 생산하고 있는 제품을 어떤 조합으로도 당길 수 있다(pull system). 이는 고객이 원하지 않는 제품을 만들어서, 팔리지 않는 매출을 위한 푸쉬(push) 방식과는 반대이다.

⑤ 완벽을 추구하라

조직은 가치를 정확히 명시하고, 전체 가치흐름을 인식하고, 구체적 제품이 연속적으로 흐르는 부가가치 단계를 만들어서 고객이 기업으로부터 가치를 당기도록 해야 한다. 제품을 제공하는 동안 노력, 시간, 공간, 비용, 실수를 줄이는 과정에는 끝이 없다는 것을 알아야 한다. 흐름을 가속화할수록 가치흐름 속에 숨겨진 낭비를 발견하게 되고, 이는 제거되어야 하는 것이다. 린 시스템 안에서 협력업체, 공급업자, 시스템 통합자, 유통업자, 고객, 근무자 등 모두는 전체 흐름을 볼 수 있고, 가치를 창조하는 좋은 방법이 쉽게 발견되어야 긍정적인 피드백을 만든다. 이것이 린의 핵심적인 특성이며, 지속적인 개선의 강력한 요소라고 할 수 있다.

JIT와 린 생산은 기본적으로는 낭비제거라는 공통의 철학적 기반과 유사한 적용도구를 갖고 있다. 두 가지 모두 기업경영의 다양한 활동에 사용되는 자원을 최소화하는 것을 강조한다. 제품의 설계, 생산, 물류, 고객과의 관계 등에서 발생하는 부가가치가 없는 활동들을 밝혀내고 제거하고자 노력한다(apics, 2013). 그러나 JIT는 비교적 현장 중심적이고 경험 중심적이어서, 전체를 보는 시스템적인 측면과 도구들이 체계화되어 있지 못한 측면이 있다. JIT는 다분히 생산의 현장 차원에서 적용가능한 기법들이 소개된 반면에, 린 생산은 생산, 관리, 판매, 물류 등 전사 차원에서의 최적화에 관심이 있으며, 조직 전체를 시스템적인 관점에서 접근한다. 따라서 린 생산을 구성하는 원칙들이 상호 연관되어서 긍정적인 사이클을 돌리게 한다. 이는 시간이 지남에 따라서 언덕 아래로 눈덩이를 굴리는 효과(눈덩이 효과)를 가져오는 추진체가 되는 것과 같다.

또한 린 생산에서는 JIT에서 사용되는 5S, 칸반, 셀생산 등의 기법과 더불어서 가치흐름지도 제작(value stream mapping), 프로세스지도 제작(process mapping), 성과지표를 위한 자기진단체계(self-evaluation system) 등의 구체적이며 체계적인 도구들이 낭비를 제거하기 위해 적극적으로 활용된다.

JIT가 자동차산업을 중심으로 개발된 것임에 비해서, 린 생산방식은 자동차, 항공산업뿐 아니라 비제조업 분야까지를 포함하도록 확대되었다. 자동차와 전자제품과 같은 소품종 대량생산뿐 아니라, 다품종 소량생산 분야까지도 적용이 가능하다. 이제 린 생산은 자동차산업으로부터 출발하여 제조업 전반으로 확대되고, 더 나아가서 비제조업 분야로 더욱 확대됨에 따라서 린 생산(lean production) 대신에, 린 경영(lean management)이라는 용어를 사용하기도 한다. 최근 기업의 성과를 극대화 시키기 위해서 프로세스의 스피드를 중요시하는 린 경영은 품질을 중요시하는 식스 시그마 등 다른 경영방식들과 결합하여 한층 체계화되며, 효과적인 경영방식으로 진화하고 있다.

린 경영은 광범위한 개념으로서 린 경영을 도입하는 기업이라 하더라도 정도의 차이가 크다. 일본기업들이 1980년대 이후 전자제품과 자동차를 중심으로 제조업에서 세계적인 명성을 얻은 것도 린 경영에 기초하고 있다.

04 | 도요타 생산시스템

4.1 개요

생산 분야에서 큰 업적을 남긴 도요타 생산방식은 경제학 분야의 노벨상에 견줄 만한 수준이라고 할 수 있다. 역사적으로 본다면 '산업혁명 → 과학적 관리론 → 포드 생산방식 → 도요타 생산방식'으로 발전해왔다. GE사의 회장 잭 웰치 (jack welch)도 자서전 『잭 웰치·끝없는 도전과 용기(Jack: straight from the gut)』에서 21세기의 혁신과 성장을 이끈 두 개의 축으로 GE의 6시그마와 도요타의 TPS를 꼽았다. '도요타 생산방식'에는 특정 회사의 이름이 들어가 있어서, 더 범용적이고 쉽게 받아들이게 하기 위해 'JIT(just in time) 생산방식'으로 더 많이 불리고 있다.

JIT는 도요타 자동차의 창업자 도요타 기이치로가 1938년 어느 잡지가와 인터뷰를 하면서 처음으로 쓴 용어라고 한다. 각 공정에 필요한 것을 필요한 때에 필요한 만큼만 공급받는다는 논리이다. 낭비요소를 제대로 파악하는 것이 목적이며, 가치를 창출하지 않으면서 자원을 이용하는 인간의 모든 활동은 낭비에 해당된다. 예를 들어, 과잉생산, 기다림, 불필요한 수송, 과잉공정, 과잉재고, 불필요한 이동, 불량품 등이 낭비요소에 포함된다.

도요타 생산방식에서 많은 아이디어가 고안되고 적용된 JIT생산, 평준화 생산(헤이준카), 사람인변 자동화, 당기기 방식, 눈으로 보는 관리 방식, 안돈, 카이젠(개선), 칸반, 포카요케(fool proof), 5S 등은 이제 생산방식의 원리이자 표준이 되었다. TPS의 진정한 목표는 '철저한 낭비 배제를 통한 원가절감'으로 정의할 수 있다. 누구나 다 아는 평범한 방법인 TPS 방식은 '당연한 것을 끈기 있게 지속하는 힘'의 유무에 그 성패가 달려 있다고 볼 수 있다. TPS의 큰 축인 JIT와 자동화, 그리고 평준화 생산에 대하여 좀 더 자세히 살펴보겠다.

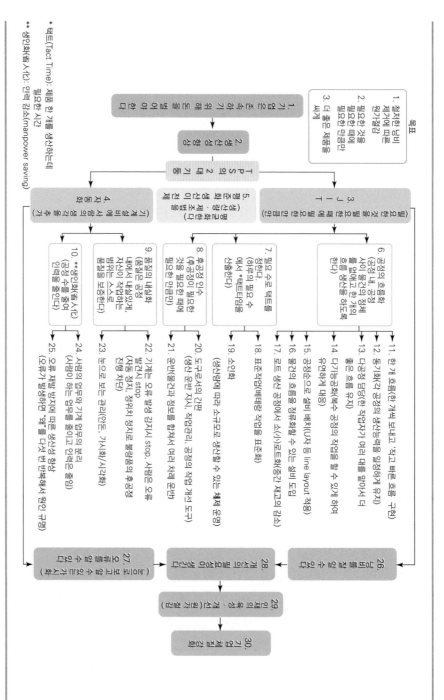

▲ 그림 1-5 도요타 생산방식

* 택트(Tact Time): 제품 한 개를 생산하는데 필요한 시간
** 생인화(省人化): 인력 감소(manpower saving)

자료: 이시이 마사미쓰(2005).

4.2 JIT 생산

JIT 생산의 세 가지 원칙은 공정 흐름화, 필요한 수량으로 택트타임 설정, 후 공정 인수라고 할 수 있다. 공정 흐름화란 한 개 또는 한 대씩 가공하거나 조립 해 어디에서 작업이 정체되고, 재고가 생기는지 알 수 있도록 공정 구조를 만들 고, 낭비가 발견되는 즉시 개선하는 것이다. '안돈'은 오류 발생 현황을 전광 표 시판으로 알려주는 도구인데, 경보를 통해 라인스톱을 할 수 있게 한다. 필요한 수량으로 택트타임을 설정한다는 것은 숙련자 기준으로 택트타임, 작업순서, 표 준 준비품을 작성해 낭비 없이 효율적으로 생산하기 위한 작업표준을 만든다는 의미이다. 택트는 독일어로 리듬 혹은 박자를 의미한다. 예를 들어, 일일 수요가 100개이고 가용시간이 8시간이라면, 택트타임은 0.08(8/100, 4.8분)시간이며, 물 건이 4.8분마다 하나씩 생산되어야 한다는 것이다. 이를 초과하는 생산능력은 바로 낭비로 간주되어 제거 대상이 된다.

JIT 생산의 마지막 원칙은 후공정 인수이다. (그림 1-6)의 MRP 방식에서는

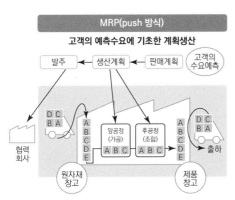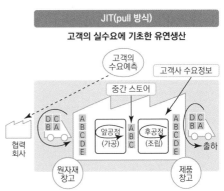

* MRP(material resource planning): 자재소요계획

▲ 그림 1-6 JIT와 MRP 비교   자료: 한국경영혁신연구회(2009).

고객의 예측수요를 기반으로 생산계획을 수립하고, 전공정에서 후공정으로 물품을 흘려보낸다. 그러나 JIT 후공정 인수방식은 고객의 실수요에 기초해서 후공정이 전공정으로 필요한 것을 필요한 만큼 필요한 때에 가지러 간다. 이론적으로는 최소의 재고만을 가져갈 수 있다.

도요타 생산방식에서는 JIT 생산을 실현하기 위한 도구로 칸반(kanban) 시스템이 사용되었다.

4.3 평준화 생산

도요타 생산시스템의 궁극적 목적은 원가절감을 통해서 이윤을 증대시키는 것이다. 원가절감은 낭비, 특히 불필요 재고를 없앰으로써 가능해지며 이 목적은 JIT식 생산을 통해 달성된다. 도요타에서는 다양한 수요에 생산을 적응시키는 수단을 생산평준화라고 한다. 생산 평준화는 칸판에 의한 생산과 인력, 장비, 재공 등에 관련된 여유시간 최소화를 위해 가장 중요한 조건이며, 동시에 도요타 생산시스템의 초석이 된다. 생산평준화를 통해서 생산라인은 더 이상 단일품종을 생산하지 않고, 그 대신 한 라인에서 다양한 고객의 요구에 대응하여 매일 여러가지 제품을 생산해내야 한다. 따라서 생산은 최신 상태로 유지되고 재고는 사라진다. 생산평준화는 각각의 하위공정에서 생산되는 각 제품의 인수 물량 변화를 최소화 시켜 줌으로써, 하위공정으로 하여금 각 제품을 일정한 속도로 또는 시간당 일정량을 생산할 수 있게 해준다.

다음 (그림 1-7)은 생산평준화의 구조를 보여주고 있다.

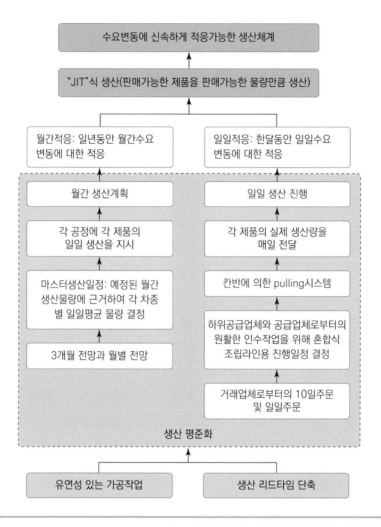

▲ 그림 1-7 도요타 생산평준화 구조

　첫 번째 단계는 한해 동안 월간 수요 변동에 대한 적응(월간적응)을 나타내고,
두 번째 단계는 한 달 동안 일일 수요 변동에 대한 적응(일일적응)을 나타낸다.
월간적응은 월간 생산계획, 즉 공장내 각 공정의 평준화된 일일 생산 수준을 지
시하는 마스터 생산일정을 준비함으로서 실현되며, 이 마스터 일정은 3개월 수
요전망과 월간 수요전망에 근거한다.

다음 단계인 일일적응은 일일 생산급송을 통해서 가능해진다. 일일 생산 급송은 풀링시스템 즉 칸반과 진행일정을 이용해야만 실현되는 것이기 때문에 여기서는 칸반의 역할이 뒷받침 되어야 한다.

1) 월간 생산계획(monthly production planning)

도요타 자동차는 여러 자동차가 당해 연도에 어떻게 생산되고 판매되는가를 보여주는 연간 생산계획과 더불어 2단계인 월간 생산계획을 갖추고 있다. 우선 차종과 수량을 2개월 전에 제시하고 이때 미지의 특정 월 1개월 전에 세부계획을 수립한다. 이렇게 해서 확정된 정보는 동시에 외주업체에도 통보되며, 이러한 월간 생산계획을 통해 일일 생산일정이 결정된다. 도요타 생산시스템의 경우 일일 생산일정에 생산평준화 개념이 병합되기 때문에 일일 생산일정이 특히 중요하다.

생산평준화는 두분야, 즉 일일 평균 총 제품 생산량과 더 큰 범위 내에서 각 제품의 평균 수량 측면으로 확장되어야 한다. 예를 들어서 도요타 공장에 캠리 라인, 프리우스 라인, 렉서스 라인 등 여러개의 조립라인이 있는데, 캠리 라인에서 작업일수가 20일인 한 달 동안 20,000대를 생산해야 한다고 하면, 곧 하루에 1,000대를 생산해야 함을 뜻한다. 이것이 바로 일일 생산수량, 즉 하루에 생산해야 할 평균 총 생산물량 측면에서 본 생산평준화이다. 캠리 라인에 다음과 같이 모두 4가지 차종이 있고, 월 작업일수가 20일이라고 할 때, 각 품종의 일일 평균 물량은 다음 표와 같이 산출할 수 있다.

❚ 표 1-2 일일 생산하는 평준화된 품종별 수량

차종	월간수요	일일평균산출량	사이클타임	9.6분당 댓수
A	8,000대	400대		4대
B	6,000	300	(480분×2교대)/1,000대	3
C	4,000	200	=0.96분/대	2
D	2,000	100		1
	20,000대	1,000대/일		10대

2) 일일 생산계획(daily production dispatching)

월간 생산계획을 산정한 후에 생산평준화의 다음 단계는 일일 일정 진행표를 준비하는 것이다. 이 일정표에는 최종 조립 라인을 통해 들어오는 여러 차종의 조립순서, 예를 들면 A - B - A - C 등이 명시되어 있으며, 시간에 맞추어져 있어 사이클 타임이 종료되고, 일정표 상의 다른 차종이 라인에 도입되기 전에 한 차종이 완료된다. 생산평준화를 위한 진행일정은 위의 표를 예를 들어 보면, 차종 A, B, C, D에 대하여 9.6분 간격으로 생산한다고 할 때, 그 순서는 AAAA, BBB, CC, D가 될 것이다. 아니면 D, A, B, A, C, A, B, A, C, B 등과 같이 복잡해질 수 있다. 이 경우 생산 최적 진행일정을 실현하기는 쉽지 않지만, 이와 같은 스케줄링 및 디스패칭은 제조라인의 복잡한 경우의 제약사항을 모두 반영하여 시스템에서 수행하고 있다. 이러한 알고리즘이 반영된 진행일정에 따라 작업을 수행하면, 인수속도 및 물량을 일정하게 유지하면서 각 부품을 이용할 수 있게 될 것이다.

4.4 자동화(自動化, automation)

TPS에서 JIT와 함께 큰 기둥을 이루는 것이 '사람인변 자동화'이다. 영어로 'automation with a human touch'로 번역되는데, 기계에 사람의 지혜를 넣어준다는 개념이다. JIT가 원활한 흐름을 의미하는 반면, 자동화는 이와 반대로 오류가 발견되면 즉시 멈춘다는 사상이다. 여기서 자동화는 기계나 제품 라인에서 결함이 있는 상태로의 대량생산을 방지하기 위한 수단을 메카니즘에 집어 넣는 것을 의미한다. 즉 불량품을 계속해서 만들지 않겠다는 의지의 표명이며, 오류를 중점적으로 관리해 JIT를 더 효율적으로 보완하는 것이라고 할 수 있다. JIT를 완벽하게 실현시키려면 후속 공정에 100% 양품을 흘려야 하고, 이 흐름은 생산의 중단없이 원활하게 진행되어야 한다. 따라서 품질관리가 중요해지므로 이는 칸반 시스템을 통해 JIT 작업과 공존하지 않으면 안 된다.

자동화는 품질의 내실화와 생인화(성인화)가 핵심 개념인데, 모두 눈으로 보이는 관리가 목적이다. 품질의 내실화는 기계뿐만 아니라 수작업 라인이더라도 기계 오류를 발견하면 '안돈'을 활용해 정보를 공유하고 오류를 알리는 것이다. 만약 어떤 제품라인에서 비정상적인 일이 발생한다면 작업자는 중지 버튼을 누르고, 이에 따라 그가 담당하는 라인 전체가 작업을 멈추게 된다. 여기서 생인화(省人化)는 설비개선이나 작업개선을 통해 남은 사람을 다른 곳에 활용하는 것을 말한다.

05 │ TOC 경영

TOC(theory of constraints, 제약조건이론)의 창시자는 이스라엘 물리학자 엘리야후 골드랫이다. 기업을 경영하는 친구를 위해 일정계획 수립 알고리즘을 개발했고, 이를 바탕으로 1980년 초에 OPT(optimized production technology)라는 프로그램을 개발했다. 모든 프로세스에는 하나 이상의 병목이 있고, 전체 프로세스의 아웃풋은 이 병목에 의해 제약을 받는다는 원리에 기반을 둔다. TOC가 본격적으로 알려진 것은 1984년 제프 콕스와 함께 『더 골』이라는 책을 출간하면서부터이다. 생산관리 분야에서 꾸준히 읽히는 이 책은 주인공이 어려움에 처한 공장을 OPT 프로그램의 원리를 적용해 회생시키는 내용을 담고 있다. TOC 경영에서는 '거절할 수 없는 제안'이라 불리는 '마피아 오퍼' 개념을 제시한다. 기존 제품이나 서비스 방법을 약간 개선하는 '작은 변화'를 통해 복잡하게 얽혀 있는 핵심 문제를 해결한다. 현재 시중에 나와 있는 일부 정수기는 판매 대신 임대를 통해 수입을 올린다. 고객의 정수기 구입 및 유지·관리비 부담을 덜어주고 사용료만을 징수하는 것이다. 이렇게 제품 판매에서 서비스 판매로의 정책 전환도 마피아 오퍼의 한 가지 형태이다.

TOC 경영은 이러한 마피아 오퍼 개발의 기반을 구축하기 위해 DBR(drum buffer rope), CCPM(critical chain project management), TA(throughput accounting), TP(thinking processes)의 네 가지 도구를 제공한다. 물류 개선을 위한 DBR은 납기문제와 재고문제를 동시에 해결하고, CCPM은 신제품 개발기간을 단축한다. TA(스루풋 회계)는 기존의 원가회계와 달리 합리적 성과측정과 의사결정을 지원하며, TP는 영업부서와 개발·생산 부서의 업무 조율을 위해 필요하다.

5.1 DBR(drum – buffer – rope)

DBR의 개념을 나타내는 키워드는 "종속"과 "변동"이다. 즉 제약공정(drum)의 앞에 완충(buffer)을 두고 제약공정(drum)과 선행공정을 로프(rope)로 연결하여 제약공정의 속도에 맞추어 적당한 속도로 진행될 수 있도록 완충(buffer)을 운영하는 것이다.

DBR은 납기단축과 재고감축을 동시에 달성하기 위하여 생산 스케줄링에 사용된다. 최소량의 법칙이라고도 하는 리비히 효과는 생물의 생장에 필요한 원소 중 어느 하나라도 부족하면 나머지가 아무리 충분해도 모자란 원소에 의해 생장이 영향을 받는 현상을 말한다. 마찬가지로 병목공정은 공장 전체 생산량을 결정하기 때문에 집중 개선 프로세스 5단계에 따라 병목을 잘 활용해 공장을 운영해야 한다.

단계 1은 먼저 작업량과 생산능력을 비교해 병목을 찾는 것이다. 병목을 찾기 힘들 경우 우선 병목(CCR: capacity constrained resource, 생산능력 제약자원)이 없다고 가정하고 버퍼관리와 같은 통제 메커니즘을 이용해 병목을 찾는다. 신속 처리 요청이나 생산지연이 발생한 곳이 드러나기 때문이다.

단계 2는 병목의 생산량이 공장 전체의 생산량을 결정한다는 사실에 근거해 병목공정이 최대 생산능력을 발휘할 수 있도록 '드럼(drum)'이라 불리는 생산 스케줄을 상세히 작성한다. 실현 가능한 스케줄이 되기 위해서는 납기, 가공시간, 교체시간, 자재조달 등을 반영해야 한다. 드럼은 린(lean)에서 택트타임(tact time)과 같이 프로세스의 박자를 결정하며 고객의 수요와 시스템의 제약자원을 일치시키는 주생산계획(MPS: master production schedule)이다.

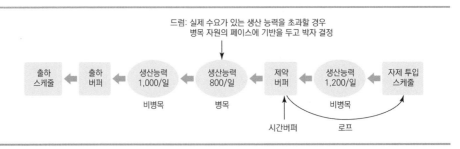

▲ 그림 1 – 8 DBR 시스템   자료: 김남영(2015)에서 재인용.

단계 3은 병목공정의 스케줄에 맞춰 자재를 투입한다. 모든 비병목공정은 가공품을 병목공정의 스케줄보다 일찍 보내서 병목공정의 효율이 100%가 될 수 있도록 해야 한다. 이렇게 자재를 투입하는 것을 '로프(rope)'로 연결한다고 하며, 이때 발생하는 여유시간을 '버퍼(buffer)'라고 부른다. (그림 1-8)에서 버퍼가 시간으로 표현되었는데, 여러 종류의 제품을 생산하는 경우 단위당 생산 소요시간이 다르면 버퍼를 하나로 통합하기 어려워 시간 버퍼를 이용하는 것이다. 예를 들어, 단위당 10분이 소요될 경우 6단위의 버퍼를 보유하면 1시간의 시간 버퍼를 보유하는 셈이다. 로프는 버퍼에 의해 영향을 받는 자재투입 스케줄로서 버퍼 관리자는 항상 버퍼의 상태를 관찰하고, 소진될 경우 경고하는 등 집중적인 통제를 해야 성공적인 DBR 생산계획이 만들어진다. 버퍼에는 다음 세 가지 유형이 있다.

- 출하 버퍼: 병목(ccr)에서 생산완료까지의 리드타임, 혹은 자재투입부터 생산완료까지의 리드타임
- 병목 버퍼: 자재투입부터 병목(ccr)까지의 리드타임
- 조립 버퍼: 자재 투입에서 조립까지의 리드타임

단계 4는 병목공정의 능력을 향상시켜 시장의 수요증가에 대응하는 것이다. 이렇게 하면 병목공정을 보호하기 위해 비병목공정의 능력을 같이 향상시킬 필요가 있게 된다. 비병목공정의 가동률은 병목공정의 스케줄에 따라 정해지는 것이기 때문에 인위적으로 가동률을 높일 필요 없이 일감이 없으면 작업을 하지 말아야 한다. 그리고 능력에 여유가 있는 만큼 쇼체시간이 발생하더라도 로트 크기를 가능한 축소해 재고를 줄이고 리드타임을 단축해야 한다.

단계 5는 제약이 해결되면 다시 단계 1로 돌아간다.

만약 기업 내부에 제약자원이 없을 경우 시장수요가 병목이 되고 (그림 1-8)의 출하 스케줄이 드럼이 되어 주문량을 맞추는 박자를 결정한다. 따라서 자재투입은 시장수요에 의해서만 결정되며 세 개의 버퍼 대신에 출하 버퍼 하나만을 유지하므로 리드타임 단축에 기여하게 된다.

5.2 CCPM(critical chain project management)

CCPM은 신제품 개발 능력을 강화하기 위한 목적으로 사용된다. 전통적인 프로젝트 관리기법인 PERT/CPM에는 critical path가 등장한다. 복잡한 프로젝트를 효율적으로 계획 및 통제하기 위해 개발된 기법으로 프로젝트의 시작부터 끝까지의 경로 중에서 소요시간의 합이 가장 긴 경로를 찾아 중점적으로 관리하는 것이다. PERT(program evaluation and review technique)와 CPM(critical path method)의 차이는 각 활동을 완료하는 데 걸리는 시간의 시각차에서 비롯된다. PERT는 활동의 완료시간을 확률적으로 보고, CPM은 확정적으로 보는 것이다. 그러나 접근 방법에는 큰 차이가 없기에 PERT/CPM으로 묶어서 쓴다. 애로사슬 프로젝트 관리는 기존의 PERT/CPM 방법과 차이가 있다. Critical Path 중 하나인 'Critical Chain'은 골드랫이 1997년에 쓴 책의 제목이다. 소설 형식을 빌려 프로젝트 관리기법에 관해 쓴 것으로 TOC 이론을 프로젝트 관리에 적용한 것이며, 여기에 Critical Chain이 등장한다. DBR의 버퍼와 유사한 개념으로 Critical Chain을 중심으로 프로젝트를 관리하는 것이다.

대규모 건설공사, 신제품 개발, 시장 개척, 시스템 구축 등 대형 프로젝트는 주어진 예산과 정해진 기간 내에 계획된 범위의 내용을 완성하는데, 그 활동의 변동성과 종속성 때문에 관리가 쉽지 않다. 변동성이란 개별 활동을 완료하는 데 시간이 확정적이지 않다는 것을 의미한다. 예를 들어 학생들의 경우, 받으면 작업을 바로 시작하지 않는다. 그 대신 마감에 임박해서 부랴부랴 서두르는 '학생 증후군(student syndrome)'과 주어진 시간을 다 사용하려는 경향을 가진 '파킨슨 법칙(parkinson)'으로 여유시간을 허비해버린다. 결국 인간의 본성과 프로젝트의 특성 때문에 작업소요시간에 포함된 여유시간에 문제가 발생한다.

종속성은 활동 종속성과 자원 종속성으로 구분된다. 활동 종속성은 각 활동이 선후관계를 가지는 것이며, 자원 종속성은 활동이 동일한 자원을 공유하는 경우, 어느 활동의 자원 이용이 끝난 후에야 다른 활동이 그 자원을 사용할 수 있는 것이다.

PERT/CPM의 critical path 기법은 그 유용성에도 불구하고 critical path를 찾

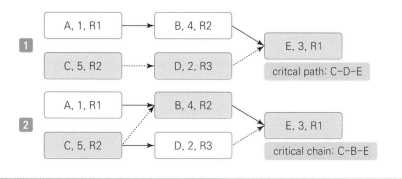

▲ 그림 1 - 9 critical path와 critical chain의 차이　　　　　　자료: 김남영(2015).

을 때 자원 종속성을 고려하지 않는 단점이 있다. (그림 1 - 9)에서 네모 안의 데이터는 순서대로 활동명, 소요시간, 이용자원을 나타낸다.

　①의 경우 경로 A - B - E와 경로 C - D - E 소요시간의 합이 각각 8과 10인데, 이 경우 소요시간의 합이 가장 긴 C - D - E가 critical path가 된다.

　그런데 자원제약을 사용할 경우 활동 B와 활동 C는 모두 자원 R2를 사용한다. 즉, C가 완료된 후에 B에 착수할 수 있으므로 ②에서와 같이 소요시간이 가장 긴 경로는 C - B - E가 된다. 이와 같이 자원제약을 고려한 critical path를 critical chain이라고 한다.

5.3 스루풋 회계 (throughput accounting)

　스루풋 회계는 합리적 성과측정과 의사결정을 하기위한 목적으로 사용된다. 경영의 한 축인 회계의 역할은 수익창출을 위한 의사결정을 지원하고 창출된 수익을 공정하게 측정하는 것이다. 회계의 가장 기초가 되는 재무제표에는 재무상태표(대차대조표), 손익계산서, 현금흐름표 등이 있는데 자금조달은 재무상태표, 매출·비용·이익은 손익계산서, 투자환원 등은 현금흐름표에 담겨 있다.

　이익률을 높이고 원가절감 및 효율성을 향상하기 위해서는 단순한 재무제표 외에 공헌이익, 표준원가, 활동기준원가 등 관리회계 세 가지 기준도 알아둬야 한다. 공헌이익은 매출액에서 변동비(직접재료비나 직접인건비)를 뺀 수치인데, 공헌이익이 제로(0)보다 크면 계속 판매해야 한다. 그 상태에서 판매를 멈추면 고정비 부담이 그대로 적자로 이어지기 때문이다. 기존 손익계산서만으로는 의사결정에 한계가 있어 고정비와 변동비를 구분해 공헌이익으로 관리할 필요가 있다. 표준원가는 정확한 평가, 구성원에게 보내는 올바른 사인, 동기부여 및 분발 촉구를 통해 원가절감 및 효율성 향상을 꾀할 수 있으며, 마지막으로 활동기준 원가는 간접비 주체의 활동을 실제로 분석한 원가계산법이다.

기업에서 채택하는 전통적인 원가계산 방법은 간접원가배분과 관련해 본질적인 문제를 안고 있다. 원가의 대부분이 변동비일 경우에는 간접비를 직접인건비 기준으로 배부해도 큰 문제가 없다. 하지만 요즘에는 높은 자동화율과 복잡한 생산시스템을 운영하는 많은 간접인원이 있다. 이 때문에 제조원가의 10% 미만인 직접인건비에 비례하여 간접비를 배부하면 경영의사결정 전반에 왜곡을 초래하게 된다. 또 다른 오류는 손익계산서를 작성할 때 발생하는 재고자산 평가의 왜곡 문제이다. 변동비와 고정비가 재공품 재고에 부과되었다가 제조를 마치면 제조원가로 대체되고 판매시점에 비용으로 처리된다. 재고가 여러 가지 비용을 발생시키고 경영의 부담으로 작용하지만 비용으로 처리되지 않아 손익계산서의 이익을 부풀리고 있는 것이다. 그 외에도 질적 효과의 비계량화, 비재무적인 성과측정의 어려움, 품질측정 및 보고상의 문제점(개별품질원가에 맞춰진 추점, 품질비용 정보의 한정성) 등이 있다.

이러한 문제점 때문에 1987년 하버드 대학의 로버트 캐플런(Robert S.Kaplan)과 토머스 존슨(Thomas H.Johnson)은 배부 관행이 제조업 경영에 미치는 악영향을 비판하면서 그 대안으로 ABC(Activity Based Cost, 활동기준원가)를 제시했다. ABC는 원가대상(cost object)에 관해 선정된 원가동인(cost driver)을 기준으로 간접비를 배부한다. 캐플런 스스로도 ABC에 대해 모든 비용을 완벽히 배부할 수 있는 것은 아니라고 지적하지만 다음의 유용성은 가지고 있다.

- ABC의 유용성
  - 정확한 제품원가 산정 가능
  - 관리적 의사결정의 신뢰성 향상

- 배치활동, 제품유지활동 등 비부가가치 활동을 감소시켜 획기적인 원가 절감 가능
- 중복된 업무도 특성에 따라 조직을 통합하거나 재조정할 수 있어 업무의 효율성 향상, 성과평가의 불만 감소
- ABC의 문제점
  - 활동분석 등에 소요되는 원가 증가
  - 간접부문의 원가 중 원가동인을 설명할 수 없는 활동에 대해서는 전통 시스템과 마찬가지로 인위적 배분(설비유지원가)
  - 간접비 삭감을 위한 원가동인의 감소 자체가 목표가 되어 대량생산으로 기울어질 수 있으므로 다양한 고객욕구에 대응하는 경영방침과 모순될 가능성 발생

전통적 원가계산방식과 ABC를 보완할 도구로 등장한 스루풋 회계는 기존의 개별원가계산에 큰 의미를 부여하지 않고, 기업에 유입되는 실질적인 현금으로 측정한다. 미래에 창출될 현금흐름의 극대화를 위해 돈의 흐름을 스루풋(T), 재고·투자(I), 그리고 운영비용(OE)으로 구분해 파악한다. 스루풋은 매출에서 재료비를 제외한 금액으로, '판매'에 의해 새로 창출된 부가가치를 의미한다. 재료비만을 변동비로 하고 그 외 모든 비용을 운영비용으로 인정하는 방식이다. 재고·투자는 판매 목적인 구매품이나 설비에 투자한 자금이고, 운영비용은 재고를 스루풋으로 바꾸는 데 시스템이 지출한 모든 비용이다. 매출을 늘리거나 품질활동에 따라 재료비를 줄이면 T가 늘고, 설비투자를 신중하게 하면 I가 증가하지 않으며, 각종 인건비나 활동비를 절감하면 OE가 줄어든다. 순 이익은 T－OE이고, 투자수익률은 (T－OE)/I이다. 투자효과를 분석할 때도 비용 측면만이 아니고 수익 측면도 함께 봐야 한다.

전통적 원가계산에 따르면 제품 한 개당 마진(판매가－원가)에 판매량을 곱해 총이익을 계산하고 마진을 기준으로 판매전략을 세우지만 마진에 연연하다 보면 전체 이익에서 손해를 보는 경우도 있다. 스루풋 세계에서는 시장수요가 부족할 때 T가 마이너스가 아니라면 품목에 따라서 재료비(변동비)만 회수할 수 있는 가격에라도 파는 것이 회사 전체적으로 이익이 되는 경우가 있다. 고정비(인

건비를 포함한 운영비용)만큼 손해를 보더라도 적절한 시장분할에 의한 가격 차별화가 회사 전체 이익을 키울 수 있다.

▌표 1-3 스루풋 세계와 원가 세계

	스루풋 세계	전통적 원가 세계
순이익	= 부가가치 – 고정비 = (매출 – 변동비) – 고정비	= 매출 – 매출원가 = 매출 – (변동비 + 고정비)

계산식은 같지만 스루풋 세계에서는 부가가치에 가장 높은 우선순위를 두고 적정투자, 재고감축, 고정비 절감의 순으로 고려한다. 원가 세계에서는 원가절감 (비용절감)에 우선순위를 둔다. 원가절감이 의사결정을 하는 데 판단 기준으로서 중요한 위치를 차지할 경우 기업 전체의 수익성을 해치는 성과측정과 의사결정을 낳는다. 기업에서 관행적으로 사용하는 재고회전율 지표만 하더라도 영업부서는 매출을 올리기 위한 품절 방지가 우선이고, 재고 관리부서는 재고수준을 낮추는 것이 목표이다. 이에 따라 재고자산회전율 목표를 달성했더라도 판매기회를 놓친 품목과 과잉재고 품목이 보고되지 않아 정작 회사의 이익은 충분히 내지 못하는 결과를 초래할 수 있다. 하지만 TOC 경영에서는 우선순위 목표가 명확하다. 재고는 매출지원에 활용되므로 무조건적인 감축 대상이 아니며 부가가치 증대를 위해 품절 방지를 최우선으로 하고, 여기에 맞춰 재고수준을 정하고 운영하는 보충제도(replenishment system)를 활용한다(자료: TOC 재고관리).

5.4 TP (thinking processes)

자재가 제때 공급이 되지 않거나 품질에 문제가 있는 경우 고객을 잃을 수 있다. 또한 신제품을 개발하는 데 있어서 개발기간이 길어지고 예산을 초과한다거나 공급능력에 비해 수요가 부족해 시장점유율이 낮아지는 경우도 있다. 이러한 문제들은 현장 개선활동만으로는 한계가 있고 정책적 제약을 해소해야 풀리는 문제일 수도 있다. 예를 들어 시장수요가 부족할 경우 공격적 마케팅을 제한하는 어떤 정책적 오류가 있었을 수 있다. 대부분의 기업에서 이익실현을 방해하는 것은 물리적 제약보다 정책적 제약이 더 많다. 이런 정책적 문제를 해결하기 위해서는 TOC 사고 프로세스(TOC thinking process)라 불리는 논리적 사고방법이 필요하다. 생산현장의 문제를 TOC - DBR로 해결한다고 하더라도 조직이나 기타 여러 이유로 개선되지 못하는 경우가 있는데 이러한 핵심 문제를 찾아내어 현상 타개적인 해결방안을 모색하는 절차가 TP이다. 지속적인 개선과정을 위한 일련의 기법들로 구성되어 있으며, 조직의 성과를 제한하는 정책, 관행 등과 같은 무형적인 제약 요인과 이를 해결할 수 있는 방안을 찾아내 실행에 옮김으로써 조직의 성과를 개선한다. 또한 TP는 조직의 바람직하지 않은 결과를 해소해 변화를 추구하고 실행하기 위한 논리적이고 창조적인 사고 도구이기도 하다. TP의 도구로 다섯 가지 logic tree가 있다.

- 무엇을 바꿀 것인가?
  - 현상문제구조 tree(CRT: current reality tree)를 작성해 핵심문제를 추출한다. 중핵문제란 70% 이상의 영향력을 가진 것을 말한다.

- 무엇으로 바꿀 것인가?
  - 대립해소 tree(EC: evaporating cloud)로써 핵심문제를 해결할 대안을 제출한다.
  - 미래구조 tree(FRT: future reality tree)로 해결안의 효과를 검증한다.
  - 새로운 문제 발생을 확인해 대책을 세운다.
- 어떻게 바꿀 것인가?
  - 전제조건 tree(PT: prerequisite tree)로 해결책을 실행할 때 발생할 수 있는 장애를 추출한다. 장애를 극복하는 형태의 중간목표를 설정한다.
  - 이행 tree(TT: transition tree)로 중간목표 달성을 위한 행동계획을 작성한다.

동기화 생산방식

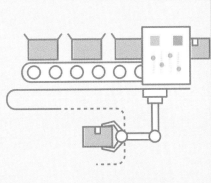

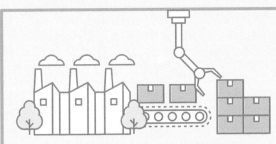

01 동기화 생산이란

　동기화 생산방식은 도요타 생산방식의 평준화생산에서 한단계 더 발전하여, 반도체 제조에서 처음으로 사용되기 시작하였다. 반도체 제조의 가공공정(fabrication)은 그 공정수가 수백개에 이르고, 공정별 설비대수가 수십대에 달하는 매우 복잡한 형태의 제조형태를 갖고 있다. 동기화 생산이 관심을 받기 전에 반도체 fab의 주관심은 복잡한 형태의 제조 환경에서 어떻게 제품의 수율과 생산성을 향상시킬 것인가 하는데 있었다. 2000년대 초 들어서면서 현장에서는 다양한 방법의 접근과 개선활동을 통하여 제품의 높은 수율과 많은 wafer 생산량을 달성하는데 어느 정도 성공하였으나, 그 결과 제품의 TAT는 더 길어졌다. 제품의 평균 TAT는 20~40일에 이를 정도로 리드타임이 길고, 특히 공정 진행중의 재공관리, 설비관리 문제는 전체 TAT에 많은 영향을 미치게 되었다. 또한 다품종 소량제품 생산에 따른 시장 변화에 대한 대응력을 강화하고, 제품의 TAT를 단축하여 고객이 필요한 제품을, 필요한 양만큼, 필요할 때 제공하는 quick response 체계를 구축해야 하는 당면과제에 직면하게 되었다. 이러한 사유로 현장에서 평준화 생산 및 동기화 생산에 대하여 많은 연구와 개선 활동이 이루어지게 되었다.

　본 장에서는 제조 현장의 적용 사례를 중심으로 동기화 생산방식의 개념에 대하여 살펴보기로 한다.

1) 동기화 생산

동기화 생산은 제품을 생산하는 공정군별(block) 표준 재공 관리를 통해서 균일한 생산 speed를 유지함으로써 불필요한 대기를 최소화하는 신개념 방식의 생산을 의미한다.

동기화생산은 크게 생산운영, 설비운영, 조직운영, 시스템운영으로 구성되어 있으며, 이들 4개 부문의 운영개선을 통하여 과잉재공 및 대기시간을 최소화하고 궁극적으로는 TAT를 획기적으로 줄이는 것을 목표로 한다.

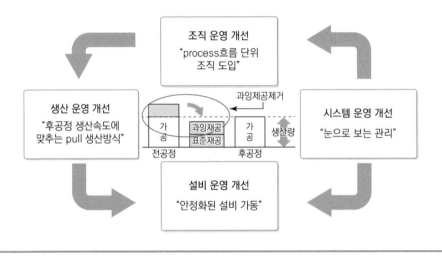

▲ 그림 2-1 동기화 생산 image

2) 동기화 생산 구성요소

동기화 생산의 구성요소는 제품을 생산하는데 필수적으로 필요한 기능을 생산운영, 설비운영, 조직운영, 시스템운영 네 개 영역으로 나누고 각 부문의 개선활동을 통하여 균일한 생산 speed를 유지함으로써 불필요한 대기를 최소화 하는 것이 궁극적 목표이다.

■ 생산운영

기존의 push 생산방식에서 후공정의 생산속도에 맞추는 pull 생산방식을 적용하여 라인 전체를 최적화하고, 공정별 capa balance를 이루는 것을 목적으로 한다.

■ 설비운영

장치산업에서 중요한 안정적 설비운영을 위하여 비상대응시스템(ERS), 예측정비(SBM), 순간정지 및 고장 등 로스를 줄이는 활동을 통하여 설비가동율을 극대화한다.

■ 조직운영

제조현장의 조직운영을 기존의 기능적 조직에서 제품을 생산하는 process 흐름 단위로 조직을 편성하고, 조직단위별 목표를 설정하여 생산활동 및 생산성 향상을 추진한다.

■ 시스템운영

동기화 생산체계에 맞는 동기화시스템을 개발하여 작업자, 엔지니어, 감독자(PU장)가 현장에서 눈으로 보는 관리가 가능하도록 구현한다.

본 장에서는 동기화 생산의 네 가지 구성요소 중에서 생산운영 및 설비운영 개선 위주로 각각의 개념 및 구현방안에 대하여 다루고자 한다.

    동기화 방식을 적용하기 전에는 푸쉬(push) 방식으로 후공정의 문제는 고려하지 않고 앞 공정에서 보내주는대로 생산하였다. 따라서 공정별로 최적화된 공정이 있는가 하면, 어떤 공정은 설비 다운(down)등 이상으로 정체되는 공정이 발생하게 된다.

    그러나 동기화 방식이 적용되면 각 공정별로 최적의 표준재공을 설정해놓고, 뒤 공정에서 필요한 수량만큼 앞 공정에서 내려보내게 된다. 따라서 전체공정이

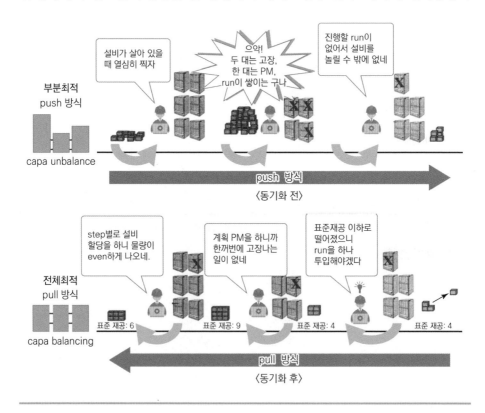

▲ 그림 2-2 동기화 전/후 모습 비교

최적화되고 공정별 재공을 균등하게 관리할 수 있다.

1) 동기화의 개념

　동기화 개념은 반도체 fab 공정의 wafer 투입부터 완성까지 각 공정(step)간 생산 speed를 일정하게 유지함으로써 불필요한 대기재공을 제거하고, 설비별/작업자별 movement를 균일하게 함으로써 TAT를 단축하고 시장변화에 능동적인 대응을 가능하게 하는 생산방식이다.

▲ 그림 2 - 3 동기화 개념

　■ 동기화(synchronize)란?
　동기화의 사전적 의미는 싱크로나이즈 스위밍(수중발레)처럼, 모든 구성원이 동시에 똑같은 행동을 행하는 것을 말한다.

▲ 그림 2 - 4 싱크로나이즈 스위밍

2) 전통적 생산방식과 동기화 방식의 비교

전통적 생산방식(push)은 개별 room, bay별로 설비의 부분효율 극대화에 초점을 맞추어 작업을 진행하였으나, 동기화 방식은 전체공정의 효율 극대화를 목표로 작업을 진행한다(그림 2-5). 전통적 방식으로 진행하면 전공정의 생산능력에 따라서 과잉재공이 발생하게 된다.

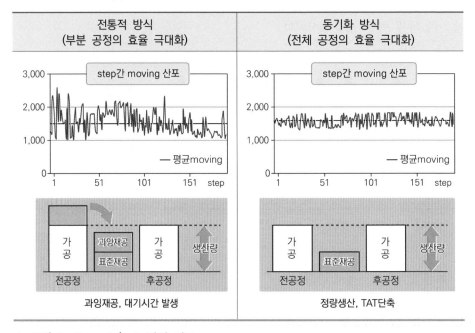

▲ 그림 2-5 push/pull 방식 비교

위의 (그림 2-5)와 같이 동기화 방식을 적용하면 공정별로 표준재공을 설정해 놓고 균일한 속도로 정량을 생산함으로써, 공정에서의 대기시간 및 재공을 줄이고 TAT를 단축할 수 있다.

2.1 표준재공 설정

1) 구간(block)간 동기화

■ 표준재공 개념

동기화 생산을 위해서는 관리 대상의 공정 영역별로 표준재공을 설정해서 관리하여야 한다. 예를 들어서 구간(block) 단위로 관리를 하기 위해서는 구간(block)별로 표준재공을 설정해야 하며, 이때의 표준재공은 (block 간 현재공 +동기화 생산을 위한 최소 여유재공)을 의미한다.

■ 계산 Logic

표준재공 = block별 TAT 실적 ÷ Total TAT 실적 × Total 재공
         = block별 TAT 실적 × 제품별 daily 투입량
(Total 재공 = 제품별 daily 투입량 × Total TAT 실적)

※ 용어 정의

- Total 소요시간(TAT) 실적: 생산성시스템의 소요시간(1개월 실적)
- 구간(block)별 소요시간(TAT) 실적: 최근 1개월 block별 TAT의 평균+1σ 값
- 제품별 daily 투입량: 제품별 차월 생산량을 위한 일별 투입량

■ 구간(block)간 동기화시 표준재공 운영방식

- 구간(block)내 표준재공을 설정해놓고 구간(block)간 흐름을 조절
  일반적으로 소요시간(TAT) 1~3일 소요되는 공정을 1개 block으로 설정한다.
- block의 첫 step 작업지시 가능량 = block 표준재공 - block 현재공
  현재공이 표준재공보다 많으면, 구간(block)내 첫 step에서 투입시 인터락 제어가 걸리도록 시스템에서 통제한다.

구간 동기화의 사례(그림 2-6)를 보면, 작업순서는 block 3-block 2-block 1의 순서로 진행되며, 후 공정에서 필요한 수량만큼 전 공정에서 작업을 진행한다. 즉 block 2에서는 block 3에서 필요한 수량만큼 작업을 진행하게 된다.

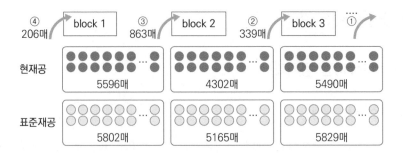

▲ 그림 2-6 구간(block)간 동기화

block 내에서는 표준재공 범위 내에서 step간 push방식으로 진행하고, block 간에는 자공정의 표준 재공을 고려한 pull 방식으로 진행한다.

2) 단위공정(step)간 동기화

■ 표준재공 개념

단위공정(step)간의 동기화는 단위공정에서의 생산에 필요한 최소 재공량을 의미한다.

■ 계산 logic

표준재공 = 동기화 재공(little's law: WIP = cycle time × throughput) + α
= (표준가공 TAT + 운반시간) × 다음공정 시간당 생산량 + α

• α(고장, PM, 공정불량 등 변동요소에 의한 보정량)의 설정 기준
단위공정(step)별 arrange된 공정의 난이도, 설비 capa, 설비고장 빈도, PM 주기 및 시간, 순간 capa 증가 등의 실제적인 변동 요인을 반영하기 위한 보정량 감안이 필요하다.

- α수준 결정시 고려사항
  - 최근 3개월간 단위공정(step)별 재공량 및 산포 분석
  - Step별 동기화 재공과 현재라인 3개월 평균실적과의 차이 확인
  - 최근 3개월간 단위공정(step)별 moving량 및 산포 분석
  - 설비 안정도지수(UMI)
  - 최근 2개월간 단위공정(step)별 WIP 대기 분석

▶ 예제1   단위공정의 표준재공 계산(depo)

depo 공정 표준재공
 = (표준 가공 TAT + 운반시간) × 다음공정의 시간당 생산량 + α
 = (9.7 hr + 10min) × 90매/hr + α
 = 888매 + α ➡ 900매(lot sizing) + α

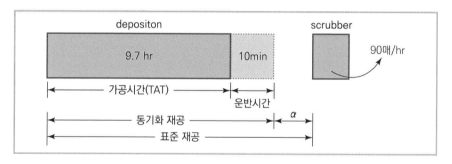

■ 단위공정(step)간 동기화시 표준재공 운영방식(pull 방식)

단위공정(step)간 설비대수, batch size, step TAT, 설비가동산포 등의 차이를 고려한 표준재공을 매개로 단위공정(step)간 흐름을 조절한다.

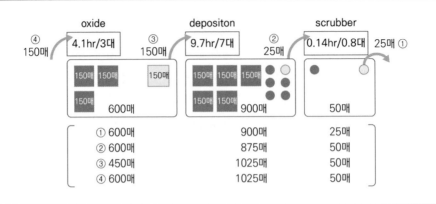

▲ 그림 2 - 7 step별 표준재공

    push 방식은 첫 번째 공정에서 1.37hr마다 6 lot를 처리하고, 두 번째 공정에서는 1.39hr 마다 6 lot를 처리한다. 그리고 세 번째 공정에서는 1.05hr마다 6 lot를 처리한다. 즉 각 공정별로 처리하는 속도가 다른 것을 알 수 있다. 그러나 pull 방식에서는 세공정 모두 동일하게 1.39hr마다 6 lot씩 처리한다. 즉 bottle neck 공정의 pitch time을 기준으로 전후 공정의 생산 간격을 동기화하여 1.39hr 마다 6 Lot씩 처리하도록 흐름을 조절한다.

2.2 Device/단위공정(step)별 평균화 생산

■ 평균화 생산 개념

단위공정별 평균화 생산은 일정기간(주간/월간) 동안 동일 제품, 동일 수량을 반복 패턴(pattern)에 의하여 생산하는 것을 의미한다. 이것은 단위공정(step)별로 설비할당이 가능하고, 설비별, bay별, 작업자별 moving량이 균일해져서 전체 효율의 극대화를 기할 수 있다. 또한 단위공정(step)별로 동기화 생산이 가능해진다.

〈기 존〉	〈변 경〉
• fab in 계획만 평균화 • device/단위공정(step)별 moving량의 변동이 큼 • 단위공정(step)별 할당설비의 잦은 변동	• 모든 step별 평균화 • device/단위공정(step)별 moving량 균일 • 단위공정(step)별 할당설비의 변동 없음

▌표 2-1 평균화 생산 적용 예(월 52,500매/30일 생산 기준시)

P.U	step	BB	BZ	CX	UD	합계
process unit 1	0.0 labelling	300	900	450	300	1950
	0.0 pad – ox cln	300	900	450	300	1950
	0.0 pad ox	300	900	450	300	1950
process unit 4	20.0 polymide align	275	875	425	275	1750
	20.0 polymide develop	275	875	425	275	1750
	20.0 polymide bake	275	875	425	275	1750

■ 표준재공 설정사례

① 라인 전체 α재공 수준

현재공	표준재공		계측재공	신제품	hold 재공	sync station 재공
	동기화재공	α				
69,000매	50,100매	6,525매	6,375매	2,000매	1,000매	3,000매

② α재공 결정사항 검토 결과

• 라인 전체 α재공(6,525매)을 각 step별로 보정해 주기 위해 다음의 5개 항목 검토 결과 가장 영향도가 큰 동기화 재공과 평균 실적재공과의 차이를 기준으로 α수준을 결정한다.

- step별 재공 산포 분석

  diff 및 photo 공정에서 영향도가 큰 것으로 확인이 되었으나 batch 및 전후공정의 영향이 커서 실제적인 neck 기준을 판단하기 어렵다.

- wip 대기 분석

  대기시간과 재공량이 비례하지 않은 것은 특정 lot의 장기 정체의 영향으로 판단된다.

- moving량 및 산포 분석

  특정공정에서 moving 산포를 만들면 이후 공정까지 영향을 주어 neck 기준 판단이 어려워진다.

- 설비 안정도지수(UMI = utilized machine index) 분석

  공정별로 안정도 지수 편차가 클 것으로 예상되었으나, 대부분 A, B grade로 상관성이 없는 것으로 나타났다.

- step별 동기화 재공과 3개월 평균 실적재공과 차이 비교 분석

  동기화 재공과 평균 실적재공 차이가 큰 공정에서 capa 부족 현상이 나타났다.

■ 재공관리 기준

재공관리 기준을 다음과 같이 변경한다

• track out ~ track out → track in ~ track in

다음 공정의 생산능력을 고려하여 생산하고, 재공관리의 책임 명확화, 재공 정체 및 과대 재공의 제거를 목적으로 변경한다.

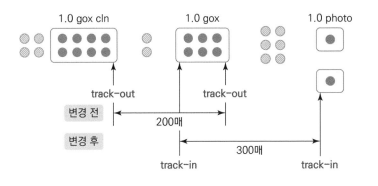

예제2   단위공정에서의 재공계산

2.3 Process unit 관리

1) 도입 사유

fab의 약 300여개의 main 공정을 크게 4개의 process unit으로 나누어 run의 흐름을 원활하게 하고, neck 공정에서의 설비고장이나 공정문제로 생산을 하지 못할 경우는 sync.station의 재공을 사용하여 문제를 해결하기 위해서 적용한다.

2) 구분 기준

- 종전의 room 단위 관리에서 process 흐름 관리로 변경한다.
- main 공정을 4개의 process unit으로 구분한다.

3) process unit 결정

process unit 결정은 neck 공정을 기준으로 전체공정을 4개의 unit으로 구분 한다.

다음 예제에서는 특정 제품을 기준으로 process unit 결정하는 사례 및 장·
단점을 살펴보기로 한다.

┃ 표 2-2 4개의 process unit 구분

	start step	end step	step수 (289)	실적TAT (42.2日)	목표TAT (28日)
PU1	0.0 labeling	7.0 sin-depo	107	13.7日	9.1日
PU2	7.0 bpsg-depo	11.0 pe-depo	88	13.3日	8.8日
PU3	12.0 poly depo	15.0 pe-depo	64	11.1日	7.4日
PU4	15.0 scrubber	20.0 fab out	30	4.1日	2.7日

▶ **예제3   process unit 결정사례**

process unit 결정을 실적공기, neck공정 기준으로 했을 때의 장단점 및 대책을 살펴보자.

① process unit 결정을 실적공기 기준으로 4개의 pu로 구분할 경우(b-fab을 pu4로 함)

	pu 1	pu 2	pu 3	pu 4
공정	0.0 labelling ~ 6.0 mto3 전	6.0 mto3 ~ bc poly 전	bc poly ~ 15.0 fox전	F/O까지
step수(계측)	146	130	124	51
실적공기	12.3	12.7	13.1	4.1
목표공기	8	8.5	8.5	3

- 장 점: 실적공기 및 목표공기가 pu간 일정함
- 단 점: sync station에 run을 쌓기가 어려움
  sync station을 만들려면 의도적으로 run을 hold 해야 됨
- 대 책: pu내 neck공정을 소 sync station으로 하여 운영하는 방안이 있으나, sync
  station이 많아져서 관리에 어려움이 발생할 수 있음

② process unit 결정을 neck공정 기준으로 4개의 pu로 구분할 경우(b‒fab을 pu4로 함)

	pu 1	pu 2	pu 3	pu 4
공정	0.0 labelling ~ 7.0 bpsg1전	7.0 bpsg1 ~ 12.0 poly전	12.0 poly ~ 15.0 fox전	F/O까지
step수(계측)	158	138	104	51
실적공기	13.7	13.3	11.1	4.1
목표공기	9	8.5	7.5	3

- 장 점: neck공정이 sync station이 되므로 sync station 운영에 유리함
- 단 점: main fab이 3개의 pu로 구성되어서 step수가 많음

③ process unit 결정을 b‒fab 구분없이 neck공정 기준으로 4개의 pu로 구분할 경우

	pu 1	pu 2	pu 3	pu 4
공정	0.0 labelling ~ 5.0 photo전	5.0 photo ~ 9.0 wsi 전	9.0 wsi ~ 13.0 photo전	13.0 photo ~ f/o까지
step수(계측)	115	107	114	115
실적공기	9.4	10.3	11.6	10.9
목표공기	6.5	6.5	7.5	7.5

- 장 점: 실적공기 및 목표공기가 pu간 일정함
- 단 점: b‒fab 제조 및 기술인력에 대한 관리가 어려움
  pu장이 main fab 및 b‒fab을 관리해야 되는 어려움이 있음

*b-fab: backend fab(fab의 뒤 공정)

2.4 Sync. station 운영

(1) 개념

sync. station은 동기화 생산에서 event 발생(설비고장 및 공정 trouble 등)에 의해 생산 물량이 줄어들 경우 부족한 물량을 공급하는 완충step의 역할을 한다.

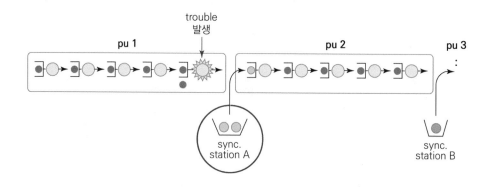

▲ 그림 2-8 sync, station 개념

(2) sync. station량 결정

• sync. station당 재공: 약 1,000매 유지

sync. station 재공은 라인 내 비상상황 발생시 12hr까지 cover 가능한 수량으로 설정하며, moving 기준으로 sync. station간 약 5,000매(wip turn5 기준/0.5일) 정도를 cover할 수 있는 수량으로 설정한다.

2.5 설비할당

1) 목적

step별 설비할당은 설비할당을 통한 capa balance를 유지함으로써 동기화 생산을 하기 위함이다. 현재와 같은 설비 pool 방식의 경우는 자 공정의 재공이 많을 경우, 후 공정 및 일 생산량을 고려치 않고 설비를 많이 arrange하여 재공이 몰려 다니는 경우가 발생하게 되는데 이를 근본적으로 방지하기 위한 것이다.

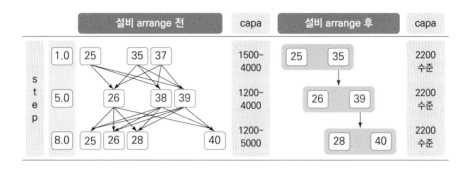

▲ 그림 2 - 9 설비 arrange 전/후 비교

2) 전제 조건

설비할당은 일정기간(주간, 월간) 동안 device/step별로 평균화 생산계획이 수립되어야만 설비할당이 가능하다.

3) 설비할당 방법

① 각 step별 표준시간(ST) 파악

생산성시스템의 표준시간 자료를 활용하여 표준시간을 확인한다.

② 생산계획 파악

차월(차주) device군별 생산 물량을 파악한다.

③ step별 필요설비 대수 산출

예 ST = 1.63분/매, 일 생산목표 = 1,850매

필요설비 대수 = (ST/1,440분)×일 생산목표 = (1.63/1,440)×1,850 = 2.1대

④ step별 설비할당

• step별 필요설비 대수 및 유실율을 감안하여 설비를 할당한다.

• 설비할당시 가능한 한 pu/step간 설비가 겹치지 않도록 한다.

▌표 2-3 step별 설비할당

공정명		recipe		표준시간		이론 capa	실제capa= 이론capa* (1-유실율)	유실율 (%)	필요 설비 대수	할당 설비 대수	지정1 (bay)	지정2 (bay)	지정3 (bay)	지정4 (bay)
		D00	D00	batch당 S/T (분)	매당 S/T (분)									
1	0.0 pad-ox cln	0010	0010	11.9	0.24	6042	5911	2.2	0.3	1	WDP DA2 (30)			
2	0.0 pad ox	0015	0015	245.0	1.63	2634	2634	0.4	2.1	3	D8030 (30)	D8031 (30)	D8032 (30)	
3	0.0 act-sin depo	0025	0025	580.0	3.87	2096	2096	6.2	5	6	D8N 320 (30)	D8N 321 (30)	D8N 322 (30)	D8N 323 (30)

step별 설비 arrange표를 작성한 후에 누락 설비나 누락 step이 없는지 확인하여 모든 설비가 제대로 할당이 되었는지를 검증한다.

4) 라인의 설비할당 결과(사례)

■ 특정 시점의 생산계획을 기준으로 한 room별, step별 설비지정 결과는 다음과 같다.

▌표 2-4 room별, step별 설비지정

(단위: 대)

room	total	1개 step 전용	2개 step 이상 사용		비고
			PU내	PU간	
diff	157	157	–	–	imp step, coating/develop
photo	57	38	18	1	ashing
etch	111	95	5	11	
wet	48	13	7	28	mc step, 설비 지정의 주기적 변경
imp	18	7	9	2	
metal	21	21	–	–	
cvd	63	61	2	–	잦은 pm, 대당 capa 큼
cmp	8	3	4	1	
total	483	395(82%)	45(9%)	43(9%)	

■ bay별, step별 설비지정 및 지정된 결과는 다음과 같다.

▌표 2-5 bay별, step별 설비 지정

(단위: step 수)

room	total step 수	동일 step에 지정된 설비 location		
		동일 bay	인접 bay	원거리 bay
diff	40	30	6	4
photo	35	19	11	5
etch	66	56	3	7
wet	123	123	–	–
imp	19	18	1	–
metal	5	3	1	1
cvd	19	10	1	8
cmp	3	3	–	–
total	310	262(84.5%)	23(7.4%)	25(8.1%)

03 설비운영

설비운영개선의 핵심은 안정화된 설비가동이다. 특히 장치산업에서 설비가 차지하는 비중은 가장 중요한 핵심요소라고 할 수 있다. 규모에 따라 수십대에서 수백대의 설비가 24시간 365일 가동하는데 어느한 설비가 예기치 않은(계획에 없는) 문제가 발생한다면, 전체적으로 제품의 리드타임(lead time)에 큰 영향을 미칠 것이다. 앞장에서 제시한 동기화 생산을 구현하기 위하여는 더더욱 설비의 역할이 중요하다고 할 수 있다. 따라서 설비에 문제가 발생했을 때 얼마나 빠른시간 내 복구할 수 있는지, 사전에 예방보전(preventive maintenance)을 어떻게 효율적으로 할 것 인지, 그리고 장애발생을 어떻게 줄일 것 인지 등이 해결해야 할 중요한 이슈라고 할 수 있다.

본 장에서는 안정적인 설비운영을 위하여 비상대응시스템(emergency response system), 계획정비(schedule based maintenance) 활동에 대하여 살펴보기로 한다.

3.1 ERS(emergency response system)

1) ERS란?

ERS는 제조 현장의 안정적인 설비운영을 위하여 구축된 비상대응시스템을 의미한다. 즉 현장의 재공상태 및 설비부족을 인지하여 담당자에게 연락하여 긴급 대응하는 체계를 뜻한다. 이는 현장의 재공 및 설비를 안정화시켜 목표한 계획생산을 차질없이 달성하기 위한 현장개선 활동의 일환으로 시작되었다.

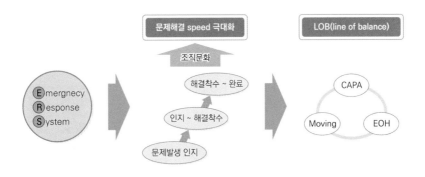

▲ 그림 2-10 ERS image

2) ERS history

ERS는 설비 및 재공의 안정화를 하기 위한 목적에서 시작되었으며, ERS 시스템을 구축하고 사용 중에 발생하는 문제점들을 보완하여 시스템을 지속적으로 revision 하였다. 마지막으로 목표대비 현재공, 필요한 설비대수 대비 가동설비 부족 등을 보완하여 ERS 2.0을 완성하였다.

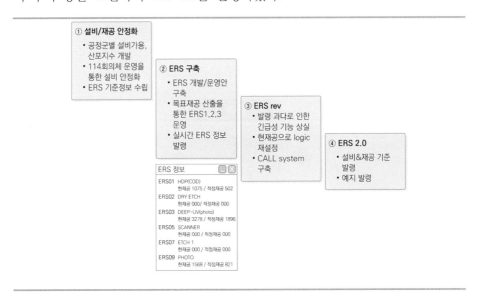

▲ 그림 2-11 ERS history

3) ERS 주요 기능

ERS는 크게 재공만의 ERS 발령, (제공＋설비)의 ERS 발령, 예지 ERS 발령의 3가지로 나눌 수 있다.

▲ 그림 2-12 ERS 기능

(1) 발령기준

ERS는 현재공이 목표재공보다 많은 경우와 필요한 설비 대비 가동 설비가 부족한 경우, 그리고 재공부하지수를 계산하여 재공량이 목표재공보다 많을 때 예지 ERS를 발령한다. 예지 ERS는 유입량을 기준시간(8hr, 16hr, 24hr)으로 구분하여 문제발생시 ERS를 발령한다.

▲ 그림 2-13 ERS 발령기준

(2) 재공 ERS

재공 ERS는 현재의 재공이 목표재공보다 많은 경우에 발령되며, 목표재공은 다음과 같이 계산할 수 있다.

- 이론 TAT = 가공(검사) + 운반
- 표준 TAT = 가공(검사) + 운반 + 대기(가공의 1/2)
- 실적 TAT = 표준 TAT + (a = 실력)
- 목표재공 = (표준TAT × DFP) + α

         = {표준TAT + (실적 TAT - 표준 TAT)} × DFP

         = 실적 TAT × DFP

- 재공 ERS 발령기준:

   도입기: 현재공이 목표재공 대비 100% 이상

   정착기: 현재공이 목표재공 대비　90% 이상

   안정기: 현재공이 목표재공 대비　80% 이상

   * α = (실적 TAT - 표준 TAT) × DFP

   * DFP = daily fabout plan(일 생산계획 : 월간 plan/가동일/FAB 수율)

■ (재공 + 설비) ERS 발령기준

(재공＋설비) ERS는 필요한 설비 대비 가동설비가 부족한 경우에 발령되며, 필요한 설비대수 및 down 설비에 따라서 ERS를 발령한다.

① 기본원칙

필요대수 가동 산포 기준(필요대수 ≤ 보유대수)

보유대수	ERS1	ERS2	ERS3
8대 이하	1대 down	2대 down	3대 down
8대 이상	2대 down	3대 down	4대 down

② 예외사항

흐름 생산에 저해되는 weak point에 대한 특별 관리

→ (필요대수 > 보유대수, capa가 큰 설비, 단독 설비)가 해당됨

back up 시간	설비 down 대수	등 급
4Hr 이상	1대	ERS 1
	2대	ERS 2
	3대	ERS 3
8Hr 이상	1대	ERS 2
	2대	ERS 3

• capa가 큰 설비의 기준은 대당 하루 처리량이 2,000매 이상일 경우

구분		공정군	step수					보유대수
			FN00	D00	D00	FN00	FR00	
T/F	IMP	hugh energy	4	5	6	4	4	7
	25	med current	14	11	12	13	11	11
		high current	2	5	4	2	4	7
	WET	PRE CVD	2	6	4	2	3	3
	13	TF_Scrubber	11	15	15	12	22	10

(3) 예지 ERS

예지 ERS는 재공부하지수를 계산하여 재공량이 목표재공보다 많을 경우 발령된다.

$$재공부하지수(\text{work load}) = \frac{(설비군별 EOH + 유입량) - 소진량}{목표\ 재공}$$

→ ERS 화면 display시는 매수 단위로 환산 표시

• 유입량을 기준 시간(8hr, 16hr, 24hr)으로 구분하여 문제시 ERS 발령

• 재공 부하지수 값은 '1'을 기준으로

1 < 부하지수: 설비가동 필히 유지 및 추가 arrange 검토로 대응

1 > 부하지수: 전공정에서 재공을 끌어당기도록 대응

例 8hr 기준으로 work load(부하지수)에 따라 발령 기준이 달라짐

> 1.2: 예지 ERS1   > 1.4: 예지 ERS2   > 1.6: 예지 ERS3

< 0.8: 예지 ERS1   < 0.6: 예지 ERS2   < 0.4: 예지 ERS3

(4) ERS 발령(사례)

AREA	SDWT명	공정명	ERS 발령	경과 시간 (분)	예지				재공 & 설비					
					8hr 재공	16hr 재공	24hr 재공	예지 ERS	목표 재공	현 재공	재공 ERS	현가동/ 총 설비	Modc	설비 ERS
IIP	SEE	IMP	ERS3A	877	1979	1768	1221	A	937	3590	ERS0	3/5	3	ERS3

- work load 계산식 = {(설비군별 EOH + 유입량) − 소진량} / (목표 재공)

  = 재공 부하지수 → display시 매수 단위환산
- IMP 8hr 예지현황: work load = [EOH(3590) + 유입량(1053) − 소진량(2664)] / 목표

  재공(937) = 2.11

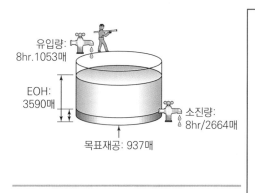

▲ 그림 2 – 14 소진량 vs 목표재공

◈ ERS 발령(사례)
① TAT: 1개월 move TAT
② 설비군(공정군): IMP 공정
   a. 1개월 평균 일실적: 7,994매
   b. 시간당 capa: 7,994매/24hr
    =333매
   c. 보유설비: 5대
③ EOH: 30분 단위로 자동 계산
④ work load
  = (EOH + 유입량 − 소진량) / 목표재공

4) ERS 발령시 SOP[3]

- E.R.S 1 · 2 · 3이란

E.R.S 1 · 2 · 3은 제조부서의 golden 5대 목표 달성을 위한 SDWT(self directed work teams) eng'r의 자발적 대응 체계이다. 완벽한 제조현장 지원을 목적으로, 관리 설비가 일정지원 상황이 무너졌을 때나 무너질 가능성이 있는 경우, 정해진 근무환경에서 동원 및 협업이 즉시 이루어지도록 하는 체계를 의미한다.

---

3) SOP: standard operating procedure

• E.R.S의 단계별 활동에 대한 정의는 다음과 같다.

표 2-6 ERS 단계별 정의

구분	E. R. S 단계별 정의
E.R.S 1	현재 근무인원으로 설비 vs 제공현황 파악을 통해 SDWT 자체 대응이 가능한 경우
E.R.S 2	생산 및 품질저하를 발생시켜 생산에 타격을 주거나 공기에 영향을 미치는 경우
E.R.S 3	초비상 상태로서, 현장에 위급한 상황(chemical 누출, 화재, 정전)발생으로 유관부서인원을 포함한 총체적 대응이 필요로 한 경우

• 다음은 E.R.S의 단계별 발동기준(사례)을 예로 든 것이다.

표 2-7 E.R.S 1·2·3의 발동기준(사례)

항목별 기준	E.R.S 0	E.R.S 1	E.R.S 2	E.R.S 3	비고
설비 down	**현재공 > 목표재공** E.R.S 1·2·3 필수조건	**설비 down** 1대 4hr이상	**설비 down** 1대 8hr이상 or 2대 4hr이상	**설비 down** 2대 8hr이상 or 3대 4hr이상	
재공 현황	과재공에 따른 대응대책				모든 engineering 활동은 재공 현황을 파악 후 결정함

대응 구분	공정군별	과재공 기준	비고
타라인 의뢰	sin remove	≥2,500매	타라인으로 직접 의뢰
PM 능 삭업연기	pre diff	≥7,000매	
	pr strip	≥5,000매	
	pre photo	≥3,000매	

항목별 기준	E.R.S 0	E.R.S 1	E.R.S 2	E.R.S 3	비고
utility		•순간 정전 발생시	•정전 30분 경과시 •shutdown 전/후	•chemical 누출 등 utility 사고 발생시	

• 다음은 E.R.S의 단계별 발동에 따른 행동요령 및 시행 주체를 예로 든 것이다.

■ 표 2-8 E.R.S 1·2·3의 발동에 따른 행동요령(사례)

	재공/설비 E.R.S	예지 E.R.S	발동 및 해제	비고
E.R.S 0	현 근무인원 line 비상 대기	–		

E.R.S 1	해당 shift에서 처리를 원칙으로 하고, 문제확산 우려시 E.R.S 2를 발동함	• 과다 재공 도래
		• 시점 기준 해당 설비
		  – PM 계획수정
		  – down시 재공/설비
		  – E.R.S 대책에 준하여 backup
			TR 또는 shift 선임자	연장근무 인원은 라인 sustain 에 집중

E.R.S 2	근무시간 연장 • day: 06:00~18:00 • s.w: 10:00~22:00 • g.y: 20:00~08:00		TR	
E.R.S 3	• E.R.S 2 + 타부서/업체지원 요청 • 휴일: SL + 담당 eng'r		TR or CL	

• 다음은 ERS 1단계에서의 행동요령(사례)을 나타낸 그림이다.

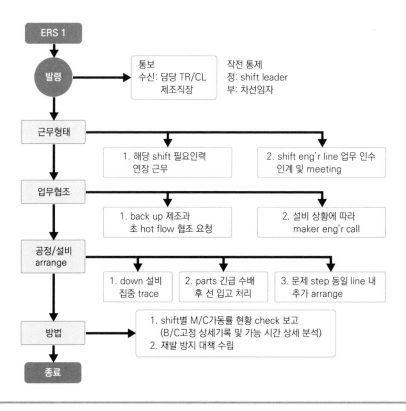

▲ 그림 2-15 ERS 1단계 행동요령

• 다음은 ERS 3단계에서의 행동요령(사례)을 나타낸 그림이다.

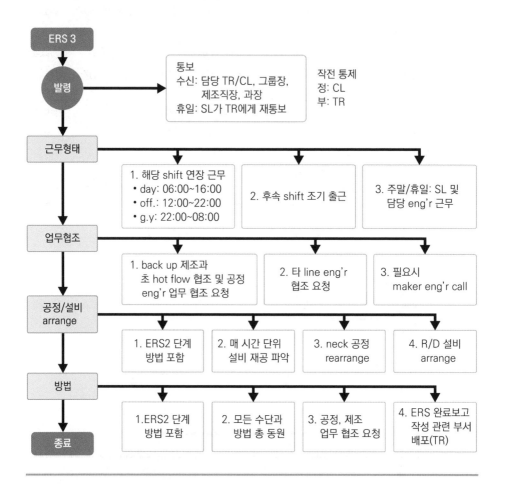

▲ 그림 2 - 16 ERS 3단계 행동요령

3.2 SBM(schedule based maintenance)

1) SBM이란

(1) 반도체 설비보전의 발전사

반도체라인의 설비보전 활동의 발전단계를 단계를 살펴보면 초기의 1단계 (BM, PM) 및 2단계(BM, CBM, SBM)의 단계를 거쳐서 발전했다고 할 수 있다.

설비보전의 초기에는 사후보전(BM, break down maintenance), 즉 설비가 고장이 난 다음에 복구하는 보전활동이 주로 이루어 졌다. 1950년대부터 신뢰성 공학의 발달과 함께 예방보전의 개념이 생겨나기 시작했다. 즉 설비가 고장나기 전에 사전에 예방하는 예방보전(PM, preventive maintenance) 활동이 전개되었다. 이 단계에서는 설비의 고장을 사전에 방지하기 위하여 정기 점검 및 조기 수리 등 예방활동이 이루어졌다. 고전적 예방보전은 bathtub(수명특성 곡선) 곡선을 기반으로 일정기간 사용한 시점에서 overhaul이나 부품교환을 실시하여 고장을 미연방지하는 것을 목적으로 하는 TBM이 대표적이다. 시간기준보전(TBM, time based maintenance)은 과

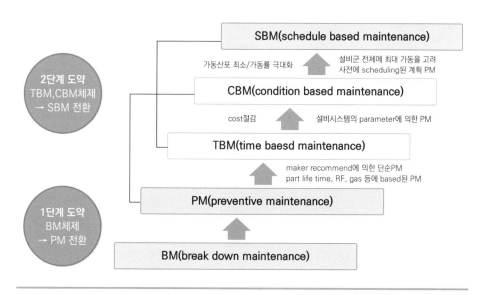

▲ 그림 2-17 설비보전 발전단계

거의 데이터를 기반으로 일정 기간마다 정비를 실시하는 방법이다.

　1970년경 부터 아폴로 계획으로 개발된 고장진단 기술을 응용한 상태기준보전(CBM)의 사상이 보급되기 시작하였다. 상태기준보전(CBM, condition based maintenance)은 설비진단기술을 사용하여 설비 상태를 감시하고, 고장이 날것 같은 기계요소를 감지하여 교환하는 보전수법이다. CBM은 TBM보다 발전된 보전방식이지만, 설비 상태를 진단하는 수고가 필요하기 때문에 그 적용범위의 최적화가 효율화의 과제이다.

(2) schedule based maintenance란?

　SBM은 공정(또는 설비군) 전체의 필요설비 가동대수를 만족시키기 위해 가동 산포를 최소화 시키도록 사전에 계획(scheduling)하고, 그것을 주기로 정비(maintenance)하는 방법이다. 즉 라인 전체 생산의 평준화를 구현하기 위한 설비의 보전체제라고 할 수 있다.

　다음 그림은 TBM 방식과 SBM 방식의 설비 가동율을 비교한 그래프이다.

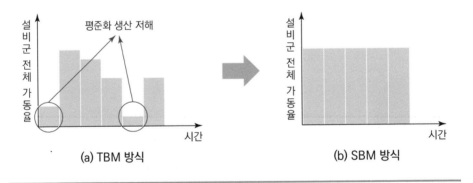

▲ 그림 2-18 TBM vs SBM 비교

　여기서 TBM 방식은 설비 개별단위의 보전주기를 설정하는 것으로 설비의 개별적인 최적화를 고려한 정비(maintenance)를 의미한다. 반면에 SBM은 동일공정을 진행하는 설비군 전체의 최적가동 상태를 고려한 계획(scheduling) 이라고 할 수 있다.

(3) SBM의 배경 및 목적

① 평준화 생산을 위한 설비가동의 안정화

SBM의 목적은 평준화 생산을 위한 설비가동의 안정화가 최우선으로, 이를 위해서 부분 최적화에서 전체 최적화로 개념을 변경하였다.

▌표 2-9 SBM 적용 전/후 비교

변경 전(부분 최적화)	변경 후(전체 최적화)
• 설비 단위별로 최대가동이 되도록 설비를 관리하는 체제	• 공정(or 설비군) 전체의 필요한 가동을 꾸준히 유지할 수 있도록 하는 설비보전체제
• 개별 설비당 최대의 생산이 가능하도록 설비상태를 유지하며, 설비대당 생산성 강조	• 항상 균일하면서도 원하는 시기(자공정 대기 없이)에 생산할 수 있도록 설비상태를 준비하며, 공정 전체의 생산성과 speed를 강조함
• wafer 생산을 많이 할 수 있도록 설비의 극한 사용이 가능하도록 설비를 운영함	• wafer의 흐름이 빠르면서도 많이 생산하도록 하여 line의 동기화 생산이 가능하도록 설비를 운영함

② 정비(maintenance)인력 운영의 효율화

기존의 TBM 방식은 설비별 보전일정이 겹치게 되면 동시에 많은 정비인력이 필요하게 되어 과부하(overload)가 걸리게 된다. 이에 따라 효율적 인력운영이 어렵고, 돌발상황 발생시 적절한 대응이 어렵게 된다. 그러나 SBM은 보존작업에 대한 균등한 배분을 통해 보전작업의 중복을 없애고, 보존인력의 효율적 운영이 가능해 진다. 또한 안정적인 보존(maintenance)활동이 가능해지고 정해진 시간에 PM을 완료할 수 있고, 돌발상황에 즉각 대응이 가능해진다.

개선 전	개선 후
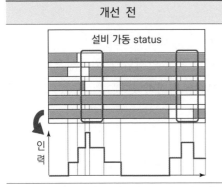 설비 가동 status 인력	설비 가동 status 인력
• 동일 PM건수라 할지라도 설비개별 상태에 따라 PM이 중복되면 과부하 상태 • 작업당 2명 소요된다면 최고 6명까지 필요 인원 발생으로 과부하시 대응불가	• 보존작업에 대한 균등한 배분을 통해 보전 작업의 중복이 없어진다. • 평균 2명의 보전인력이 꾸준하게 소요되어 보전인력의 효율적 운영이 가능

▲ 그림 2-19 설비 Maintenance 비교

③ 원가절감을 위한 보전(maintenance) 비용 효율화

제조경쟁력 확보를 위해서는 극한의 원가절감이 필요하나, 설비부문에서의 원가 절감은 설비와 관련된 예비품의 운영과 관리에 크게 좌우된다.

개선 전	개선 후
일단 어떻게 될지 모르니까 일단 충분히 확보해 놓고 보자!	미리 계획되어져 있으니까 정확히 얼마나 소요될지 예측이 가능하네~
• 예비품에 대한 과다확보 - 어떻게 될지 모르니 일단 확보하게 됨 • 재공이 쌓이면 PM은 일단 뒷전 - 설비의 강제 열화 가속화 시킴	• 부품의 필요/조달량 균일화로 재공의 최소화 가능 - 사전 arrange로 예측 가능해짐 • 열화 사전예방으로 설비수명 연장 - 가동편차 극소화로 안정적 생산대응

▲ 그림 2-20 SBM 변경 전/후 모습

2) SBM의 적용단계

SBM의 적용단계는 PM 주기(MTBF)가 짧은 설비군과, PM 주기가 긴 설비군으로 나누어 생각해 볼 수 있다. 또한 PM 주기가 긴 설비군은 설비대수가 많고 MTTP가 긴 설비군과, 설비대수가 작고 MTTP가 긴 설비군으로 나누어 생각해 볼 수 있다.

(1) MTBP가 짧은 설비군

반도체 공정의 ETCH, CVD 등 MTBP가 짧아서 전체 설비(chamber) PM을 계획(scheduling)할 경우 동일 시간대에 작업이 중복되는 경우는, PM 주기의 연장 활동을 진행하면서 계획(scheduling)이 수립되어야 한다.

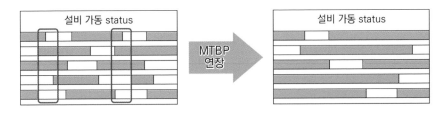

단계	활동내용	상세 활동방법
1단계	고장 zero화	step 활동과 맞물려 고장, 순간고장 zero화 함
2단계	MTBP의 연장	PM 주기 연장활동을 동시에 진행하여 PM이 중복되지 않도록 개선
3단계	보전작업 scheduling	BM 체제로 운영하는 부대설비의 교체, 연간PM 등 보전작업을 arrange된 일정에 scheduling
4단계	MTTP의 단축	scheduling된 PM 작업을 단시간에 끝내도록 작업 효율화 실시, 가동율 극한 향상 추진

※ MTTP(mean time to PM: 평균 PM 시간)
　MTBP(mean time between PM: 평균 PM 간격시간)

▲ 그림 2-21 MTBP 연장 단계(MTBP가 짧은 설비)

여기서 설비의 고장은 계획(schedule)을 흔드는 주 요인이 되므로, 반드시 가동율을 최대한 극한으로 높게 만들어야 한다.

① CVD 설비 활동사례 1

이 사례는 장기 부진 설비군을 SBM의 대상으로 삼아서 개선한 사례이다.

오랫동안 부진한 CVD 설비를 선정하여 개별개선 및 설비개조, 송곳 테마활동을 집중적으로 진행하였고, 다음과 같이 지표가 개선되었다.

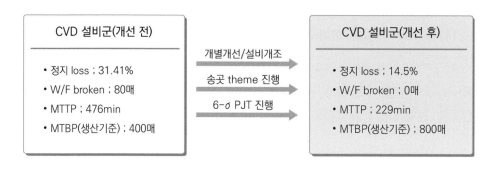

▲ 그림 2 - 22 CVD 설비 SBM 개선

② CVD 설비 활동사례 2

다음은 CVD 공정의 TAT 및 가동산포를 개선한 사례이다.

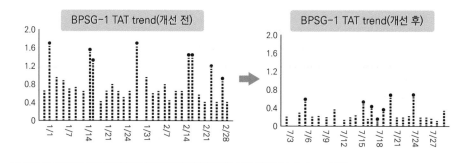

▲ 그림 2 - 23 CVD 설비 TAT & 가동 산포 개선

SBM 개선활동을 통하여 시간가동율, 고장율, PM율, cycle time이 개선되었다.

③ CVD 활동사례 3

다음 표는 현장에서 SBM 개선활동으로 진행된 사례들 및 성과를 정리한 것이다.

▌표 2 - 10 생산성 및 공수 절감 개선 내용

생산성 향상	• CVD(BPSG) 가동산포 향상: BPSG 담당 공정 2step → 3step으로 확대
	• HTUSG 가동율 향상: 1대 유휴화 성공으로 BPSG 공정 전환 가능
	• 상기 capa - up 효과로 인해 BPSG 설비 1대 타라인으로 이전 가능
	• 생산성 증가로 증설 보완 투자시 투자 절감 가능
	• input 물량의 변동에도 동일 TAT(단위공정) 유지(TAT 산포 극소화 달성)
공수 절감	• 예방보전 활동의 강화(input 관리의 설비 유지)
	- monitor 강화, 특화 활동 가능(input요소 관리, ABN 제거 활동)
	고장 요인의 PM화 및 pit in system 연구
	• Eng'r 교육 활동 강화(연구 중심의 엔지니어 활동)
	- 기술력 강화를 위한 교육 훈련 강화(개선 전 3회 → 개선 후 11회 진행)
	'문제 해결 능력의 배양'에서 '성장'으로의 선 순환 cycle로 진입
	• GWP활동(자기 계발의 vision 제시)
	- 개개인의 리더쉽 강화를 위한 relay 독서 운동 전개
	- 월별 정기 행사를 통한 teamwork 향상

(2) MTBP가 긴 설비군

① 설비대수가 많고 MTTP가 긴 설비

반도체 공정의 확산(diffusion) 등 MTTP가 길면서도 설비(chamber) 대수가 많은 설비군의 경우에는, 현재의 수준에서 PM작업이 중복되지 않도록 arrange 한다. 즉 계획(scheduling)에 의한 보전활동과 MTTP의 산포를 극소화하는 활동을 전개한다.

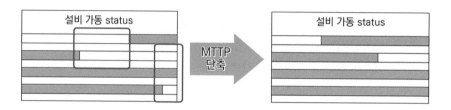

단계	활동내용	상세 활동 방법
1단계	고장 zero화	step 활동과 맞물려 고장, 순간고장 zero화 함
2단계	MTTP의 단축	PM 작업의 표준 작업화와 보전방법 개선을 통한 PM당 작업시간의 편차를 극소화 및 MTTP 단축
3단계	보전작업 scheduling	설비군 전체에서 PM의 중복이 발생하지 않도록 보전작업을 scheduling
4단계	MTBP의 연장	주기가 짧아 PM 작업이 중복될 경우 주기 연장 활동을 동시에 진행하여 PM이 중복되지 않도록 함

▲ 그림 2-24 MTTP 단축 단계(MTBP가 긴 설비)

다음은 특정라인에서 확산 설비의 PM 시간을 개선한 사례이다.

확산공정 설비의 PM 시간은 표준시간 이내로 모두 떨어져 MTTP의 산포가 줄어들게 되었다.

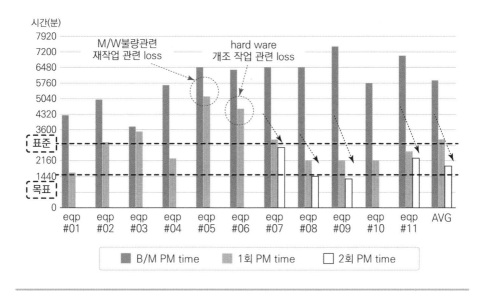

▲ 그림 2-25 확산 loadlock 설비 PM 시간 개선

PM 시간이 줄어들면서 설비의 평균 PM 건수도 안정화 추세로 이르게 됨을 알 수 있다.

기존에는 하루에 최고 7대의 PM이 발생하였으나, 개선 후에는 약 3대의 PM이 발생한다. 즉 설비의 안정적인 가동이 가능해진다는 것을 알 수 있다.

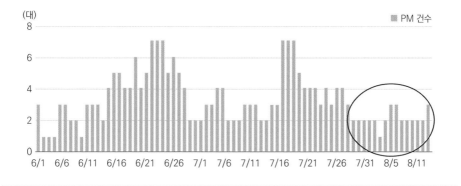

▲ 그림 2-26 NIT 설비 PM 건수 개선

② 설비대수가 작고 MTTP가 긴 설비

단계	활동내용	상세 활동 방법
1단계	고장 zero화	step 활동과 맞물려 고장, 순간고장 zero화 추진
2단계	보전작업 scheduling	연간 PM, 반기/분기 PM 등 장기 down되는 보전작업을 arrange된 일정에 맞춰 scheduling
3단계	MTTP의 단축	scheduling된 PM 작업을 단시간에 끝내도록 작업 효율화 실시, 가동율 극한 향상 추진
4단계	MTBP의 연장	주기가 짧아 PM 작업이 중복될 경우 주기 연장 활동을 동시에 진행하여 PM이 중복되지 않도록 함

▲ 그림 2 - 27 장기down 설비의 분할 PM 활용

반도체 fab 공정의 이온주입(IMP) 설비 등 MTTP가 길고 설비(chamber)대수는 적으면서도 연 단위, 반기 단위의 PM 주기에 의해 설비의 장기down이 발생하는 경우에는 연간 PM 등 정기적인 PM을 계획(scheduling) 내에서 분할하여 추진한다.

3) SBM의 기대효과

다음은 현장에서 설비보전 방법을 SBM 체제로 변경했을 때의 기대효과에 대하여 살펴보자.

(1) 가동산포 향상으로 설비투자 절감

설비전체의 안정적인 가동이 확보됨으로 인해 기존의 제조요구 capa수준보다 더 높은 설비 가동율을 편차없이 유지하게 되었다. 즉 run의 moving보다 더 빠른 대응이 가능해졌다.

(그림 2-28) 그래프에서 보듯이 SBM 적용후에는 설비의 평균가동이 약 42대에서 약 45대로 증가하였다. 즉 3대 정도 직접 설비투자의 절감효과가 있다는 것을 알 수 있다.

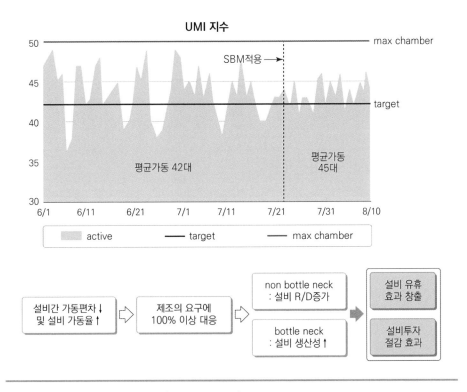

▲ 그림 2-28 SBM 기대효과(설비투자 절감)

(2) 보전공수의 절감효과

엔지니어 실력향상(quality - up)에 대한 재투자가 가능해졌다. 보전작업이 사전에 scheduling이 되어 있으며, 이에 따라 엔지니어의 업무도 계획에 의해 진행할 수 있게 된다. 즉 업무의 부하량을 일정하게 유지할 수 있게 되어, 평준화된 부하량으로 적은 인원으로도 효율적인 업무수행이 가능해졌다. 따라서 엔지니어의 교육·연구·학습의 기회가 증대되고, 엔지니어의 다기능화·고기능화가 가능해진다.

기존에는 필요인력이 정확히 예측되지 않아서 소요에 대한 허수가 발생하고 인력운영에 어려움이 있지만, SBM 적용후에는 평균화된 인력운영이 가능해졌다. 즉 업무 부하량의 하향 평준화가 가능하다.

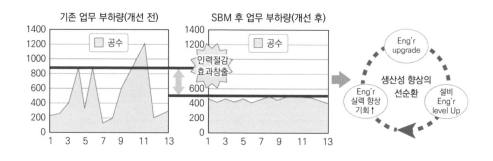

▲ 그림 2 - 29 일별 필요 공수 비교

(3) 라인 동기화 생산시스템 구현

항상 요구되는 규모 이상의 설비가 가동할 수 있게 됨에 따라, 자기 공정(설비)을 거쳐가는 런(run)이 항상 일정하게 흘러갈 수 있도록 가능해졌다. 런(run)의 투입에서 fab out까지 항상 동일한 흐름이 가능하게 설비가 보증할 수 있도록 한다면, 라인 전체의 평준화 생산이 가능해진다. 즉 동기화 생산이 되는 line 체제 구현이 가능해진다고 할 수 있다.

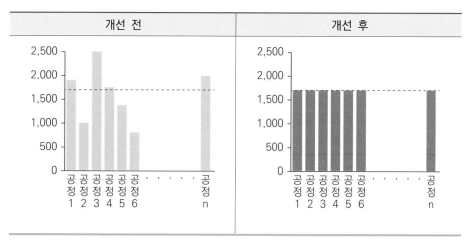

▲ 그림 2 – 30 동기화 생산에 따른 평준화

동기화 생산의 가장 기본은 가동편차가 없는 안정적인 설비의 운영이라고 할 수 있다.

생산공정관리

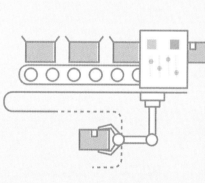

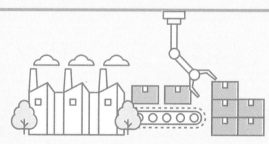

초일류기업을 위한 스마트생산운영

01 생산운영관리

1.1 생산운영관리란

기업의 목적을 효과적으로 달성하기 위하여 기업은 장기계획을 수립한다. 장기계획은 하위계획인 제품개발, 생산운영, 마케팅계획의 기본과 지침이 된다. 자원은 한정되어 있기 때문에 생산부문도 한정된 자원을 가장 효과적으로 사용하고, 다른 부문과 협조하여 기업의 목적을 효과적으로 달성하도록 하여야 한다. 생산운영관리는 제품과 서비스를 생산하는 모든 활동들로 구성되어 있다. 그래서 Chase 등(2004)은 '생산운영관리는 기업의 가장 중요한 제품과 서비스를 창출하고 공급하는 시스템을 설계, 운영, 그리고 개선하는 것'이라고 정의하였다. Ritzman과 Krajewski(2004)는 '생산운영관리는 투입물을 제품이나 서비스로 변화시키는 프로세스를 지휘하고 통제하는 것'이라고 정의하였다. APICS 사전(2013)은 '생산운영관리는 투입물을 완성된 제품이나 서비스로 변환하는 활동을 계획하고, 일정을 수립하고, 통제하는 것'이라고 정의하였다.

투입물(input)이란 원자재(또는 부품)나 고객 또는 고객과 관련되어 처리되는 정보나 제품을 의미한다. 제조업체의 투입물은 원자재(또는 부품)이고, 서비스업체의 투입물은 고객 또는 고객과 관련되어 처리되는 정보나 제품이다. 원자재 (raw materials)와 부품은 최종제품을 형성하는 구성품이다. 반도체와 LED는 휴대폰의 투입물이고, 고무와 철은 타이어의 투입물이며, 변속기와 엔진은 자동차의 투입물이다. 원자재나 부품 없이 유형재화를 만들 수 없다. 원자재는 가공된 원자재와 가공되지 않은 원자재로 구성된다. 가공되지 않은 원자재는 주로 천연자원으로부터 나오며, 금, 은, 동, 구리, 원유, 쌀, 텅스텐 등은 전부 가공되지 않은 원자재이다. 반면에 가공된 원자재는 이미 생산과정을 거친 완제품이다. 서비스업체에 있어서 투입물은 고객 또는 고객과 관련된 제품이나 정보이다. 학생은 학교의 투입물이고, 신자는 교회의 투입물이다. 고객관리에 필요한 정보나 제품은 고객의 만족을 위하여 서비스되는 정보나 제품을 말한다. 자동차보험회사에서는 사고가 발생하면 서류를 작성한다. 그러나 이 서류는 고객을 위해 작성되는 것이다.

자원(resources)이란 유형재화 또는 무형재화를 산출하기 위해 수행되는 변환과정에 들어가는 요소들을 일컫는다. 자원에는 상당히 많은 요소들이 있다. 예를 들어 인적자원은 기계와 자재를 이용하여 제품 또는 서비스를 창출하는 주체이다. 노동집약적인 산업에서는 인적자원이 가장 중요한 생산의 요소였지만, 기계화와 자동화가 도입됨에 따라 인적자원의 비중이 점차적으로 감소하고 있다. 그러나 인적자원은 육체적인 능력뿐만 아니라 지적인 능력을 소유하고 있기 때문에 인적자원이 차지하는 비중은 공정의 형태와 제품의 종류에 따라 크게 달라진다. 그러므로 단순히 과거에 육체적인 노동력으로만 생각되어 왔던 인적자원이 지금의 조직에서는 그 의미와 역할이 완전히 달라졌다.

자본(capital)은 대개 장기적이며 고정된 자원으로서 생산을 하는 데 필요한 기계, 토지, 건물, 설비, 장비, 공구, 산업로봇 등을 포함한다. 자본은 한번 사용하면 없어지는 소모품이 아니고 오랜 기간 동안 사용할 수 있는 자원이다. 자재는 위에서 설명한 원자재와는 다르다. 자재(materials)는 원자재 이외 생산과정에서 사용되는 물자이다. 자동차공장에서 사용하는 타이어는 원자재이지만, 기계에 사용하는 윤활유는 자재이다. 에너지(energy)는 제품과 서비스를 생산하는 데 필요한 중요한 자원으로서 전기, 용수, 가스 등을 말한다. 에너지가 없으면 재화를 생산하기가 상당히 어렵거나 거의 불가능하다. 자금(money)은 원자재를 구입하고, 인적자원에 대해 임금을 지급하고, 기계를 구입하기 위해 필요하다. 그러나 자금은 생산 활동의 직접적인 자원이라고 할 수 없다. 왜냐하면 자금 자체가 유형재화와 무형재화를 산출하는 데 직접적으로 공헌을 하지 않기 때문이다.

투입물을 산출물로 전환시키는 과정을 생산시스템의 변환과정이라고 한다. 변환과정(transformation process)은 투입물을 원래의 가치보다 높은 가치를 지닌 산출물로 반드시 전환시켜야 한다. 다시 말하면 변환과정은 반드시 부가가치를 창출하는 생산적인 과정이어야 한다. Monks(1987)는 "변환과정이란 투입물을 산출물로 전환시키기 위하여 투입물에 어떤 형태의 테크놀로지(technology)를 이용하는 과정"이라고 하였다. Meredith(1992)는 변환과정에는 네 가지 중요한 방법이 있다고 하였다. 첫 번째 방법은 변화를 통한 변환이다. 변화를 통한 변환과정은 변하는 것들 전부를 일컫는다. 부품을 조립하여 냉장고나 HDTV를 생산하는 물리적인 변화나 머리를 깎아 머리 형태에 변화를 주는 서비스도 변화이다. 또 음악을 듣고 마음에 변화를 느끼는 감각적인 변화와 대학졸업식에서 학위를 받고 느끼는 만족감과 같은 심리적인 변화도 전부 첫 번째 변환과정에 속한다. 두 번째 방법은 운반을 통한 변환이다. 우편물 배달이나 이사 또는 여행처럼 장소를 이동함으로써 변화를 꾀하는 것이다. 세 번째 방법은 저장을 통한 변환이다. 호텔에 숙박한다든지, 창고에 제품을 보관하는 것은 전부 이 방법에 속한다. 네 번째 방법은 검사를 통한 변환이다. 품질검사나 재고검사 또는 신체검사는 전부 검사를 통한 변환과정에 속한다. 그러나 일반적으로 변천과정은 업종에 의해 분류된다. 즉, 조직이 어떤 업종에 속하는가에 따라 변천과정이 결정된다.

산출물(output)은 변환과정의 결과로써 휘발유, 3D TV, 냉장고와 같은 유형재화와 영화, 법률서비스, 교육과 같은 무형재화로 분류된다. 다시 말하면 제조업체의 산출물은 완제품이고, 서비스업체의 산출물은 고객이나 고객을 위해 처리되는 정보나 제품이다. 그러나 제조업체와 서비스업체는 다르다. 둘 다 전부 인간의 욕구를 충족시키지만, 서비스업체는 그 특성상 제조업체와 다르다. 서비스업체는 사람을 대상으로 하므로 제조업체와는 달리 투입물과 산출물을 전부 고객이나 고객과 관련되어 처리되는 정보와 제품으로 본다.

생산운영관리는 경영학의 일부로서 다양한 주제들을 포함하고 있다. APICS 사전(2013)은 생산운영관리의 범위를 설계공학, 산업공학, 경영정보시스템, 품질경영, 생산관리, 재고관리, 회계, 그리고 운영에 영향을 끼치는 모든 분야들을 다양하게 포함시키고 있다. 일반적으로 제조업체에서의 변환활동을 생산(production)이라 하고, 서비스업체에서의 변환활동은 운영(operations)이라 한다. 그래서 생산운영관리(operations management)는 제조업체와 서비스 업체의 모든 부문에서의 변환활동을 다룬다.

1.2 제품 생산과정

제조회사의 경쟁력은 성능과 디자인 측면에서 우수한 제품을 개발하는 역량과 양질의 제품을 싸고 빠르게 만들어 내는 제조경쟁력에 의해 좌우된다.

구체적으로 회사 내에서의 제품 생산 과정을 살펴보면 (그림 3-1)과 같다.

- 마케팅/영업부서에서는 시장에 대한 설문조사와 최신 추세(trend)를 관찰하여, 고객이 원하는 새로운 기능의 신제품을 개발부서에 요구한다. 그리고 신제품이 완성되면 지역별 수요조사를 실시하여 고객의 수요량을 예측한다.

- 개발부서에서는 마케팅/영업부서의 신제품 요구사항을 반영하여 제품과 공정 규격을 설계한다. 제품의 품질을 보증하는 제품 속성별 규격(예 자동차 엔진은 영하 40도에서도 1000시간 이상 작동해야 한다. 스마트폰의 배터리는 72시

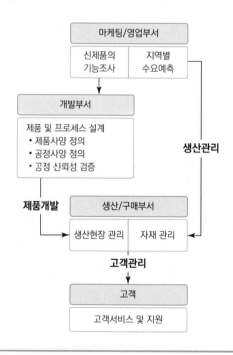

▲ 그림 3-1 제품개발/생산관리/고객관리

간 이상 지속되어야 한다)과 이를 달성하기 위한 공정 규격(세부 공정 별 제품의 이상적 가공 상태)을 정의한다. 또한 개발부서에서는 공정 규격에 맞는 제품을 생산했을 때 제품 규격도 부합되는지 검사하여 공정의 가능성을 확보한다. 일반적으로 개발부서에서의 생산은 소수의 첨단 공정 설비를 이용해 공정 신뢰성을 확보한다. 공정 신뢰성이 높다는 것은 불량률이 적다는 것을 의미하며 또한 생산된 제품 속성별 값이 규격의 한도 내에서 작은 산포를 가져야 한다는 것을 의미한다.

• 생산/구매 부서에서는 현장에 있는 모든(신형, 구형) 설비를 이용해 대량 양산을 실행할 때도 제품의 품질에 이상이 없도록 신뢰성을 확보하며 제품 개발에 필요한 소재 및 부품들을 위부로부터 안정적으로 공급해 준다. 이렇게 함으로써 고객의 수요에 맞춰서 적시에 제품을 공급할 수 있도록 생산을 계획하고 공장 현장을 관리한다. 기업에 따라서 여기에 물류부문이 같이 포함되기도 한다.

• 고객관리는 일반적으로 영업부서에서 담당하며 고객이 제품의 품질에 불평을 하면 이에 대응해야 하며, 또한 고객들에게 제품의 품질 관리 현황을 설명하여 고객이 회사에 갖는 신뢰도를 확보한다. 기업에 따라서 마케팅·판매·고객서비스 기능을 통합하여 관리하기도 한다.

02 | 생산공정관리

2.1 생산관리

앞절에서는 전체적인 생산운영관리의 개요에 대하여 살펴보았다. 본 장에서는 제조업체에서의 투입물을 산출물(제품)로 변화시키는 활동, 즉 생산관리에 초점을 맞추어 다루고자 한다.

생산관리 분야는 산업공학 분야에서 오랫동안 핵심분야로 자리잡고 있으며, OR(operation research)과 통계학 그리고 최근에는 데이터마이닝(data mining)/빅데이터(big data)를 생산현장에 접목하는 매우 실용적인 학문 분야이다. 생산관리는 크게 다음과 같이 두 분야로 구성되어 있다.

※ 생산관리＝생산계획(production planning)＋생산공정관리(production process control)

생산계획의 목적은 고객이 원하는 양만큼 제품을 적시에 생산하는 것이다. 고객의 수요보다 많은 생산량은 재고 비용을 가져오며, 수요보다 적은 생산량은 기회 비용을 초래한다. 따라서 제조기업이 해야 할 중요한 일 중의 하나는 수요와 공급의 균형을 유지하는 것이고, 이러한 수요와 공급의 균형을 맞추기 위하여 아래 그림(그림 3－2)과 같이 5단계의 계획 및 통제시스템을 통하여 실행이 이루어진다.

생산공정관리의 목적은 생산계획에 따라서 실제로 제품을 만드는 현장에서 발생하는 모든 문제를 최적으로 제어하여, 수율(yield)과 생산성(productivity)을 향상시키는 것이다. 수율은 정상품질의 제품 비율을 뜻하며, 수율이 높다는 것은 제품의 품질 수준이 높다는 것과 같은 의미이다. 생산성은 단위 시간동안 만들어내는 제품 수를 의미하며, 생산성이 높다는 것은 제품의 원가는 낮고 납기(리드타임)는 빠르다는 것을 의미한다. 본 장에서는 전체적인 생산계획의 개요와 생산공정관리, 공정제어에 대하여 상세히 다루고자 한다.

2.2 생산계획 및 통제시스템

본절에서는 기업의 생산계획이 전체적으로 어떻게 이루어지고 관리되는지, 갖추어야 할 요건들에 대하여 살펴보기로 한다.

제조는 제품 및 프로세스, 설비, 장치, 작업숙련도, 자재 등의 다양성으로 인해 매우 복잡한 활동이라고 할 수 있다. 경쟁력을 갖추기 위해서는 이와 같은 기업의 자원들을 효과적으로 이용하여 최고의 품질을 갖춘 좋은 제품을 적시에 경제적으로 생산해야 한다. 이것은 복잡한 문제이며 수요와 공급의 균형을 맞추기 위해서는 기업에 적합한 생산계획 및 통제시스템을 갖추는 것이 중요하다(그림 3-2).

훌륭한 생산계획시스템은 다음 4가지 질문에 답할 수 있어야 한다.

- 어떤 제품을 만들 것인가?
- 그 제품을 만드는데 얼마나 걸리는가?
- 현재, 무엇을 가지고 있는가(자원, 기술력)?
- 추가로 무엇이 더 필요한가?

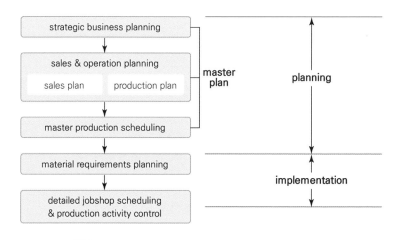

▲ 그림 3-2 생산계획 및 통제시스템

결국은 수요와 공급의 균형을 맞추기 위한 우선순위(priority)와 생산능력 (capacity)에 관한 문제이다. 생산계획 및 통제시스템에는 모두 5개의 주요 레벨 이 있다(Arnold and Chapman, 2002).

① 전략경영계획(strategic business planning)

향후 1~3년 동안 기업에서 달성해야 할 주요 목표를 기술하며, 기업이 나아 갈 큰 방향을 제시한다. 일반적으로 3년 단위의 중기 사업 전략을 수립하고, 매 년 하반기에 차년도 경영계획을 세운다. 장기적인 예측에 기반을 두며 마케팅, 재무, 생산, 기술에 대한 내용을 포함하게 된다. 따라서 전략계획은 마케팅, 재 무, 생산, 기술계획 사이의 방향과 위치를 제공하게 된다. 마케팅은 시장을 분석 하고 기업의 대응방안을 다루게 되며 일반적으로 공략해야 할 시장, 공급할 제 품, 고객 서비스 수준, 가격, 광고 전략 등을 포함한다. 재무는 기업에 필요한 자 금의 공급과 사용 및 현금 흐름, 이익, 투자회수율, 예산 등을 포함하게 된다. 생 산은 시장의 요구를 만족시키기 위해 공장, 설비, 장치, 작업자, 자재 등을 효율 적으로 다루는 것이 포함된다. 기술은 신제품 기획, 연구 및 개발, 제품 변경을 다루는데 시장에서 팔릴 수 있고 가장 경제적으로 생산할 수 있게 하려면 마케 팅 및 생산과 작업을 공유해야 한다. 전략경영계획의 수립은 경영진에 의해서 이 루어지며, 마케팅 재무, 생산으로부터 나온 정보를 이용하여 각 부서별 계획의 목표와 목적을 수립할 수 있도록 프레임워크를 제공하게 된다. 조직 내 모든 부 서의 계획을 통합하며 일반적으로 매년 갱신된다.

② 판매운영계획

판매운영계획은 기업의 수요와 공급의 균형을 달성할 수 있도록 지원하는 의 사결정 프로세스를 의미한다. 일반적으로 제조기업에서는 월단위로 진행되며, 공장의 생산관리 부서에서 주관하던가 또는 판매사업부의 영업관리부서 주관으 로 진행된다. 판매운영계획을 통하여 판매계획(수요)과 생산계획(공급)을 확정 짓는다.

③ 생산계획(production planning)

전략경영계획에 의해 수립된 목표가 주어지면 생산관리는 다음과 같은 사항을 고려한다.

- 일정기간 동안에 생산되어야 할 제품군의 수량
- 요구되는 재고 수준
- 설비, 작업자, 자재 등 특정기간 동안 필요로 하는 자원
- 필요로 하는 자원의 가용성

계획담당자는 회사 내의 유한한 자원을 효과적으로 사용하여 시장수요를 만족시킬 수 있는 계획을 수립해야 한다. 각 계획 레벨에서는 필요한 자원을 결정하고 자원의 가용성을 검토하게 되는데 반드시 우선순위(priority)와 생산능력(capacity)이 균형을 이루어야 한다. 계획기간은 일반적으로 주 단위 12주 정도이며 매주 갱신된다.

a. 주 생산계획(MPS: master production scheduling)

개별 제품의 생산을 위한 계획이다. 즉 판매운영계획(production plan)에서 수립된 전체 생산량(volume)을 맞추기 위하여, 제품군이나 품목별로 만들어진 계획을 개별제품(제품코드) 수준으로 세분화하게 된다. 주 일정(master scheduling)이란 주 생산일정을 개발하는 절차이며, 주 생산일정은 이 절차의 최종 결과물이다. 주생산계획은 일반적으로 단기(1~4주)는 확정 PO이고, 장기(5~12주)는 capa나 자재의 사전조정 및 대응이 가능하다. 이는 주로 구매 및 제조 리드타임에 따라 결정된다.

b. 자재소요계획(MRP: material requirements planning)

주 생산일정에서 결정된 최종 제품의 생산에 소요되는 컴포넌트의 구매 혹은 생산을 위한 계획이다. MRP에서는 컴포넌트의 필요 수량 및 투입 시점을 다루게 되며, 구매와 제조현장 관리는 특정 부품의 구매와 생산을 위해 MRP 결과를 이용하게 된다. 계획기간은 구매와 제조리드타임의 합계보다 커야 하는데 MPS에 맞추어 수립한다.

c. 일정계획 및 현장관리(detailed jobshop scheduling and production activity control)

일정계획 및 제조현장관리는 생산계획 및 통제시스템에 대한 실행 및 통제가 이루어지는 단계이다. 위에서 세부적인 생산계획이 정해지면 제조현장관리는 수립된 계획에 따라 공장 내에서의 작업 흐름을 실행하고 통제하는 역할을 담당한다. 계획의 정합성을 올리는 활동도 중요하지만, 계획대로 실행됐는지 분석하여 통제하는 활동은 더욱 세심한 관리가 필요하다고 할 수 있다.

2.3 생산계획

본절에서는 생산계획의 주기능인 주생산계획(MPS)과 자재소요계획(MPR)에 대하여 자세히 살펴보기로 한다.

생산계획은 매 주기(에 주 또는 월)마다 제품의 생산량을 결정하는 주생산계획(MPS: master production scheduling)과, 제품의 요소 부품을 조달하기 위한 자재소요계획(MRP: material requirement planning)으로 구성되어 있다. (그림 3-3) 은 주생산계획과 자재소요계획간의 관계를 보여준다.

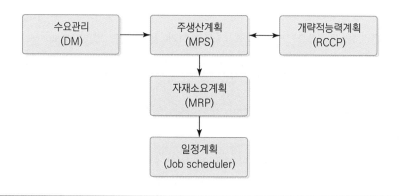

▲ 그림 3-3 주생산계획과 자재소요계획의 관계

① 주생산계획(master production scheduling)

MPS를 수립하는 목적은 완제품의 적정 재고수준 유지, 고객의 요구납기준수, 자재/노동력/장비의 투입효율 향상, 재고비용의 목표수준 유지 등이 있다. 이러한 목적 달성을 위해 MPS는 제조능력 및 생산계획의 범위내에서 고객의 요구사항을 만족시킨다. MPS 수립을 위해서는 우선 MPS 초안을 작성하고 개략적 능력계획을 통해 실행능력에 문제가 없는지를 점검하며 차이점을 해결하는 과정을 거친다. 여기서 개략적능력계획(RCCP)은 MPS 초안이 필요로 하는 실행능력에 문제가 없는지 병목공정이나 주요 자원에 대해 점검하는 과정을 의미한다.

아래 표 3−1을 살펴보면 1주는 기초재고 18개로 시작한다. 예상수요 12개를 충족시키고 나면 가용재공량은 6개가 된다. 2주의 예상수요 12개는 잔여재고로 충족시킬 수 없기 때문에 2주의 MPS수량으로 해결해야 한다. 이렇게 하고나면 예상사용량 14개(6+20−12)가 2주 완료시점에 발생한다. 3주에서는 예상수요 12개가 예상가용량 14개로 만족되고 예상가용량 2개가 남게 된다.

2주의 MPS 숫자 20 옆에 표시된 F는 확정 MPS라는 사실을 의미한다. 계획 확정구간(planning time fense)이란 시간의 한 지점으로, 컴퓨터에 의해 생성된 ptf의 바깥쪽에 위치한 MPS들을 계획된 MPS라 하고, ptf의 안쪽에 있는 MPS들을 확정된 MPS라고 부른다. 계획 확정구간은 보통 생산 및 구매 리드타임 값보다 25~50%정도 크게 설정할 것을 권고하는데, 이는 마스터 스케줄링 소프트웨어가 보충 주문의 생성이나 변경을 허락하지 않는 안쪽 지점을 말한다. 이것은 마스터 스케줄러가 통제를 유지하기 위해 매우 중요한 사항이다.

MPS를 수립하는 일련의 과정은 어떤 제품군에 속한 속한 각각의 제품별로 수행된다. 제품별로 계획된 총생산계획량과 총기말재고수량이 생산계획과 일치하지 않을 경우 각 제품별 생산계획을 조정해 총생산계획과 일치하도록 해야 된다.

┃표 3−1 MPS 작성 예(L/T: 1w, 주문량: 20, 계획 확정구간: 3w)

주(week)		1	2	3	4	5	6	7	8
판매예측		12	12	12	12	12	12	12	12
예상가용량	18	6	14	2	10	18	6	14	2
MPS			20F		20	20		20	

② 자재소요계획(material requirements plan)

MRP는 IBM사의 조지프 올릭키(Joseph A. Orlicky)에 의해 개발된 자재 및 재고의 종속수요 관리기법으로, 주문량과 주문시기를 기초로 하는 전통적인 재고관리기법의 약점을 보완하기 위해 만들어졌다.

주생산계획에 나타난 제품은 다른 품목의 수요와 전혀 상관없이 시장환경 속에서 그 수요가 결정되는 독립수요 품목이다. 주일정계획에 계획된 제품을 생산할 때 필요한 원자재나 부품등은 종속수요 품목으로, 그 수요가 주일정계획에 나타난 품목의 소요량에 의해 계산된다. MRP시스템은 MPS에 계획된 제품생산이 차질없이 진행되도록 원자재 및 부품의 필요량과 필요시기를 계산해 발주계획을 제시한다.

MRP는 생산계획과 BOM, 재고의 3가지 정보를 기반으로 구체적인 제조일정과 자재생산 및 조달계획을 수학적 계산을 근거로 산출하여 계획하는 방법이다. MRP는 생산시스템의 엔진에 해당하는 핵심 모듈로 전개 과정은 BOM, routing(리드타임의 정확한 계산에 사용), item master(발주정책 및 파라메터), 재고 데이터를 이용하여 MRP 레코드를 생성하는 과정이다.

MRP 레코드는 다음표와 같이 table 형태로 표현되며, 전개 절차는 다음과 같다.

a. MPS에 계획된 최종제품의 생산량을 맞추기 위한 원재료 및 부품들의 총소요량을 결정한다. 총소요량은 생산계획을 실행하는데 소요되는 품목의 총수량이다.

b. 현재 보관 중인 재고와 입고예정량을 반영해 순소요량을 결정한다.
- 입고예정량: 아직 입고되지 않았지만 이미 발주되어 입고가 확정된 수량
- 현재고량: 생산이 착수되기전 현재 확보하고 있는 재고수량
- 순소요량: 총소요량에서 입고예정량과 전기의 보유재고를 빼고 안전재고를 합한 것으로 새로 발주되어야 할 수량. 표 3-2에서는 6주차에 처음으로 순소요량 12가 발생하였다.

c. 원자재 및 부품의 주문단위를 고려해 발주계획량을 결정한다.
- 계획입고량: 순소요량을 충족시키기 위해 초기에 입고가 예정된 수량, 아직

발주되지 않은 계획단계의 주문, 6주차의 순소요량은 12이지만 lot size를 감안하여 계획입고량은 50개가 된다.

- 계획발주량: 계획주문의 실행을 의미, 계획입고 시점에서 리드타임을 차감한 것이 발주 시점이 되며, 발주량은 계획입고량과 같다.

d. 발주시기를 구하기 위해 납기 예정일에서 조달시간(lead time)을 차감한다.

▌표 3-2 MRP 레코드 전개

lot size=50, low lvl=1, oh=14, L/T=4		week(time buckets)							
		1	2	3	4	5	6	7	8
총소요량(gross requirements)		25		35		10	45		25
입고예정량(scheduled receipts)		48				41			
현재고량(projected on hand)	4	37	37	2	2	33	-12	-12	-37
순소요량(net requirements)							12		
계획입고량(planned order receipts)							50		
계획발주량(planned order releases)			50						

- MRP 테이블의 planned order release는 공장에 주문의 형태로 전달되며, 주문지시서에는 부품번호, 주문량, 생산 개시일, 그리고 생산 완료일이 명시되어 있다.
- 생산계획은 ERP(enterprise resource planning) SW에 포함되어 있다. ERP SW는 이밖에 주문관리, 재무관리, 회계관리, 인력관리 등의 경영 기능도 포함된다.
- 자재소요계획이 만들어지면 각 부품 별 생산 개시일자와 완료일자가 정의된다. 이 데이터는 현장에 작업지시서(work order)로 전달되며, 생산 현장에서는 계획대로 부품 생산 또는 조달을 실행한다. 실행 부분의 목적은 계획대비 생산성과 수율의 확보이며, 이 부분이 생산공정관리에서 다룬다.
- 만일 부품이 여러 공정 또는 부품공급업체에서 조달해야 하고 제품 판매처가 전세계에 걸쳐 존재한다면, 적시에 부품을 조달하여 제품을 만들고

또한 적시에 판매처에 공급해야 한다. 이를 공급망관리(SCM: supply chain management)라고 얘기하며, 요즘처럼 글로벌 시대에서는 부품 공장과 판매처가 전세계에 존재하는 경우가 많기 때문에 공급망관리가 매우 중요한 과제로 부상하고 있다.

2.4 생산공정관리

(1) 생산공정관리의 목적

생산공정관리의 목적은 생산성과 수율의 향상이다. 이 목적을 달성하려면 공장 내에서 작업(생산활동의 단위)과 자원(설비, 물류장비, 작업인력)의 관리가 최적으로 운영되어야 한다. 특히 생산성을 높이기 위해서는 공장 내에서 작업의 흐름이 적체 현상 없이 빠르게 진행되어야 하며, 수율이 향상되려면 자원이 최적으로 배치되고 정상적으로 작동되어 결품이 발생하지 않아야 한다.

자재소요계획으로부터 전달되는 부품의 주문지시서는 부품 번호, 주문량, 생산 개시일, 생산 완료일로 구성되어 있으며, 지정된 주문량은 크기 때문에 일반적으로 작은 단위로 쪼개서 공정에 투입된다. 이때 투입되는 생산 단위를 작업(job)이라고 하며, 하나의 작업은 제품의 특성에 따라서 item(낱개)단위로 구성되거나 여러 개를 모은 lot일 수 있다. item 단위로 생산하는 대표적인 부품은 자동차의 엔진, LCD 판넬 등이 있으며, lot 단위로 가공되는 것은 반도체의 웨이퍼(wafer), 전자기판(PCB: printed circuit board) 등이 있다.

생산공정관리를 실행하는 SW를 MES(manufacturing execution system)라고 한다. MESA(manufacturing execution systems association)의 정의에 따르면 MES는 주문 받는 제품을 정상적으로 만들 때까지 실시간으로 생산에 관련된 데이터를 제공하며 이를 이용해 생산 활동을 지시하고 대응하며 이에 대한 결과 보고를 한다.

생산실행시스템에는 일반적으로 다음과 같은 기능이 포함되어 있다.

- **데이터 수집 및 획득**(data collection/acquisition): 공장내의 모든 자원과 작업의 상태 정보를 온라인으로 수집하여 데이터베이스에 저장한다.

- **작업 일정계획**(job scheduling): 한정된 가공능력을 가진 설비를 고려하여 설비에서의 작업들의 투입 스케줄을 결정한다. 스케줄은 작업의 순서와 시작 기간을 의미한다.

- **작업지시**(dispatching jobs): 투입 스케줄에 따라서 작업을 설비에 투입하는 지시서를 작업자에게 제공한다.

- **제품추적**(product tracking): 개별 작업의 흐름 상태를 추적하여 온라인으로 작업의 진척 상태를 모니터링 한다.

- **실적분석**(performance analysis): 기업의 목표 대비 실적을 비교하고 원인을 분석한다. 목표는 고객에게 제시한 제품의 납기일, 생산량, 설비 가동률, 수율 등이 될 수 있다.

- **공정관리**(process management): 실적 분석에 의해서 문제점이 발견되면 작업의 흐름을 조정한다. 생산과정을 모니터링 하여 병목 현상이 발생하면 작업을 재할당(rearrange)하고, 공정의 문제는 자동화시스템을 통하여 제어한다.

- **자원할당 및 상태 관리**(resource allocation and status management): 원활한 작업 흐름을 위하여 설비, 가공 툴(tool)과 자재의 할당을 지시하며 필요한 작업인력을 재조정한다. 또한 배치된 자원의 상태를 관리하여 항시 재조정 및 투입이 가능하게 한다.

- **공정이상 탐지**(FDC: fault detection & classification)와 선진공정 제어(APC: advanced process control): 완제품이나 공정 중에 있는 가공품의 상태를 모니터링하여 결품이 발생하지 않도록 한다.

- **유지보수 관리**(maintenance management): 설비와 가공 툴의 상태를 모니터링하여 필요시 장비를 보수함으로써 최적의 운영 조건을 유지하도록 관리한다.

- **노무관리**(laber management): 근무중인 작업 인력의 실적을 모니터링하고, 숙련도에 따른 작업 스케줄을 관리한다.

- **문서관리**(document management): 공정에 필요한 모든 문서를 체계화하여 관리

한다. 주문지시서부터 공정에 필요한 레시피[1](recipe), 완제품의 규격, 공정 규격 등을 포함한다.

ERP/SCM과 MES와의 관계를 살펴보면 MES는 전사의 생산계획을 내려 받아서 실행하고, 일정에 맞추어 공장(shop-floor)의 설비와 물류를 제어하는 역할을 담당한다.

즉 전사의 생산계획에 맞추어 공장의 상세 일정계획을 수립하고, 이를 실행하기 위하여 공장(shop-floor)내의 개별 설비에서 필요한 데이터를 수집하고 공장에서 발생하는 모든 상황을 제어하며, 위로는 ERP/SCM과 연동하여 필요한 정보를 상호 주고 받는다.

MES는 SCM과 연결된 작업지시서를 전달받고, 주문에 관련한 정보와 생산가용 정보, 생산실적 정보를 제공한다. 또한 제품 개발 부서의 PLM(product lifecycle management) 시스템과 연결하여 제품과 공정의 규격에 대한 정보 및 공정 레시피에 대한 정보를 제공받으며, 실제 공정을 통해 얻은 공정 데이터를 PLM 시스템에 보내 제품 개발에 반영할 수 있도록 한다.

---

1) 공정 레시피(recipe)는 공정 진행에 필요한 화학 물질을 주입하거나 압력, 온도, 전압(설비 변수) 등을 올리고, 유지하고, 낮추는 등의 물리적인 목표 작업들을 명시한다.

03 선진공정제어

3.1 APC 개요

반도체, FPD, 전자제품, 전기부품, 철강 등을 생산하는 제조회사의 제조 경쟁력은 양질의 제품을 싸고 빠르게 만드는 데에 있다. 고객의 요구가 다양해지고 제품이 고기능화, 초소형화 되면서 제조공정은 점점 미세화 되고 복잡해지고 있다.

다단계의 순차(serial) 혹은 병렬(parallel) 구성된 생산라인의 수많은 설비들은 각각의 공정 레시피(recipe)에 정의된 설비변수들에 의하여 운영된다. 하지만 설비가 계속적으로 가동되면 공정 내에 사용하는 다양한 화학 물질, 물리적 반응들로 인한 설비의 오염 및 마모에 의해 설비 성능은 조금씩 감소하게 된다. 이러한 상황은 제품의 품질을 저하시키고 이상을 발생시킬 확률을 높이게 된다. 즉, 공정 레시피에 따라 설비를 운영하더라도 제품의 두께, 선폭, 표면 특성, 물리 화학적 특성, 전기적 특성 등의 공정변수 목표치를 미달하는 것과 같은 제품의 규격에 도달하지 못하는 결과가 발생하게 된다.

이러한 이유 때문에 공정의 상태를 늘 최상으로 유지하는 것은 제조회사의 입장에서 매우 중요한 과제라 할 수 있고, 이는 곧 제품의 품질 및 수율과 직결되는 문제이다.

선진 공정 제어(APC: advanced process control)는 단순한 개별 설비 차원을 넘어 제조 라인을 구성하는 전체 공정을 효율적이고 안정적으로 운영, 관리, 제어하는 기술을 의미한다.

1) 제조 공정에서의 APC 필요성

반도체 제품 생산의 핵심 단계인 FAB은 fabrication(조립)의 약자로 반도체 제조 공정 중 웨이퍼를 가공하는 공정을 의미한다. 즉, 웨이퍼의 표면에 여러 종류의 막을 형성시키고, 형성된 막에 목표로 하는 회로 패턴을 만들고 해당되지 않는 불필요한 부분들을 제거하면서 원하는 회로를 구성해나가는 과정이라 할 수 있다.

이러한 FAB 공정은 수백 개의 단위공정(unit process)으로 구성이 된다. 각 단계의 출력(output)은 다음 단계의 입력(input)이 되므로 수많은 단계들은 하나의 유기적인 관계를 가지게 된다. 만약 제품에 이상이 생길 경우 수많은 단계들 중 어디에서 이상 혐의가 발현되었는지를 찾는 것은 매우 힘든 일이다. 이러한 혐의는 특정 서리의 고장에 의해 발생할 수도 있고, 긴 시간 동안 진행되는 설비 마모에 의해 발생되기도 한다. 또한 전 단계에서부터 발생된 이상 상태가 그대로 전의된 경우일 수도 있다. 따라서 가장 좋은 공정 관리는 이 유기적인 관계를 갖는 전체 라인이 항상 최상의 상태를 유지하게 만드는 것이다. APC는 각 공정 단계마다 최적화된 품질 관리를 통해 전 단계에 걸쳐 늘 양품의 재공(WIP: work-in-process)들이 흐르게 만들어 결국 라인 전체의 품질 최적화를 가능하게 하는 행위를 전체적으로 일컫는 기술이다.

2) 제조 공정에서의 드리프트 현상

일반적으로 미세 제조 공정의 설비들은 장시간 사용하게 되면 부품이 마모되거나, 또는 화학 물질 부스러기나 찌꺼기(particle)로 인해 성능이 조금씩 감소하는 결과가 일어나게 된다. 아래 (그림 3-4)에서 보듯이 run을 진행함에 따라 특정(설비 또는 공정) 변수 값이 기준 값(target)에서 아주 조금씩 멀어지는 경향을 볼 수 있다. 이런 현상을 느린 드리프트(slow drift)라고 부른다. 그러나 이런 경우 느린 드리프트 현상이 보인다 하더라도 매우 오랜 시간 지속되지 않는 한 설비관리에서 많이 사용되는 FDC(fault detection and classification, 설비이상탐지) 기법을 가지고 탐지하기가 현실적으로 어렵다. 따라서 이러한 드리프트 현상을 보완할 수 있는 관리 방법이 필요하며, 이 역할을 APC의 regulation 기능이 담당한다.

느린 드리프트에 상반되는 개념이 급격한 드리프트(sudden drift)이며, 이를 전문용어로 시프트(shift)라고 한다. 설비의 시프트 현상은 공정 이상을 뜻할 수도 있고, 설비의 유지보수 활동 후 발생하는 성능 개선을 의미하기도 한다. 어떤 경우든 시프트가 발생하면 설비관리의 FDC 모델을 이용해 감지할 수 있는데, 설비의 유지보수 후 감지하는 경우는 공정의 효율 측면에서 바람직하지 않다고 할 수 있다.

공정변수가 느린 드리프트 현상을 보이면 설비변수 값을 약간 보정하여 공정변수가 원하는 기준 값을 유지하도록 해야 한다. 그렇지 않으면 제품의 품질과 수율이 저하되는 현상이 발생할 것이다.

그러나 공정 상태인 설비변수가 느린 드리프트 현상이 보인다 하더라도 공정결과인 공정변수에 영향이 거의 없다면, 그 자체가 크게 문제가 되지는 않는 경우가 있다. 하지만 설비를 관리하는 설비변수 기준선은 유동적으로 바뀌지 않으므로 FDC 관점에서 정상 상태인 수많은 설비변수 값들을 비정상으로 인식하는 1종 오류가 증가할 수 있다. 만약 이를 방지하기 위해 관리한계선을 느슨하게 설정할 경우에는 FDC 결과 비정상 상태를 발견하지 못하는 2종 오류의 위험이 있다. 이를 해결하려면 드리프트에 맞춰서 설비변수의 관리한계선을 조금씩 수정해야 해 나가야 한다.

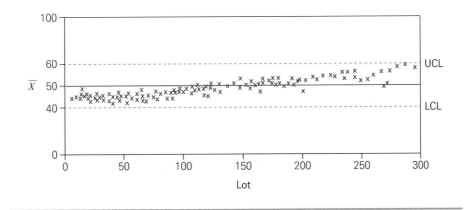

▲ 그림 3-4 공정 드리프트

3.2 APC 주요기능

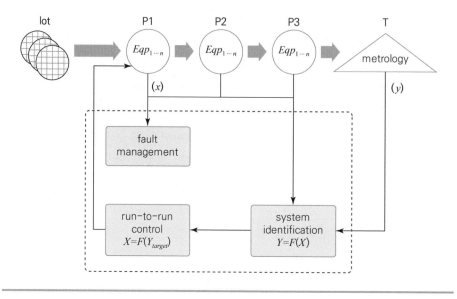

▲ 그림 3-5 APC 구성도

(그림 3-5)는 APC의 주요 기능을 설명한다. 그림에서 공정 상태(레시피에 정의된 설비변수)는 설비의 내부에 부착된 다양한 센서들을 이용해서 온라인(on-line)으로 관찰된다. 반면에 오프라인 계측기(off-line metrology)는 공정을 거친 결과물(공정변수)이 공정 규격 안에 드는지를 측정하는 역할을 한다. 하지만 이러한 오프라인 계측 과정은 시간과 비용이 많이 소요되기 때문에 보통의 경우 전수검사가 아닌 표본검사에 의한 계측이 이루어진다.

① monitoring(FDC)

온라인으로 관측되는 설비변수와 오프라인으로 계측되는 공정변수 데이터를 이용해서 설비의 이상으로 인한 공정 변화 현상을 감지하는 기능이다. 이러한 핵심 기능은 설비관리의 FDC 기술을 이용하여 구현할 수 있다.

② regulation

공정 드리프트(process drift) 현상과 같이 공정 환경이 변할시 관련된 공정 레시피 정보를 자동으로 변경하는 기술이다. 이 기술을 구현하기 위해서는 공정 레시피의 설비변수와 공정 결과를 나타내는 공정변수 계측 값 간의 관계를 찾고 (system identification) 공정이 최상의 상태를 유지하도록 공정 레시피의 설비변수 값을 보정해주는 기술(run‑to‑run control)이 필요하다. 이 부분이 APC의 가장 핵심 기능이라 할 수 있다.

③ logistics

monitoring 및 regulation의 결과와 MES를 연결시켜 공정의 설비 관리, 유지보수, 설비 운영 일정계획 들을 담당하는 기술을 총칭한다. 즉, 설비의 상태를 고려하면서 전체 라인 관리와 운영에 대한 틀을 잡는 역할을 한다. 가령, monitoring 과 regulation에서 발생되는 정보를 기록 및 관리하거나 유지보수가 필요한 설비 대신 타 설비에 작업(job)이 지나가도록 공정 라인이 운영되게 한다.

3.3 APC 제어 알고리즘

(그림 3‑6)은 APC의 적용효과를 나타낸 것이다. [그림 3‑6(a)]와 같이 공정진행 중에 설비 또는 공정변수의 느린 드리프트 현상이 발생한다. 이러한 문제점을 해결하고 공정의 변동성을 줄이고 균일한 품질을 유지하기 위한 방법은 대표적으로 1) 공정 레시피를 보정하는 방법과 2) 설비변수의 이상제어를 위하여 관리도의 관리한계선을 보정하는 방법이 있다. 두 방법 중 전자의 경우는 사전 제어방식이라 할 수 있으며, 후자의 경우는 사후제어 방식이라 할 수 있다.

먼저, 공정레시피의 설비변수를 변경하는 방법은 [그림 3‑6(b)]와 같다. box에 표시된 영역은 해당 공정의 레시피를 보정(APC적용)해서 공정 드리프트가 발생하지 않도록 만든 결과이다. 이 방법은 공정변수의 기준값(target)을 얻기 위해 공정레시피가 가져야 할 설비변수 값을 추정하는 방법이다. 하지만 공정 레시피를 변경하기 위해서는 많은 리스크가 있을 수 있기 때문에 사전에 충

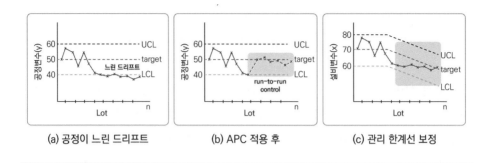

    (a) 공정이 느린 드리프트   (b) APC 적용 후   (c) 관리 한계선 보정

▲ 그림 3 – 6 APC적용효과

분한 검증작업을 통하여 신뢰성을 확보하는 것이 무엇보다 중요하다고 할 수 있다. 실제 현장에서는 사전에 많은 검증 과정을 거쳐서 단계적으로 접근해나가고 있다.

　다음으로 관리한계선을 보정해주는 방법은 [그림 3 – 6(c)]와 같이 현 추세를 반영하여 설비변수의 기준 값과 센서로부터 수집되는 데이터의 산포(분산)를 결정해주는 방식이다. 위의 그림(a)와 같이 드리프트를 고려하지 않은 관리한계선 (LCL, UCL)이 설정되어 있으면, 많은 정상 가공된 런들이 비정상으로 인식된다. 그러나 이 방법은 공정변수(y)값을 직접적으로 보정해주는 방법이 아니라, 공정 변수에 직접적으로 영향을 미치는 설비변수를 관리하는 방법으로 공정 드리프트 현상을 일반적인 상황으로 인식하고 이에 대한 간접적인 대응 기술이라고 할 수 있다.

1) 공정 레시피 변경을 위한 run-to-run control 알고리즘

공정(설비)의 레시피(설비변수)와 계측 값(공정변수) 간의 관계식은 다음과 같은 선형방정식 기반의 공정모델(process model)로 표현 할 수 있다(그림 3-7).

$$Y_t = \alpha + \beta X_t + \epsilon_t \cdots\cdots\cdots\cdots\cdots\cdots\cdots\cdots\cdots\cdots\cdots \text{(3.1)}$$

여기서 Y_t = t번째 로트에서 계측된 공정변수 값
α = 공정 모델의 절편(intercept)
β = 공정 모델의 기울기(slope)
X_t = t번째 로트에서 설비변수 설정 값
ϵ_t = 자연 공정 변동 요인인 백색 잡음(white noise) ~ $N(0, \sigma^2)$

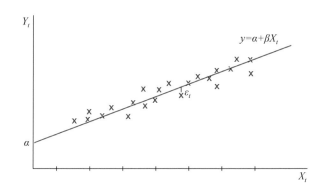

▲ 그림 3-7 드리프트 공정 모델

공정의 느린 드리프트를 공정 방해요인(process disturbance, δ_t)이라 정의할 경우, 이러한 드리프트로 인한 공정 모델은 다음과 같이 표현 할 수 있다(그림 3 -8). 이 식에서 기울기(β)는 드리프트에 영향을 안 받고, 느린 드리프트(δ_t)는 시간에 따라 미세하게 움직인다고 가정한다.

$$Y_t = \alpha + \beta X_t + \epsilon_t + \delta_t = (\alpha + \delta_t) + \beta X_t + \epsilon_t \quad \cdots\cdots\cdots (3.2)$$

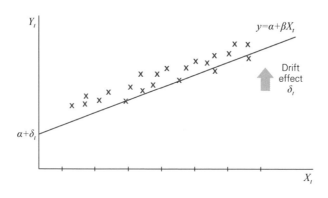

▲ 그림 3-8 드리프트 공정 모델

드리프트에 영향을 받는 공정변수 값(Y_t)를 추정하기 위해서는 변동되는 절편($\alpha + \delta_t$)를 지속적으로 갱신해 나가야 한다. run-to-run control의 목적은 느린 느리프트로 인해 발생하는 공정 변동성을 공정 모델에 반영하는 역할을 한다. 다음은 APC 제어기술로 일반적으로 가장 많이 활용되는 EWMA(exponentially weighted moving average) 방법을 이용하여 run-to-run control 알고리즘을 구현하는 절차를 소개한다.

2) EWMA(exponentially weighted moving average)

지수가중이동평균법(EWMA)은 품질관리 분야에서 이상 요인을 조기에 예측하는데 유용한 방법이다. t 시점에서의 계측 값이 수집되었을 때 t+1 시점에서의 계측 값을 t 시점에서 추정하는 방법이다. EWMA는 다음 수식으로 표현 가능하다.

$$t시점에서의\ 추정값\ =\ 평활모수 \times t시점에서의\ 계측값$$
$$+\ (1-평활모수) \times t-1시점에서의\ 추정값$$
$$EWMA_t = \lambda Y_t + (1-\lambda)EWMA_{t-1} \quad \cdots\cdots\cdots\cdots\cdots (3.3)$$

EWMA는 t 시점에서 예측한 t+1 시점의 추정 값을 의미하고, Y_t는 t 시점에서의 계측 값을 의미한다. λ는 Y_t(현 계측 값)의 영향력 정도를 결정하는 평활모수(Smoothing parameter)로써 (0, 1) 사이의 값을 갖는데, 값이 작을수록 과거의 추정 값에 상대적으로 큰 가중치를 주게 된다. EWMA는 이전 추정 값과 현 계측 값의 가중 합산을 통해 현 계측 값에 다음 추정 값이 과최적화 되는 것을 방지한다.

EWMA 식을 과거로부터 축적된 계측 값 Y_t를 가지고 식을 재정리하면 다음과 같다.

$$
\begin{aligned}
EWMA_t &= \lambda Y_t + (1-\lambda)EWMA_{t-1} \\
&= \lambda Y_t + (1-\lambda)\{\lambda Y_{t-1} + (1-\lambda)EWMA_{t-2}\} \\
&= \lambda Y_t + \lambda(1-\lambda)Y_{t-1} + (1-\lambda)^2 EWMA_{t-2} \\
&\quad\quad\quad\quad \vdots \\
EWMA_t &= \sum_{i=0}^{\infty} \lambda(1-\lambda)^i Y_{t-i} \quad\cdots\cdots\cdots\cdots\cdots\cdots\cdots\cdots (3.4)
\end{aligned}
$$

만일 계측이 i = 1, 2, ⋯ , t까지 실행되었다면 EWMA 식은 다음과 같이 정리된다.

$$EWMA_t = \sum_{i=1}^{t} \lambda(1-\lambda)^{t-i} Y_i \quad\cdots\cdots (3.5)$$

EWMA 모델을 적용한 run‑to‑run control 알고리즘은 다음과 같이 진행된다[(그림 3‑9) 참조].

[1 단계] 공정 모델을 작성한다(model identification).

$$\widehat{Y}_t = \widehat{a}_t + bX_{t+1} \quad\cdots\cdots (3.6)$$

여기서 $\widehat{Y}_t$ = $t+1$번째 로트(lot)의 공정변수 추정 값
$\widehat{a}_t$ = $t+1$번째 로트의 추정 절편($a \equiv \alpha+\delta$)이며, 공정 방해 요인(드리프트)의 영향을 받는다.
b = 기울기(모델을 통해 얻어진 고정 값 = β)
X_t = $t+1$로트에서의 설비변수 값

[2 단계] t 시점에서 Y_t를 계측한 후, 추정 절편 $\widehat{a}_t$를 EWMA 식을 이용하여 다음과 같이 갱신한다(model learning).

$$\widehat{a}_t = \lambda(Y_t - bX_t) + (1-\lambda)\widehat{a}_{t-1} \quad\cdots\cdots (3.7)$$

참고로 초기 로트(i = 1)에서부터 시작하여 실제 설비변수와 공정변수 계측 값 (X_i, Y_i) 쌍을 가지고 상수 값 $a_i = Y_i - bX_i$를 계산하고 축적된 상수 데이터 $(Y_1 - bX_1)$, $(Y_2 - bX_2)$, $\cdots$, $(Y_t - bX_t)$를 EWMA 공식으로 표현하면 다음과 같다.

$$\widehat{a}_t = \sum_{i=1}^{t} \lambda(1-\lambda)^{t-i}(Y_i - bX_i)$$
$$= \lambda(Y_t - bX_t) + (1-\lambda)\widehat{a}_{t-1} \quad\cdots\cdots (3.8)$$

[3 단계] t+1 번째 로트의 공정변수 추정 값 $\widehat{Y_t}$을 다음 식으로 추정하고(model prediction),

$$\widehat{Y_t} = \widehat{a_t} + bX_{t+1} \quad\text{.. (3.9)}$$

$\widehat{Y_t}$가 기준 값(target)에 도달하도록 설비변수 X_{t+1} 값을 산출한다(recipe generation).

$$X_{t+1} = \frac{Target - \widehat{a_t}}{b} = \frac{Target - \lambda(Y_t - bX_t) - (1-\lambda)\widehat{a}_{t-1}}{b} \quad\text{............... (3.10)}$$

[4 단계] t ← t+1로 대치하고 2 단계로 이동하여 지속적인 run-to-run control을 실행한다.

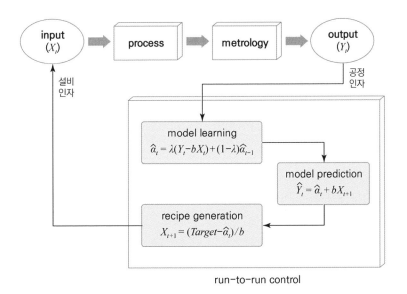

▲ 그림 3-9 run-to-run control 절차

• 선형공정 모델 vs. 비선형공정 모델

지금까지는 공정변수와 설비변수간의 관계가 선형방정식을 따른다고 가정하고 run-to-run controller를 설계하였다. 그러나 실제 공정에서는 이 두 변수가 비선형 관계식을 따르는 경우가 많으며 공정마다 비선형 형태가 달라지기 때문에 미리 비선형 방정식을 가정하기가 힘들다. 따라서 설비변수와 공정변수의 데이터를 가지고 관계식을 자동적으로 구축하는 데이터 마이닝 기법이 필요하다. 설비변수와 공정변수의 데이터가 수치형이기 때문에 비선형 회귀식을 제공하는 데이터 마이닝 기법이 필요하다. 대표적인 비선형 회귀식으로는 CART를 이용한 regression tree, artificial neural network, K-nearest neighbor, 부분최소자승법(PLS: Partial Least Square) 등이 있다.

3) 관리한계선을 보정하는 방법

본 절에서는 설비변수의 단변량 관리한계선의 보정에 대해서 살펴보기로 한다. 단변량 관리한계선을 구성하는 요소에는 평균과 분산이 있으며, 새롭게 계측 값이 수집될 때마다 EWMA 식을 이용해서 평균과 분산을 추정하는 방법을 다룬다. 이렇게 새롭게 추정된 값들을 이용하여 느린 드리프트 상황에 맞도록 관리한계선을 보정할 수 있다. 참고로 T^2 관리도와 같은 다변량 관리도의 관리한계선을 보정하려면 평균과 분산뿐만 아니라 변수들 간의 공분산 행렬을 드리프트 상황에 맞게 갱신해 나가야 한다.

① 평균값을 보정하는 방법

FDC에 사용하는 설비변수의 상태는 대부분 센서로부터 측정되며 센서의 k번째 값을 X_k, 그리고 첫 측정 값에서 k번째 측정 값까지의 추정 평균을 $\overline{X}_k$라고 하자. 그러면 k+1번째 측정 값 X_{k+1}까지의 추정 평균인 $\overline{X}_{k+1}$은

$$\overline{X}_{k+1} = \frac{1}{k+1}\sum_{i=1}^{k+1} X_i = \frac{1}{k+1}\left(X_{k+1} + \sum_{i=1}^{k} X_i\right)$$

$$= \frac{1}{k+1}\left(X_{k+1} + k\frac{1}{k}\sum_{i=1}^{k} X_i + \frac{1}{k}\sum_{i=1}^{k} X_i - \frac{1}{k}\sum_{i=1}^{k} X_i\right)$$

$$= \frac{1}{k+1}\left\{X_{k+1} + (k+1)\overline{X}_k - \overline{X}_k\right\}$$

$$= \overline{X}_k + \frac{1}{k+1}\left(X_{k+1} - \overline{X}_k\right) \cdots\cdots\cdots\cdots\cdots\cdots\cdots\cdots\cdots (3.11)$$

따라서 $\overline{X}_{k+1}$은 모든 측정 값 $\{X_1, X_2 \cdots X_{k+1}\}$을 이용하여 평균을 계산하지 않고도 $\overline{X}_k$와의 관계식을 이용하여 가장 최근에 측정한 X_{k+i}만 있으면 계산이 간편하게 이루어질 수 있다. 이 관계식을 살펴보면 다음과 같은 일반화를 할 수 있다.

new estimate ← old estimate + correction factor[current data ‒ old estimate]

이식을 지수가중식(exponential weight formula)이라고 하며 풀어 쓰면 익숙한 EWMA 식이 된다. 따라서 보정계수(correction factor)는 EWMA 식의 평활모수와 같은 의미가 된다. 지수가중식에 의한 평균 값의 추정은 다음 수식과 같다.

$$\overline{X}_{k+1} = \overline{X}_k + \lambda_{k+1}(X_{k+1} - \overline{X}_k) \cdots\cdots\cdots\cdots\cdots\cdots\cdots\cdots (3.12)$$

이 식에서 λ_{k+1}는 (0, 1) 사이의 값을 갖는 보정계수로서 평균 추정에 오류인 $X_{k+1} - \overline{X}_k$를 얼마나 많이 반영할 것인지를 결정한다. 따라서 설비변수가 안정적이라면 $\lambda_{k+1} = \frac{1}{k+1}$이 된다. 하지만 느린 드리프트가 발생하면 $\lambda_{k+1} > \frac{1}{k+1}$인 값을 할당해야 설비변수의 변화를 반영할 수 있다.

② 분산 값을 보정하는 방법

k번째 분산 값과 k-1번째 분산 추정 값 간의 관계식은 다음과 같이 정리할 수 있다.

$$
\hat{\sigma}_k^2 = \frac{1}{k-1} \left\| \begin{array}{c} X_{k-1}^0 \\ X_k \end{array} - 1_k \overline{X_k} \right\|^2 = \frac{1}{k-1} \left\| \begin{array}{c} X_{k-1}^0 - 1_{k-1}\overline{X}_{k-1} + 1_{k-1}\overline{X}_{k-1} - 1_{k-1}\overline{X}_k \\ X_k - \overline{X}_k \end{array} \right\|^2
$$

$$
= \frac{1}{k-1} \left\| \begin{array}{c} X_{k-1}^0 - 1_{k-1}\overline{X}_{k-1} - 1_{k-1}\triangle\overline{X}_k \\ X_k - \overline{X}_k \end{array} \right\|^2
$$

$$
= \frac{1}{k-1} \left\{ \sum_{i=1}^{k-1} (X_i - \overline{X}_{k-1})^2 + (k-1)\triangle\overline{X}_k^2 - 2\triangle\overline{X}_k \sum_{i=1}^{k-1}(X_i - \overline{X}_{k-1}) + (X_k - \overline{X}_k)^2 \right\}
$$

.... (3.13)

위의 첫 번째 수식에서 ∥V∥는 벡터 V의 Norm을 의미하고, 1_k는 $[1, \cdots, 1]^T \in R^k$ 즉, k개의 1로 구성된 열 벡터(column vector)이다. 마찬가지로 X_{k-1}^0는 첫 측정값에서 k-1번째까지의 센서 측정값을 원소로 갖는 열 벡터를 의미한다. $\triangle\overline{X}_k$는 $\overline{X}_k - \overline{X}_{k-1}$을 의미한다. 그 다음 세 번째 수식에서 $\triangle\overline{X}_k \sum_{i=1}^{k-1}(X_i - \overline{X}_{k-1}) = \triangle\overline{X}_k \left\{(k-1)\overline{X}_{k-1} - (k-1)\overline{X}_{k-1}\right\} = 0$이기 때문에

$$
\hat{\sigma}_k^2 = \frac{1}{k-1} \sum_{i=1}^{k-1}(X_i - \overline{X}_{k-1})^2 + \triangle\overline{X}_k^2 + \frac{(X_k - \overline{X}_k)^2}{k-1}
$$

$$
= \hat{\sigma}_{k-1}^2 + \triangle\overline{X}_k^2 + \frac{(X_k - \overline{X}_k)^2}{k-1} \quad\text{..} (3.14)
$$

이렇게 도출된 관계식을 바로 이용하여 분산을 재귀적으로 추정할 수도 있으나, 평균의 EWMA 추정식과 같이 과거의 데이터를 지수적으로 감소하여 반영하는 EWMA 식을 사용할 수도 있다. 이를 적용하면 다음과 같은 분산 값의 EWMA 추정식이 만들어 진다.

$$\hat{\sigma}_k^2 = (1 - \lambda_k)\left\{\hat{\sigma}_{k-1}^2 + \triangle \overline{X_k^2}\right\} + \lambda_k \left\{\frac{(X_k - \overline{X_k})^2}{k - 1}\right\} \quad \cdots (3.15)$$

▶ 예제1   APC 사례

다음과 같이 실제 데이터가 주어져 있다. run이 6 이상일 때 관리한계선을 보정하시오.

Run	1	2	3	4	5	6	7	8	9	10
Data	100	105	101	98	96	95	88	85	77	70

① 6번째 관리한계선을 계산하시오.

$\overline{X_6}$

$\hat{\sigma}_6^2$

UCL_6

LCL_6

② 7번째 관리한계선, 8번째 관리한계선, 9번째 관리한계선, 10번째 관리한계선을 계산하시오(그림 3-10 참조).

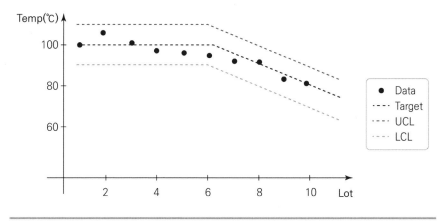

▲ 그림 3-10 UCL, LCL 및 Target 설정

지금까지 APC의 필요성과 개념, 그리고 핵심 알고리즘에 대해서 살펴보았다.

우리나라도 점차 제조업 분야의 선진국이 됨에 따라 반도체, LCD, PCB 공정과 같은 미세공정(나노 공정급)의 제조가 확산되고 있으며, 이런 환경에서 고품질의 정교한 제품을 생산하기 위해서는 APC의 중요성이 점점 증가하고 있다.

특히 제조현장의 스마트팩토리, 스마트제조를 구현하기 위해서는 필수적인 기능이라고 할 수 있다. 수많은 공정의 미세한 변화를 자동으로 감지하여 작업조건을 시스템에서 자동으로 보정해 줌으로써, 균일 품질의 제품을 생산할 수 있다. 하지만 이와 같은 APC시스템이 현장에 적용되기 위해서는 생산설비에 대한 I/F 및 실시간 제어 환경이 구축되어 있어야 하는데, 이는 현실적으로 비용 문제가 수반되므로 많은 제약이 따르는게 사실이다.

따라서 선택과 집중을 통하여 핵심공정, 핵심설비에 우선적으로 실시간 제어 환경을 구축하고, 생산하는 제품과 공정, 설비에 적합한 APC 알고리즘을 구현해 나가는 것이 바람직하다고 할 수 있다.

CHAPTER

04

설비관리

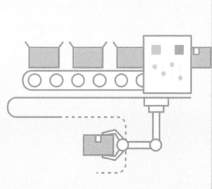

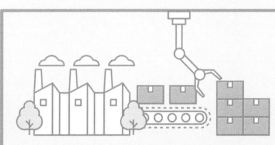

초일류기업을 위한 스마트생산운영

01 설비 생산성

제조기업, 특히 장치산업에서는 설비가격이 고가이면서 작업이 일괄공정으로 진행되는 경우가 대부분이다. 따라서 장비의 가동율은 제품 원가의 큰 비중을 차지하게 되고, 기업 입장에서는 가동율을 단 1%라도 올리기 위하여 다양한 활동을 하고 있다. EES 시스템이 도입되기 전에는 현장에서 수작업으로 지표를 산출하고, 그에 따라 투명한 지표 관리가 이루어지지 않았다. 그러나 EES 시스템이 도입되면서 사무국을 만들어 설비생산성 관리logic, 주요지표에 대한 표준화, 데이터 정합성 관리, 정기적인 실적 집계 및 관련부문 피드백 등의 활동을 통한 개선활동을 지속적으로 하고 있다.

1.1 설비 생산성의 정의

설비의 투입량에 대한 얼마만큼의 산출량을 낼 수 있는가를 나타내는 척도로서, 대표적인 지표로는 종합효율과 유효율이 있다.

※ 설비 생산성 = 생산량(output) ÷ 투입된 설비시간(input) ·············· (4.1)

투입된 설비가동 시간에 대한 생산량이 크거나, 생산량에 비해 투입된 설비 가공시간이 적을수록 설비생산성이 향상된다.

① 설비 생산성의 용어

■ 일반용어
• 공수: 설비가 할 수 있는 또는 한 일의 양을 시간으로 표시하는 수치
• 생산량: 단위설비 1대가 생산해낸 제품수량

- 보유시간: 이론적으로 설비를 하루동안 full 가동할 수 있는 시간(24hr = 1,440분)
- 부하시간: 조업시간에서 회사가 인정하는 식사시간, 휴식시간을 제외하고, 설비가 실제 가동 되어야 할 시간
- 가동시간: 부하시간에서 정지시간을 제외한 시간으로 설비가 실제 가동한 시간
- 정지시간: 설비, 자재, 사람, 환경 등 여러 사유로 인하여 계획적 또는 비계획적으로 설비가 정지된 시간
- 가동시간: 설비가 현재 성능으로 제품생산에 기여한 시간
- 실가동시간: 설비 도입시 고유성능(목표성능)을 기준으로 제품생산에 기여한 시간

■ 공수의 분류 및 용어의 정의

- 총보유공수: 설비의 full 가동시간
  [총보유공수 = 설비대수 × 1,440분]
- 계획휴지: 휴식, 식사, 물량부족 등에 의해 설비를 가동하지 못하는 시간
- 부하공수: 실제로 설비를 가동할 수 있는 시간
  [부하공수 = 총보유공수 − 계획휴지]
- 유실공수: 정규 작업시간에 설비가 비가동된 모든 시간
- 고장건수: 중대 결함으로 설비가 멈추는 고장 건수(기계고장 시간이 3분 이상)
- 순간정지: 미세 결함으로 설비가 멈추는 고장 건수(기계고장 시간이 3분 미만)
- 가동공수: 유실시간을 제외하고 순수하게 설비를 실제로 가동한 시간
  [가동공수 = 부하공수 − 유실공수]
- 실가동공수: 설비를 이론적으로 가동한 시간
  [설비가동공수 = 투입수 × 단축후 C/T]
- 표준공수: 실적 생산량에 투입된 표준시간의 합계
  [표준공수 = Σ(기종별 생산량 × 기종별 C/T)]

1.2 설비종합효율

설비종합효율은 규정한 부하시간 중 설비의 고유성능을 가지고 부가가치를 창출해낸 시간의 비율을 의미한다.

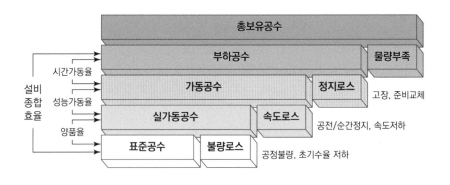

▲ 그림 4 - 1 설비종합효율

$$※ \ 설비종합효율 = 시간가동율 \times 성능가동율 \times 양품율 \cdots\cdots\cdots\cdots (4.2)$$

$\dfrac{표준공수}{부하공수}$	$\dfrac{가동공수}{부하공수}$	$\dfrac{실가동공수}{가동공수}$	$\dfrac{양품수}{투입수}$

■ **시간가동율: 부하시간 중 설비가 정지하지 않고 가동된 시간의 비율**

정지 loss의 비율을 나타내며 각종 유실에 의하여 결정된다.

■ **성능가동율: 고유성능(도입시의 목표성능)을 발휘한 시간의 비율**

단위시간 내 발생하는 순간정지, 속도저하 loss에 의해 좌우되며, 설비생산성 지표의 신뢰도를 나타내는 가장 중요한 지표이다. 가동율은 100%를 over할 수 없으나, 일부 설비에서 100%가 넘는 경우가 발생하는데 이는 C/T을 실제보다 높게 설정한 것으로, 개선이 되었거나 잘못 C/T를 적용하고 있는 것이므로 빠른 시간에 C/T를 바꾸어 주어야 한다.

표 4 - 1 loss의 분류

책임구분	loss의 내용
계획휴지 (불가피 Loss)	• 물량부족, 작업자 부족 • 휴식, 식사, 근무교대 • 연구 개발용 시생산
관리유실	• 정전, 사고, 각종행사, 교육 • 생산계획 변경(기종교체) • 작업준비, 기계고장, 기계정비로 인한 비가동유실 • 자재품절, 자재불량으로 인한 관리자 유실 • 공정불균형 등에 의한 대기

■ 설비유효율: 설비 구입 후 어느 정도까지 활용되고 있는지의 척도

※ 설비유효율 = 표준공수 ÷ 총보유공수 ·· (4.3)

• 근무형태에 따라 크게 차이가 발생
• 설비투자시 참고지표. 단, 투자효율을 정확히 고려하고자 할 경우 유효율 계산을 현재와 달리 「단축후표준공수/부하공수」로 해야 정확히 수준 측정을 할 수 있음.

■ MTBF(mean time between failure): 평균 정지시간 간격

※ MTBF = 가동공수 ÷ 고장건수 ··· (4.4)

설비가 정지되지 않고 가동될 수 있는 평균적인 시간의 간격. 설비의 신뢰성을 나타내는 지표로서, TPM 활동에서 보전주기를 결정하는 기준으로도 활용한다.

■ MTTR(mean time to repair): 평균 수리시간

※ MTTR = 고장공수 ÷ 고장건수 ··· (4.5)

조치 가능한 생산설비의 고장에서부터 수리가 완료되어 양품을 생산할 수 있는 정상 가동시점까지의 평균적인 수리시간을 의미한다.

1.3 설비생산성 지표

다음 표는 기업에서 많이 사용되는 설비생산성 지표 및 산출조직을 나타낸 것이다.

┃표 4-2 설비생산성 산출로직

지표항목	단위	산출공식
총보유공수	분	• 설비대수 × 1,440분
계획휴지 공수	분	• 해당설비 × 휴식, 식사, 근무교대, 물량부족, 시생산
부하공수	분	• 총보유공수 - 계획휴지
유실공수	분	• 해당설비 × 유실시간
고장건수	건수	• 기계고장 건수
순간정지 건수	건수	• 순간정지 건수
가동공수	분	• 부하공수 - 유실공수
실가동공수	분	• Σ(이론 C/T × 투입수)
오차공수	분	• 실가동공수 - 가동공수
표준공수	분	• Σ(기종별 C/T × 기종별 생산량)
설비유효율	%	• (표준공수 ÷ 총보유공수) × 100%
설비종합효율	%	• (표준공수 ÷ 부하공수) × 100%
시간가동율	%	• (가동공수 ÷ 부하공수) × 100%
성능가동율	%	• (실가동공수 ÷ 가동공수) × 100%
양품율	%	• (양품수 ÷ 투입수) × 100%
대당 고장건수	건수	• 고장건수 ÷ 설비대수
MTBF	분	• 가동공수 ÷ 고장건수
MTTR	분	• 고장공수 ÷ 고장건수

설비종합효율 관리를 위한 현장의 로스개선 활동은 9장 TPM 활동에서 자세히 기술하였다.

02 │ 설비엔지니어링시스템

2.1 EES 개요

EES는 1970년대 미국에서 설립된 SEMI(semiconductor equipment and materials international, 국제반도체장비재료협회) 주관으로 반도체 공장운영에 필요한 기능들을 정의하면서 시작되었고, 설비의 가동률을 향상시키고 성능을 유지하기 위한 데이터 수집 및 활용에 대한 기능 위주로 정의 되었다. 그 후에 장치산업에서 설비에 대한 비중이 증대하면서 국제 반도체 제조업체 컨소시엄인 ISMI(international sematech manufacturing initiative)와 일본의 JEITA/Selete[1])에서 공동으로 발표한 ITRS(inrenational technology roadmap for semiconductors)에 EEC(equipment engineering capabilities)로 포함되어 발전되어 왔다. EES는 MES에서 요구되는 데이터 보다는 좀 더 상세한 데이터를 수집하고 분석하여 설비종합효율(OEE)을 올리고, 궁극적으로 생산성 및 수율을 올려 제조경쟁력을 높이는데 목표를 두고 있다. MES가 설비와의 연동에 SECS/GEM의 프로토콜을 사용하는데 비해, EES는 별도의 EDA (interface A) 포트를 권장하고 있다. 연계하는 데이터의 양이 많기 때문에 라인 운영과 관계되는 MES에 미치는 영향을 최소화 하기 위해서이다.

독자의 이해를 돕기 위하여 본 장의 앞부분에서는 실제 기업에서 사용하는 사례 위주로 내용을 기술하고, 3절(FDC)에서는 이론적인 내용을 좀 더 깊이 있게 다루고자 한다.

---

1) JEITA(Japan electronics & information technology industries association): 일본 전자정보산업협회
Selete(semiconductor leading edgetechnologies Inc.): 반도체 첨단테크놀러지

EES의 필요성이 부각된 배경은 다음과 같다.

① 설비고장의 원인을 제거하여 설비종합효율 OEE(over equipment efficiency)
   을 향상시키기 위해서 제조업체들은 MES 보다는 더욱더 상세한 데이터
   에 기반한 분석을 원하고 있다.
② FAB내에서 장비의 고장이 발생했을 때 즉시 엔지니어에게 feedback 되
   고, 라인까지 직접 들어가지 않더라도 사무실에 근무하는 엔지니어나, 지
   역적으로 멀리 떨어져있는 장비 벤더에서 조치해야 하는 필요성이 부각
   되었다.
③ 제품이 고부가가치화 되고 미세화 되면서, 설비관리 및 공정제어를 위한
   다양한 기능(equipment health monitoring, FDC, R2R, real‑time control,
   predictive maintenance)에 대응하기 위해서는 공장설비로부터의 상세한 데
   이터가 필수적이다.

특히 반도체 및 FPD 제조 분야에서 다음과 같은 요구사항이 지속적으로 발
생하였다.

① device 크기의 소형화 및 미세화(공정제어 및 이상감지)
② 기판/wafer의 대구경화(300mm)
③ device 기능의 고부가가치화 및 고집적화(lot 관리에서 wafer 관리로)
④ 제조 원가의 절감 요구(원가경쟁력 확보)
⑤ 생산성의 증가 요구(설비가동율 향상)
⑥ 장비의 고기능화 및 고가화(설비 미세관리)

세계 반도체 장비 재료 협회(SEMI)에서 제시된 e‑manufacturing에 대한
roadmap에서는 MES, EES(EEC), AMHS(MCS)가 세 축을 이루어 e‑manufacturing
을 완성한다고 발표하였다(그림 4‑2). 또한 최근의 스마트팩토리, 스마트제조를
위해서는 실제로 작업이 이루어지는 제조현장(shop‑floor)의 설비연결은 가장
기본적으로 갖춰야 하는 필요한 기능이 되었다.

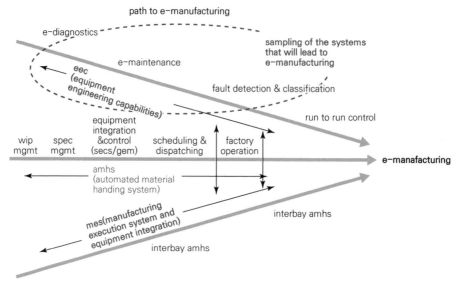

▲ 그림 4 - 2 e - manufacturing roadmap

1) EES 주요기능

EES는 최근 들어 반도체/FPD/PCB 기업들에게 수율과 생산성 향상 측면에서, 제품의 고기능화에 따른 공정의 미세관리를 위하여 필수적인 시스템으로 사용되고 있다. 또한 현장의 작업이 작업자에 의한 수작업에서 단계에서, 시스템에 의한 작업으로 무인화 비율이 증가 되면서 그 중요성이 점차 증가하고 있다.

EES의 주요기능은 벤더의 제품별로(package) 다양하지만, 설비효율관리(ept), 작업조건관리(rms), 공정제어(apc), 설비이상감지(fdc)의 4가지 기능은 공통적으로 많이 사용되고 있다(그림 4 - 3). 업체에 따라서 통계적공정관리(spc), 가상계측(vm), 예방정비(ppm) 등의 기능을 framework에 추가로 개발하여 제공하고 있다.

또한 일부 대기업에서는 자사 제품 및 공정의 knowhow를 지키기 위하여, framework은 상용제품을 사용하고, applicatiom은 자체적으로 개발하여(in - house) 사용하는 기업도 다수 있다.

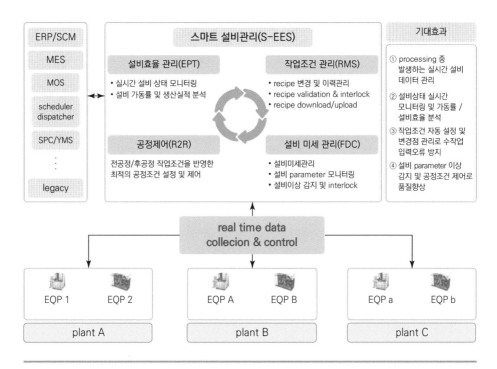

▲ 그림 4 - 3 EES 구성도

① process control solutions(프로세스제어 솔루션)

　　FDC: fault detection and classification

　　R2R: run - to - run solution

　　PASS: process analysis system simulator

　　SPC: statistical process control

② preventive maintenance solutions(예방정비 솔루션)

　　PPM: predictive & preventive maintenance

③ recipe management solutions(레시피관리 솔루션)

　　RMS: recipe and parameter management solution

④ equipment performance tracking solutions(설비효율관리 솔루션)

　　EPT: equipment performance tracking

⑤ virtual metrology(가상계측 솔루션)

EES에서 기본적으로 많이 사용되는 기능은 다음과 같다.

① FDC(fault detection and classification): 생산설비의 파라메터를 real-time으로 monitoring하여, 이상변동을 감지하고 예측 및 통제하는 기능을 수행하는 시스템

② R2R(run to run): 공정 진행 런(run/lot)에 대한 공정능력을 향상시키기 위하여, recipe parameter를 선택하거나 그 값을 보정해주는 기능을 수행하는 시스템

③ PASS: 강력한 파라미터 분석기능과 실제와 같은 process modeling demo를 실제 R2R의 적용 없이 가능

④ PPM(predictive & preventive maintenance): 설비 보전 작업에 대한 생성, 작업지시, 작업수행, 작업결과에 대한 보전작업을 일괄 관리하는 시스템

⑤ EPT(equipment performance tracking): 설비에서 발생하는 각종 이벤트와 alarm data를 이용하여 설비 효율 분석 및 각종 설비 지표 산출

⑥ RMS: 개별 설비마다 상이하게 존재하는 recipe와 recipe body를 원격으로 통합 관리하는 시스템

2) EES 아키텍처

(1) peakperformance system

아래 (그림 4-4)는 국내에서 대표적으로 활용되고 있는 비스텔(사)의 EES framework이다. EES 기능 측면의 다양한 모듈(FDC, RMS, R2R, EPT, SPC, VM 등)을 지원하고 있으며, 현장의 생산설비/계측설비/부대설비 등의 장비와 연계를 위한 커뮤니케이션 서비스(SECS/GEM, EDA, TDI, sensor bus 등)를 제공하고 있다.

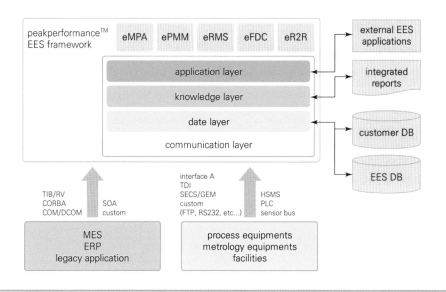

▲ 그림 4 - 4 EES architecture_peakperformance

계층적으로 데이터 서비스 및 중앙집중식 리포팅을 위한 knowledge 서비스, 어플리케이션 서비스를 제공하고 있다.

EES는 기본 기능 외에 fail - over, switch - over, logging, monitoring 등 아래의 네 가지 주요 기능을 제공한다.

① communication 서비스
• 다양한 장비 interface 제공(SECS/GEM, EDA, TDI, sensor bus 등)
• 다양한 legacy interface 제공(TIB/RV, CORBA, JMS, COM/DCOM 등)
• customize 가능한 interface 제공
② data 서비스
• 중앙집중식 DCP(data collection plan)와 manager
• 유동성 있는 data access manage service(commercial DBMS, MMDS, data compression 등)

③ knowledge 서비스

• 중앙집중식 reporting system

• 중앙집중식 예측 management system

④ application 서비스

• 사용자 관리

• 보안 관리

• PCS libraries 공유

• 유동적 workflow

(2) E3 System

미국 Applied Materials(사)의 EES framework architecture는 다음과 같다.

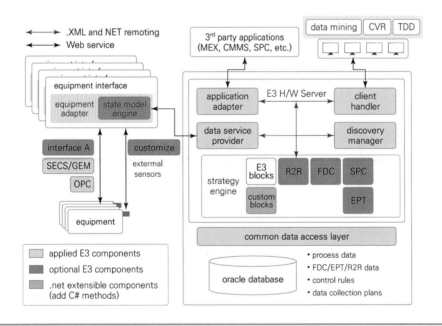

▲ 그림 4 - 5 EES architecture_E3

설비와 SECS/GEM, OPC, interface A 등의 통신방식을 활용하여 연계하며, .Net 확장 컴포넌트를 사용하여 추가 센서와 연동할 수 있다. 주요 EES 기능 모듈인 R2R, FDC, EPT, SPC 등을 제공하며 legacy 연동을 위한 어플리케이션 어댑터를 제공하고 있다.

2.2 설비효율 관리

1) EPT의 기능 및 효과

(1) EPT 주요기능

EPT 즉, equipment performance tracking은 설비관리시스템의 기본적인 기능으로, 주로 설비 가동률을 관리하는 관리시스템이다. 여기에는 설비별 실시간 데이터를 받아 상태를 관리하는 설비 실시간 모니터링 기능과, down rule에 의한 모설비 상태 관리 및 설비 단위, 모듈 단위 상태를 조회할 수 있는 설비 상태 관리 기능이 있다. 월간/주간/일간 지표를 산출할 수 있는 설비지표 산출 기능, alarm별 코드를 지정하여 rule에 따라 설비상태를 변경할 수 있고 많이 발생하는 alarm 정보를 조회하고 분석할 수 있는 설비alarm 모니터링 기능, 이전 주(週)의 기준정보를 바탕으로 standard time과 tact time 관리 및 조회를 할 수 있는 S/T, T/T관리 기능이 있다. 그리고, 사용자별로 리포트할 아이템을 선정하고 지정된 시간에 사용자에게 메일을 발송하는 일간 리포트(daily report)기능이 있다. EPT의 기능을 요약하여 정리하면 다음과 같다.

① 실시간 monitoring: 설비가동 현황(main unit, sub unit)
② 설비state 관리: run, idle, down, PM(preventive maintenance),
　　　　　　　　BM(breakdown maintenance)
③ 설비지표 산출: 가동율, MTTF(mean time to failure), MTBF(mean time between failure), MTTR(mean time to repair)

④ alarm monitoring & loss analysis

⑤ S/T(standard time), T/T(tact time) 관리 및 분석

⑥ daily report, equipment capability aalysis

(2) EPT의 목적

설비에서 발생하는 각종 event와 alarm data를 이용하여 설비효율 관리 및 분석, 각종 설비지표 산출, 설비유실 분석, standard time & trace time관리, 생산성 분석을 위한 목적으로 사용된다.

① **manage equipment performance**: SEMI standard 기준의 설비지표 산출, real-time 설비상태 monitoring, equipment and module level

② **analyze equipment efficiency**: equipment loss analysis, standard time & tack time management, WIP analysis

③ **improve equipment capability**: root cause analysis, TAT analysis

SEMI standard에서 정의된 설비의 상태를 바탕으로 각종 설비의 지표 산출 및 유실분석이 가능하다. 다음 그림처럼 a.현재의 설비 상태, b.설비와 모듈상태의 그래픽 표현, c.주어진 기간 동안의 설비상태, d.설비나 모듈의 이벤트나 alarm 정보를 보여준다.

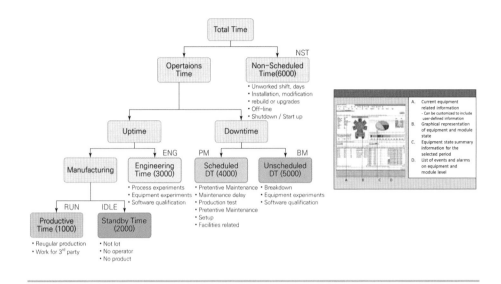

▲ 그림 4-6 EPT 개념도

(3) EPT 효과

(그림 4-7)은 EPT의 기대효과를 도식화하여 보여준다.

EPT의 기대효과로는 실시간 모니터링을 통해서 설비 문제 발생시 빠르게 대응할 수 있으며, 설비에 대한 정확한 상태관리로 설비 로스 시간 분석이 가능하다. 설비 지표 산출을 통하여 다양한 지표분석 자료를 얻을 수 있다. 이를 통해서 비가동 시간 제로로 설비 효율의 극대화를 가져올 수 있다.

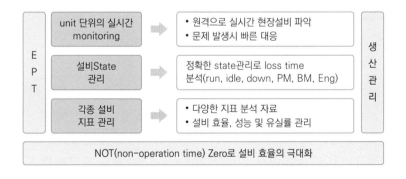

▲ 그림 4-7 EPT 기대효과

2) EPT 구현 사례

(그림 4-8)은 공장의 각층, area별 설비의 가동상태를 실시간으로 보여주는 화면이다. 정해진 분류기준에 따라 각 호기별 현재 상태를 보여줌으로서 관리자, 엔지니어, 작업자들이 원격으로 설비가동 현황을 파악할 수 있고, 이상 발생시 즉시 조치할 수 있다. 또한 설비의 효율분석, 고장분석(설비별 월간 장애 건수, 장애시간, 복구시간) 등을 지표로 제공하고 있다. 설비에서 진행된 제품 현황도 같이 제공된다.

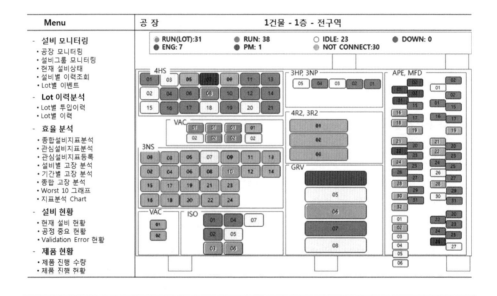

▲ 그림 4-8 라인내 설비의 가동 현황

(그림 4-9)는 PCB 생산라인 도금(plating) 설비의 각 조(sub)별 설비 상태를 보여주는 그림이다. 장치 설비는 설비내에서 일괄공정이 진행되므로 각 조별로 별도의 제어장치가 설치되어 있어서, 조별로 올라오는 상태정보를 실시간으로 보여주고 있다. 또한 설비에서 진행한 제품의 이력정보도 요약해서 보여준다.

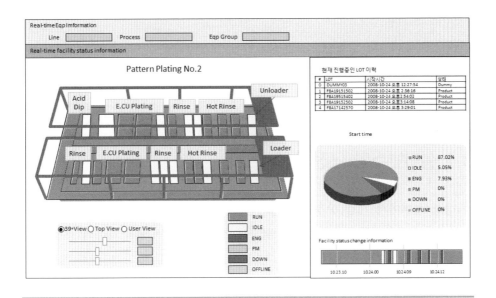

▲ 그림 4 - 9 장치설비의 각 조별 상태정보

03 설비이상제어

3.1 설비변수와 공정변수

생산 설비에서 제품 공정이 진행되면 부착된 센서로부터 설비변수 데이터가 수집된다. 그리고 설비에서 가공이 끝나면 계측기를 이용해서 제품의 공정 결과인 공정변수를 검사하여 데이터를 수집한다[(그림 4 - 10) 참조]. 따라서 설비에서 공정이 완료될 때마다 설비변수 데이터, 공정변수 데이터가 수집된다.

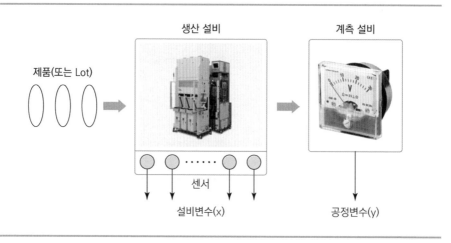

▲ 그림 4 - 10 설비변수와 공정변수

공정변수는 계측기를 이용해 측정하므로 대부분 수치형(numerical) 데이터이다. 그러나 공정 규격에 명시된 한계선을 넘는 측정값이 나오면 해당 제품을 불량으로 취급하고 반대일 경우에는 정상으로 취급하면, 공정변수는 "정상" 또는 "불량"을 갖는 범주형(category) 데이터로 변환할 수 있다. 또한 통계적 관리한계

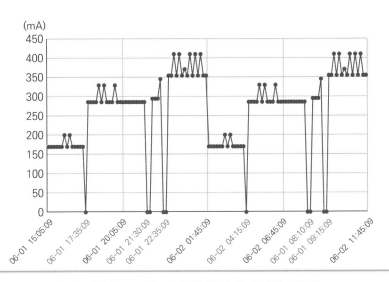

▲ 그림 4 – 11 반도체 에칭(etching) 공정 설비변수의 시계열 데이터

선을 넘는 측정값이 나오면 해당 제품을 "비정상"으로 취급하고 반대일 경우에는 "정상"으로 취급하면, 공정변수는 "정상" 또는 "비정상"을 갖는 범주형 데이터로 변환할 수 있다.

대부분의 공정은 수 분 이상 진행되므로 하나의 센서가 수집하는 설비변수 데이터는 (그림 4 – 11)과 같이 시계열 데이터(time series data) 형태를 보인다. 통계적 분석을 위해서는 일반적으로 시계열 데이터의 평균을 취하여 단일 요약 값을 변환한다. 그러나 (그림 4 – 11)의 설비변수 시계열 데이터에서 보듯이 전체 시계열의 구간의 평균이 설비변수 값의 역동적인 변화를 제대로 반영하지 못한다는 단점이 존재한다. 따라서 전체 구간이 아닌 공정의 결과에 영향을 많이 미치는 특정 소 구간[2])의 평균을 공정의 요약 값으로 사용하기도 한다. 만일 설비변수가 시계열 데이터가 아닌 단일 값이면, 공정변수와 마찬가지로 범주형 데이터로 변환이 가능하다.

---

2) 공정 레시피는 설비변수 별로 다수의 스텝(step)으로 구성되어 있고, 각 스텝에서 지시한 설비변수 set point 값이 시계열 데이터의 모양을 만든다.

(1) 관리한계선과 규격한계선

관리한계선(control limit)은 제조 설비에서 자연적으로 발생하는 공정 변동 (natural process variability)를 감안하여 정하는 한계선을 의미한다. 관리한계선을 넘어가면 공정에 변화(평균 또는 산포의 변화)가 발생했다는 신호이지 제품이 불량이라는 뜻은 아니다. 반면에 규격한계선(specification limit)인 USL(upper specification limit)과 LSL(lower specification limit)은 제품 설계시 설정한 한계선으로, 이 한계선을 넘어가면 제품이 오작동을 발생할 수 있다. (그림 4 - 12)은 관리한계선과 규격한계선의 관계를 보여준다. 규격한계선은 관리한계선보다 크다. 그러나 수학적으로 두 한계선사이의 관계는 존재하지 않는다.

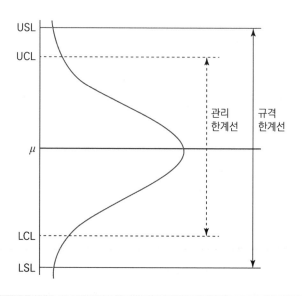

▲ 그림 4 - 12 관리한계선 vs 규격한계선

(2) 공정 레시피(Process recipe)

레시피(recipe)라는 말은 식재료로 음식으로 만드는 방법을 뜻한다. 음식을 만드는데 필요한 재료의 종류 및 선택, 조리에 필요한 도구, 구체적인 조리법, 데코레이션 등 요리에 필요한 모든 사항이 요리법에 포함된다고 볼 수 있다.

일례로 가정에서 많이 사용하는 전자렌지를 예를 들어서 살펴보자.

전자렌지에는 음식을 요리할줄 모르는 사람도 쉽게 할 수 있도록, 우유데우기, 계란찜 등의 메뉴를 선택하면 설정되어 있는 시간, 온도, power 등 조건에 따라서 사용자가 원하는 음식을 만들 수 있다.

제품을 만드는 공정에서도 우리가 원하는 제품을 생산하기 위해서는 이러한 공정 레시피)가 필요하다. 한 예로, 반도체 에칭(etching) 공정은 반도체 회로 패턴을 형성시켜주기 위해 화학물질을 이용하여, wafer의 불필요한 부분을 선택적으로 제거 해준다. 형성하기 원하는 회로 패턴을 요리에 비유한다면, 이를 위해 필요한 세부 과정은 레시피에 해당하고 공정에서는 이를 공정 레시피라 칭한다. 에칭 공정을 진행하기 위해서는 기본적으로 장비내의 전력(전압, 전류), 화학물질 혹은 기체, 압력 등의 설비변수가 필요하다. 다음 (그림 4 - 13)에서 보듯이 압력을 낮추고 전력을 올려주면, 화학물질이 에칭설비 챔버(chamber) 안으로 유입되고, 불필요한 부분이 제거된다. 이 과정은 기본적으로 3개의 과정이 여러 번 반복되는 형태가 최종적인 에칭 공정 레시피라고 할 수 있다.

(그림 4 - 13)에 대한 공정 레시피 설명은 다음과 같다.

step1. stand by(대기) 상태

step2. gas를 주입하기 위해 온도를 설정된 온도로 올린다.

step3. 1단계 gas 정량 주입됨

step4. 1단계 gas 주입이 완료되고, 온도를 다음 단계(2단계)로 낮춘다.

step5. 온도가 2단계 설정 온도로 낮아지고 2단계 gas 주입됨

step6. 온도를 대기상태로 낮춤

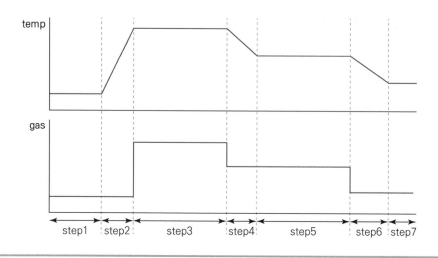

▲ 그림 4 - 13 공정 레시피(반도체 확산설비)

3.2 단변량 FDC(univariate FDC)

단변량 FDC는 단일 변수를 모니터링하여 공정의 이상을 탐지하는 방법으로, 대표적으로 많이 사용되는 설비변수의 평균과 산포의 변화를 탐지하는 방법에 대하여 살펴보기로 한다.

(1) $\overline{X}$ 관리도를 이용한 공징의 평균 변화 탐지

$\overline{X}$ 관리도(chart)는 전통적인 통계적 품질관리(SPC: statistical quality control) 방법이다. 모니터링하는 설비변수 X가 있을 때, 제품이 설비에서 가공될 때마다 변수 X의 표본(데이터)이 독립적으로 추출(independent random variable)된다고 가정하자. $\overline{X}$ 관리도에서는 n개의 (n > 1) 제품 가공이 완료되어 변수 X의 표본 그룹 x_1, x_2, ..., x_n이 모이면, 표본 평균인 $\overline{X} = \sum_{i=1}^{n} x_i / n$를 (그림 4 - 14)와 같이 관리도에 표시한다. 표본 평균은 어떤 표본을 추출하느냐에 따라서 값이 변하기 때문에 공정의 표본 평균 또한 변수 X처럼 확률변수가 된다. 따라서

이 그림처럼 $\overline{X}$ 값이 변하게 된다.

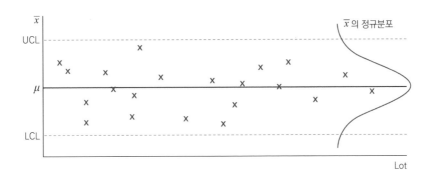

▲ 그림 4 - 14 설비변수의 $\overline{X}$ 관리도

$\overline{X}$ 관리도는 확률변수인 $\overline{X}$가 변화하는 추세를 관찰하여 공정의 이상 상태 (out - of - control)을 판단한다. 따라서 $\overline{X}$가 어떤 확률분포를 하는지 아는 것이 매우 중요하다. 변수 X의 모집단이 정규분포 $N(\mu, \sigma^2)$을 따른다고 가정했을 경우에, 표본 평균 $\overline{X}$는 정규분포 $N(\mu, \sigma^2/n)$가 된다. 즉 (그림 4 - 15)와 같이 평균은 같고 분산이 좁아지는 정규분포 모양을 갖게 된다.

$$E(\overline{X}) = \frac{1}{n} E(x_1 + \cdots + x_n) = \frac{1}{n} [E(x_1) + \cdots + E(x_n)] = \frac{1}{n} n\mu = \mu \cdots\cdots (4.6)$$

$$Var(\overline{X}) = \frac{1}{n^2} Var(x_1 + \cdots + x_n) = \frac{1}{n^2} [Var(x_1) + \cdots + Var(x_n)] = \frac{1}{n^2} n\sigma^2 = \frac{\sigma^2}{n}$$

$$\cdots\cdots\cdots\cdots (4.7)$$

분산이 작으면 표본 값이 비슷하게 나온다는 것을 의미한다. 극단적으로 표본 크기 n→∞로 설정하면 $\overline{X}$ 값은 거의 동일하게 된다. 따라서 공정에 이상이 발생하여 변수 X의 평균 μ가 변화했다고 가정했을 때 표본 크기 n이 매우 크면 결함을 좀 더 확실하게 발견할 수 있다. 하지만 표본 크기 n을 크게 하면 공정 결함을 늦게 발견한다는 단점이 있다. 반면에 표본 크기를 작게 하면 빨리 공정

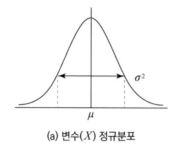
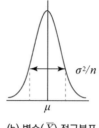

(a) 변수(X) 정규분포   (b) 변수($\overline{X}$) 정규분포

▲ 그림 4 - 15 변수(X) 정규분포 모양과 $\overline{X}$ 정규분포 모양의 차이

결함을 발견할 수는 있으나, 신뢰성이 결여 된다. 일반적으로 변수 X의 모집단이 정규분포를 따른다면, 표본의 크기 n은 3~5로 설정한다.

한편 변수 X의 모집단이 정규분포를 따르지 않더라도, 표본의 크기 n이 커지면 중심 극한 정리(central limit theorem)에 의해서 표본 평균은 정규분포 $N(\mu, \sigma^2/n)$에 수렴하게 된다. 대체적으로 n > 30이면 근사 정도가 만족할만하다고 알려져 있다.

(그림 4 - 16)에서 보듯이 $\overline{X}$가 정규분포 $N(\mu, \sigma^2/n)$를 따른다면 μ를 중심으로 대부분의 $\overline{X}$값이 랜덤(Random)하게 산포되어 있을 것이며, 분산의 세 배(즉, $3\sigma_{\overline{X}}$)를 넘어가는 $\overline{X}$값은 거의 관측되지 않을 것이다. 왜냐하면 μ를 중심으로 $-3\sigma_{\overline{X}} \sim +3\sigma_{\overline{X}}$ 범위는 전체 분포의 99.73%를 차지하기 때문이다. 따라서 일반적으로 $\mu + 3\sigma_{\overline{X}}$을 UCL(upper control limit: 관리상한선)로 설정하고, $\mu - 3\sigma_{\overline{X}}$을 LCL(lower control limit: 관리하한선)로 설정한다.

만일 $\overline{X}$의 평균 μ가 μ' ($\mu' > \mu$)로 바뀌는 평균 변화(mean shift)가 발생했다면, 관리도에는 어떤 현상이 발생할까?

아마도 (그림 4 - 16)처럼 μ 선 위쪽에 많은 수의 $\overline{X}$값이 관측되거나, 아예 관리한계선을 넘는 값이 자주 관측될 것이다. 따라서,

규칙(1) 만일 $\overline{X}$값이 관리한계선인 UCL 또는 LCL을 넘으면 공정에 변화가 발생했다고 추정한다.

규칙(2) 만일 $\overline{X}$값이 관리한계선을 넘지는 않더라도 μ의 위쪽 또는 아래쪽에

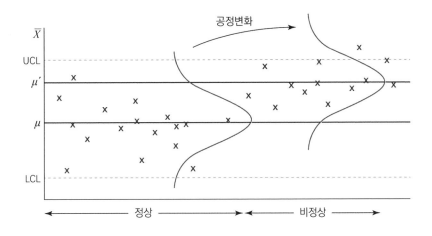

▲ 그림 4 - 16 $\overline{X}$ 관리도에서 공정의 변화 탐지

연속적으로 찍히면 역시 공정에 변화가 발생했다고 추정한다.

이 두 가지 규칙 중 규칙(2)에는 애매한 단어가 있다. "연속적"이란 말인데 어느 정도로 연속해야 하는 것일까? 통계학적으로 증명된 것은 없지만 일반적으로 6개 이상이 연속적으로 위나 아래로 찍히면 공정에 변화가 있다고 생각한다. 참고로 통계학에서는 어떤 패턴이 연속적으로 발생하는 것을 런(run)이라고 한다.

■ 제1종 오류

공정에 변화가 발생했다고 판단되면 공정 라인을 멈추고, 필요한 조치를 취한 후에 작업을 진행한다.

$\overline{X}$ 관리도를 사용할 때 얼마나 자주 관리한계선(UCL 또는 LCL)을 넘어가는 $\overline{X}$ 값이 나올까? μ를 중심으로 $-3\sigma_{\overline{X}} \sim +3\sigma_{\overline{X}}$ 범위는 전체 분포의 99.73%를 차지하기 때문에 거의 관리한계선을 넘어가지는 않을 것이다. 하지만 언제쯤 넘어가는 값이 나오는지를 알아보는 것도 필요하다. 왜냐하면 공정의 평균에 변화가 없을 때 관리한계선을 넘어가는 $\overline{X}$ 값이 나오면, 규칙(1)에 의해서 공정 변화가 발생했다고 추정할 것이다. 그러나 이는 명백히 오류이다.

이런 오류를 1종 오류(Type I error 또는 false alarm)라고 한다. 즉, 1종 오류

(α)는 공정의 평균에 변화가 없는데도 변화가 발생했다고 잘못 판단하는 오류를 말한다.

정규분포인 경우 UCL과 LCL을 넘어가는 확률(α)는 $\alpha = 0.0027$이다. 그러면 첫 번째 표본에서 평균의 이동을 잘못 탐지할 확률은 α가 되고, 두 번째 표본에서 평균 이동을 잘못 탐지할 확률은 $(1-\alpha)\alpha$가 되며, 세 번째 표본에서야 평균 이동을 탐지할 확률은 $(1-\alpha)^2\alpha$가 된다. 따라서 공정이 정상(in control) 인데도 평균이 이동되었다고 잘못 탐지하는 회수의 기댓값은

$$\sum_{x=1}^{\infty} x(1-\alpha)^{x-1}\alpha = 1/\alpha \quad\text{..}\quad (4.8)$$

$\alpha = 0.0027$ 이면 평균 횟수는 $1/0.0027$ 인 약 371회가 된다. 정리하면 1종 오류가 발생하는 빈도는 371회 만에 한 번이다. 역으로 생각하면 관리한계선을 넘어가는 평균 주기가 371회 보다 작아지면, 공정의 평균에 변화가 발생했다고 볼 수 있다. 통계학에서 특정 사건이 발생하기까지의 평균 런의 회수를 ARL (average run length)이라고 부른다. 그리고 공정이 정상인데도 평균의 이동을 잘못 탐지하는 회수의 평균을 ARL_0라고 하며 다음 식과 같다.

$$ARL_0 = 1/\alpha \quad\text{...}\quad (4.9)$$

■ 제2종 오류

제1종 오류에 반대되는 오류를 제2종 오류(Type II error 또는 missed alarm)라고 부른다. 즉, 2종 오류(β)는 공정의 평균에 변화가 발생했는데도 불구하고 변화가 없다고 잘못 판단하는 오류를 말한다.

2종 오류는 1종 오류보다 심각하다. 왜냐하면 공정에 문제가 생겼는데도 사전에 발견을 못해서 마지막 공정에서 수율이 줄어들기 때문이다. 만약 품질에 이상이 있는데도 검사공정에서 제대로 선별되지 못하고 출하된다면, 기업 입장에서는 더욱 심각한 문제가 발생할 것이다. 반면에 1종 오류는 내부적으로 생산

성 저하의 문제가 발생한다. 실제는 문제가 없음에도 불구하고 자꾸 가성경고 (false alarm)가 울려서 공정을 중단하게 만들고, 작업 loss가 발생할 수 있다.

(그림 4-17)를 통해 1종 오류와 2종 오류와의 관계를 살펴보자. 이 그림에서 UCL과 LCL을 줄여서(예 μ를 중심으로 $-2\sigma_{\overline{X}} \sim +2\sigma_{\overline{X}}$ 범위로 설정) α를 크게 하면, β는 줄어들 것이다. 반면에 UCL과 LCL를 늘리면(예 μ를 중심으로 $-4\sigma_{\overline{X}} \sim +4\sigma_{\overline{X}}$ 범위로 설정) α는 줄어들지만, β는 커질 것이다. 따라서 1종 오류와 2종 오류는 함께 줄일 수 있는 것이 아니라 다른 한쪽의 희생을 요구하게 된다.

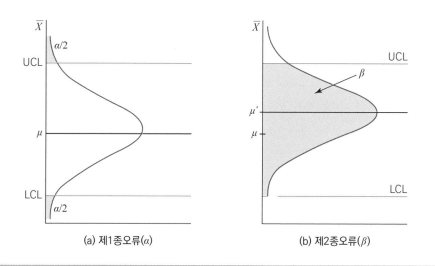

(a) 제1종오류(α)   (b) 제2종오류(β)

▲ 그림 4 - 17 제1종오류(α)와 제2종오류(β)

■ OC 곡선

2종 오류를 공정의 평균 변화와 연결지어 만든 곡선을 OC 곡선(operating characteristic curve)이라고 부른다(그림 4-18). OC 곡선은 공정의 평균이 안정된 값으로부터 벗어난 정도(x축)에 대응하는 제2종 오류의 확률(y축)을 점으로 연결하여 구한다. OC 곡선은 공정 파라메터의 변동사실을 발견하지 못할 가능성을 관리도를 통하여 결정해 준다.

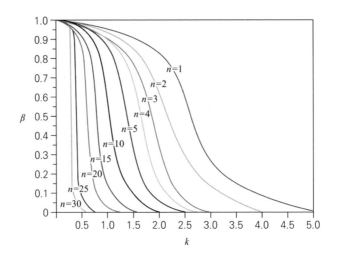

▲ 그림 4 - 18 OC 곡선

이 그림에서 수직 축은 2종 오류인 β이고, 수평 축은 평균이 표준편차의 k 배($k\sigma_{\overline{X}}$) 만큼 이동한 것을 의미한다. 예를 들어 표본 크기 n=10일 때 k=1.0 이면 β=0.75 정도가 되고, k=2 이면 β는 거의 0이 된다. 즉 공정의 평균이 많이 이동하면 2종 오류가 줄어든다.

$\overline{X}$ 관리도는 구축 단계(building phase)와 운영 단계(operating phase)로 구성되며, 지금까지는 $\overline{X}$ 관리도를 사용하는 방법인 운영 단계를 학습했다.

■ $\overline{X}$ 관리도의 관리한계선 설정

$\overline{X}$ 관리도를 사용하려면 $\overline{X}$의 평균인 μ, UCL=$\mu+3\sigma_{\overline{x}}$ 그리고 LCL= $\mu-3\sigma_{\overline{x}}$이 설정되어 있어야 한다. 그러나 μ와 $\sigma_{\overline{x}}$는 모집단의 모수(parameter)이므로 우리는 학습 데이터(training data)을 이용하여 모수를 추정해야 한다. 학습 데이터는 설비가 정상상태에서 가공된(in - control) 변수의 표본을 의미한다. 학습 데이터를 이용해서 $\overline{X_1}$, $\overline{X_2}$, ..., $\overline{X_m}$이 준비되었으면

$$\hat{\mu}= \overline{\overline{X}}= (\overline{X_1}+ \overline{X_2}+ ... + \overline{X_m})/m \quad\cdots\cdots\cdots\cdots\cdots\cdots\cdots (4.10)$$

으로 추정된다. 즉 $\overline{\overline{X}}$는 관리도의 중심선(center line)이 된다.

학습 데이터를 이용하여 UCL와 LCL을 구축하기 위해서는 R(range: 범위)를 정의해야 한다. $\overline{X_1}$을 만들기 위한 표본을 x_1, x_2, ..., x_n이라고 하면, $R_1 = x_{\max} - x_{\min}$으로 정의한다. 즉 표본 중에서 가장 큰 값과 작은 값의 차이가 R이다. 학습 데이터가 m개의 표본 그룹으로 구성되어 있어서 R_1, R_2, ..., R_m가 정의되면

$$\overline{R} = \frac{R_1 + R_2 + ... + R_m}{m} \quad\text{..} (4.11)$$

으로 정의한다.

최종적으로 $\overline{X}$ 관리도의 UCL과 LCL은 다음과 같이 추정된다.

$$\text{UCL} \approx \overline{\overline{X}} + 3\frac{\hat{\sigma}}{\sqrt{n}} = \overline{\overline{X}} + A_2\overline{R} \quad\text{.................................} (4.12)$$

$$\text{LCL} \approx \overline{\overline{X}} - 3\frac{\hat{\sigma}}{\sqrt{n}} = \overline{\overline{X}} - A_2\overline{R} \quad\text{.................................} (4.13)$$

$\overline{X}$ 관리도의 UCL과 LCL을 구축하였다면, 학습 데이터를 관리도에 찍어본다. 그리고 만일 UCL과 LCL을 벗어나는 데이터가 있으면, 이런 이상치(outlier)를 제거하고 학습 데이터를 재구성한 후 다시 UCL과 LCL을 구축한다. 이런 과정을 모든 학습 데이터가 UCL과 LCL 사이에 있을 때까지 반복하여 최종적인 UCL과 LCL을 설정한다.

※ A_2($\overline{X}$ 관리도의 계수치)는 "관리도 관리한계 계수표"를 이용하기 바람(부록 참조)

(2) R(range) 관리도를 이용한 공정의 산포변화 탐지

지금까지 살펴본 $\overline{X}$ 관리도는 공정의 변화 중 평균이 변할 때 탐지하는 방법이다. 그러면 변수 X의 평균은 변하지 않더라도 산포가 변화하는 것은 어떻게 알 수 있을까? 이럴 경우 사용하는 관리도가 R(범위) 관리도이다.

- $\overline{X}$ 관리도의 목적: 변수 X의 평균 변화를 탐지
- R 관리도의 목적: 변수 X의 분산(산포) 변화를 탐지

R 관리도 역시 변수 X는 정규분포를 따른다고 가정한다. (그림 4 - 19)은 변수 X의 평균 변화와 분산 변화를 보여준다.

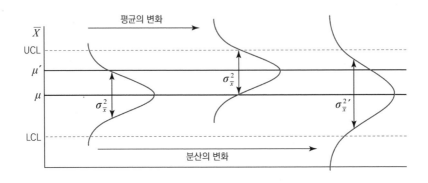

▲ 그림 4 - 19 변수 X의 평균 변화와 분산의 변화

사용방법 면에서 R 관리도는 $\overline{X}$ 관리도와 같다. 공정변수 X의 표본 x_1, x_2, ..., x_n이 모이면 표본 중에서 가장 큰 값과 작은 값의 차이가 R이다. 즉 R= $x_{max} - x_{min}$이다. (그림 4 - 20)과 같이 R 값을 관리도에 찍으면서 공정의 산포가 변화하는지를 앞장에서 소개한 두 가지 규칙을 이용해서 탐지한다.

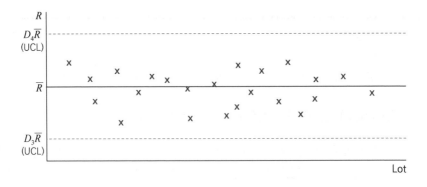

▲ 그림 4 - 20 R(range) 관리도

R 관리도를 구축하려면 역시 학습 데이터가 필요하다. 학습 데이터를 이용하여 R_1, R_2, ..., R_m가 정의되면

$$\overline{R} = \frac{R_1 + R_2 + ... + R_m}{m}$$ .... (4.14)

으로 정의하며 이 값이 R 관리도의 중심선이다. 그리고 UCL과 LCL은 다음과 같이 추정한다[(그림 4 - 20) 참조].

$$\text{UCL} \approx D_4 \overline{R}$$ .... (4.15)

$$\text{LCL} \approx D_3 \overline{R}$$ .... (4.16)

※ 상수 값 D_4, D_3(R 관리도의 계수치)는 "관리도 관리 한계 계수표"를 이용하기 바람(부록 참조).

■ R 관리도의 관리한계선 설정

R 관리도의 한계선은 $\text{UCL} = \overline{R} + 3\sigma_R$ 그리고 $\text{LCL} = \overline{R} - 3\sigma_R$이며, σ_R의 추정 치인 $\widehat{\sigma_R}$을 계산해야 한다. $\overline{X}$ 관리도의 한계선 계산 때와 마찬가지로 상대적 범위 $\text{W} = \text{R}/\sigma$ 를 이용한다. W의 표준편차 σ_W를 d_3라고 정의하며, W의 평균 d_2와 마찬가지로 d_3도 표본크기에 따라서 변하는 함수이다. $\text{R} = \text{W}\sigma$이므로 $\sigma_R = d_3\sigma$이고 $\widehat{\sigma_R} = d_3(\overline{R}/d_2)$이다. 따라서

$$\text{UCL} \approx \overline{R} + 3\widehat{\sigma_R} = \overline{R} + 3d_3(\overline{R}/d_2) = D_4\overline{R} \ \text{여기서} \ D_4 = 1 + 3\frac{d_3}{d_2}$$ .... (4.17)

$$\text{LCL} \approx \overline{R} - 3\widehat{\sigma_R} = \overline{R} - 3d_3(\overline{R}/d_2) = D_3\overline{R} \ \text{여기서} \ D_3 = 1 - 3\frac{d_3}{d_2}$$ .... (4.18)

$\overline{X}$ 관리도는 표본그룹간의 변동(between sample group variability)를 모니터링 하고, R 관리도는 표본그룹내의 변동(within sample group variability)을 모니터링 한다고 볼 수 있다.

3.3 다변량 FDC(multivariate FDC)

앞에서 살펴본 $\overline{X}$ 관리도와 R 관리도는 변수의 평균이나 분산의 변화를 탐지할 수는 있으나 변화가 어떤 요인으로부터 기인했는지 알 수 없고, 하나의 변수에만 적용 가능하다.

본절에서는 공정에서 수율이나 공정특성에 영향을 미치는 설비변수가 여러 개가 존재할 때 많이 사용되는 T^2 관리도에 대하여 살펴보기로 한다.

(1) 단변량 FDC의 문제점

$\overline{X}$와 R 관리도는 단변량 FDC 모형이다. 즉 설비변수나 공정변수 한 개마다 $\overline{X}$와 R 관리도를 구축한다. 만일 여러 개의 변수가 존재한다면 개별 변수마다 단변량 관리도를 구축하고 독립적으로 관리도를 관찰해야 한다. 독립 관찰이란 다른 변수와 상관없이 변수마다 계측 값이 관리도의 3σ를 넘어가면 공정에 이상이 발생한다고 하는 것을 일컫는다.

그러나 독립 관찰은 가성경고(false alarm)가 자주 발생하는 문제점이 있다. 예를 들어 공정변수 X_1과 X_2의 $\overline{X}$ 관리도를 3σ 관리한계선을 이용해 구축했다고 가정하자. 3σ 관리한계선이므로 관리도마다 1종 오류는 $\alpha = 0.0027$이다. 따라서 독립 관찰을 실시하면 X_1 또는 X_2의 관리도 중 적어도 하나 이상에서 3σ 관리한계선을 넘어갈 확률은 $1 - (1 - 0.0027)^2 \approx 0.0053$이다.

수식적으로 정의해 보자. p 개의 $\overline{X}$ 관리도를 독립적으로 운용한다면 (즉 p 개의 변수가 존재) 적어도 한 관리도 이상에서 가성 경고가 발생할 확률은 $1 - (1 - \alpha)^p$가 된다. 다시 예를 들어 p = 200이면 $1 - (1 - \alpha)^{200} \approx 0.42$이고, 이는 곧 두 번 중에 한번은 가서 경고이라는 것이다. 따라서 변수 수가 많아지면 기하급수적으로 1종 오류 확률이 커진다. 그리고 1종 오류 확률이 커지면 공정관리에 매우 심각한 문제가 된다.

더 심각한 경우는 변수 사이에 교호 작용이 발생할 때이다. 예를 들어 웨이퍼를 가공하는 에칭(etching)공정의 설비변수인 전류 X_1과 전압 X_2사이에 양의 상관관계가 존재하여 이변량 정규분포(bivariate normal distribution)를 한다고 가정하자. (그림 4 - 21a)는 X_1과 X_2의 상관계수가 0.7인 이변량 정규분포를 보여준다. 이 그림에서 보듯이 공정이 정상이면 두 설비변수 사이의 양의 상관관계로 인하여 타원형의 정상 영역이 나타난다.

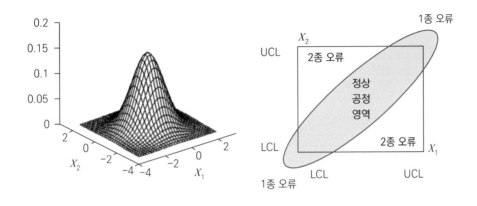

(a) 설비변수 X_1과 X_2의 이변량 정규분포   (b) 타원형의 정상영역과 개별관리한계선

▲ 그림 4 - 21

(그림 4 - 21b)는 X_1과 X_2를 독립 관찰했을 때의 관리한계선과 이변량 정규분포의 정상 공정 영역을 함께 표시한 것이다. 이 그림을 보면 관리도를 독립관찰했을 때 1종 오류와 2종 오류가 꽤 발생한다는 것을 알 수 있다. 즉 사각형안에 설비변수 값이 존재하면 독립 관찰에서는 정상으로 판단하지만, 타원형안에 있지 않으면 사실 공정에 이상이 발생한 것이다. 따라서 2종 오류가 발생한다. 반면에 사각형 밖에 설비변수 값이 존재하면 독립 관찰에서는 비정상으로판단하지만 타원형 안에 값이 존재하면 사실 공정에는 문제가 없는 것이다. 따라서 1종 오류가 발생할 것이다. 이러한 문제점은 설비변수간에 상관관계가 높게 나타나서 타원형의 정상 영역이 좁게 만들어지며 더욱 심각해진다.

결론적으로 변수들간의 상관관계가 높아서 교호작용이 발생하는 상황에서는독립 관찰을 실시하면 1종 오류가 발생할 확률이 커지고, 이보다 더 큰 문제점은 높은 2종 오류 확률 때문에 불량품이 많이 나오게 된다. 따라서 변수들간의 상관관계가 높으면 다른 종류의 관리도가 필요하며, 대표적인 관리도가 다변량 모형인 T^2 관리도이다.

■ 단변량 정규분포 vs 다변량 정규분포

변수 X가 정규분포 $N(\mu, \sigma^2)$을 따를 때 확률밀도함수는 다음과 같다.

$$f(x) = \frac{1}{\sigma\sqrt{2\pi}} exp\left[\frac{-(x-\mu)^2}{2\sigma^2}\right]$$ .... (4.19)

그리고 변수 X_1 부터 X_p이 독립이 아니고 변수 벡터 $X = (X_1, \cdots, X_p)^T$가 정규분포를 따를 때 다변량 정규분포(multivariate normal distribution)라 부르며 $N_p(\mu, \Sigma)$로 표현한다. 여기서 $\mu = (\mu_1, \cdots, \mu_p)^T$이고 Σ는 공분산 행렬(covariance matrix)로써

$$\Sigma = \begin{bmatrix} Cov(X_1, X_1) \cdots Cov(X_1, X_p) \\ \vdots \quad \ddots \quad \vdots \\ Cov(X_p, X_1) \cdots Cov(X_p, X_p) \end{bmatrix} \text{ where } Cov(X_i, X_j) = E[(X_i - \mu_i)(X_j - \mu_j)]$$

이며 확률밀도함수는 다음과 같다.

$$f(X) = \frac{1}{(2\pi)^{p/2}|\Sigma|^{1/2}} exp\left[-\frac{1}{2}(X-\mu)^T \Sigma^{-1}(X-\mu)\right]$$ .... (4.20)

가 된다.

(2) T^2 관리도

T^2 관리도는 T^2 분포를 사용하여 공정 이상을 탐지하는데, 이 분포는 hoterlling 이 1947년에 만들었기 때문에 hotelling's T^2 분포라고도 한다. T^2 분포는 단변량 분포인 t 분포를 다변량으로 확장한 분포이다. 이 관리도는 방향적 불변 (directionally invariant) 관리도인데, 이것은 평균벡터의 변화를 탐지하는 성능은 그것의 방향이 아니라 오직 변화의 크기에만 의존한다는 것이다.

변수 X가 정규분포 $N(\mu, \sigma^2)$을 따르면 표본평균 $\overline{X}$는 정규분포 $N(\mu, \sigma^2/n)$ 을 따르며 따라서 통계량 $Z = \dfrac{\overline{X} - \mu}{\sigma/\sqrt{n}}$은 표본 정규분포 $N(0, 1)$를 따르게 된다. 여기서 만일 σ를 몰라서 표본 표준편차 $s = \hat{\sigma} = \sqrt{\dfrac{\sum_{i=1}^{n}(x_i - \overline{X})^2}{n-1}}$를 사용하면 $\dfrac{\overline{X} - \mu}{s/\sqrt{n}}$는 t 분포를 하게 된다. 즉, $t = \dfrac{\overline{X} - \mu}{s/\sqrt{n}}$이다.

그런데 표본의 크기 n 이 n>30 이상이 되면 t는 표본 정규분포로 근접하게 된다. 따라서 n≤30 이라고 가정한다.

만일 정상 공정일 때 변수의 평균이 μ_0라고 가정하면 $t = \dfrac{\overline{X} - \mu_0}{s/\sqrt{n}}$이 되며

$$t^2 = \frac{(\overline{X} - \mu_0)^2}{s^2/n} = n(\overline{X} - \mu_0)(s^2)^{-1}(\overline{X} - \mu_0) \cdots\cdots\cdots\cdots\cdots (4.21)$$

가 된다. 이 식을 p개의 변수로 확장하여 표현하면 다음과 같다.

$$T^2 = n(\overline{X} - \mu_0)^T S^{-1}(\overline{X} - \mu_0) \cdots\cdots\cdots\cdots\cdots (4.22)$$

여기서 $\overline{X} = (\overline{X_1}, ..., \overline{X_p})^T$, $\mu_0 = (\mu_1^0, ..., \mu_p^0)^T$,

$$S = \begin{bmatrix} Sample\,Cov(X_1, X_1) \cdots Sample\,Cov(X_1, X_p) \\ \vdots \qquad \ddots \qquad \vdots \\ Sample\,Cov(X_p, X_1) \cdots Sample\,Cov(X_p, Xp) \end{bmatrix}$$

$$Sample\,Cov(X_i, X_j) = \frac{1}{n-1}\sum_{k=1}^{n}(X_{ik} - \overline{X_i})(X_{jk} - \overline{X_j})$$

만일 공정이 정상 상태에서 모든 변수의 평균이 μ_0라면, 통계량 T^2는 다음과 같이 F 분포를 따른다.

$$T^2 \sim \frac{p(n-1)}{n-p}F_{(p,n-p)} \quad\text{..}\quad (4.23)$$

이 식에서 n은 표본 크기, p는 변수 개수이다. F 분포는 자유도(degree of freedom)가 2개 필요하다. 따라서 $F_{(p,n-p)}$는 자유도 p와 (n-p)를 갖는 F 분포를 의미한다. (그림 4-22)은 자유도에 따른 F 분포의 모양을 보여준다. 결론적으로 T^2 는 $F_{(p,n-p)}$분포를 따르는 확률변수에 상수 $\dfrac{p(n-1)}{n-p}$를 곱한 확률변수이다.

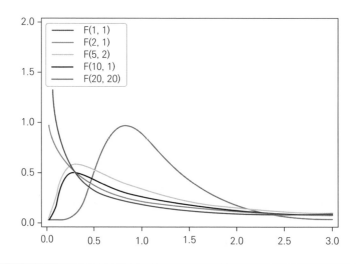

▲ 그림 4-22 F 분포

이제 통계량 T^2의 분포를 알았으니 관리한계선만 설정하면 공정의 평균이 μ_0에서 변동되었는지를 알 수 있다. 참고로 T^2는 관리하한선인 LCL이 존재하지 않는다. 만일 공정이 정상 상태여서 모든 변수의 평균이 μ_0라면 관리상한선 UCL은 다음과 같다.

$$\mathrm{UCL} = \frac{p(n-1)}{n-p} F_{\alpha;(p,n-p)} \quad\cdots\cdots\cdots\cdots\cdots\cdots\cdots\cdots\cdots\cdots\cdots\cdots (4.24)$$

이 식에서 α는 1종 오류이며, $F_{\alpha;(p,n-p)}$는 $F_{(p,n-p)}$ 분포에서 꼬리 부분(Tail area)의 확률이 α인 확률변수 값이다. 흥미로운 사실은 UCL이 μ_0나 S에 영향을 받지 않고, 단지 표본 크기 n과 변수 개수 p에 따라서 결정된다는 것이다.

■ 공정평균 μ_0와 공분산 행렬 Σ을 알고 있을 경우

만일 μ_0와 Σ를 알고 있다면 $(\overline{X}-\mu_0)^T \Sigma^{-1}(\overline{X}-\mu_o)$는 χ^2 분포를 한다. 따라서 이럴 경우 UCL은 다음과 같다.

$$\mathrm{UCL} = \chi^2_{\alpha,\,p} \quad\cdots\cdots\cdots\cdots\cdots\cdots\cdots\cdots\cdots\cdots\cdots\cdots\cdots\cdots\cdots\cdots (4.25)$$

(그림 4-23)은 T^2 관리도를 사용하는 예를 보여준다. p 개의 변수가 있을 때 T^2 관리도 사용법은 다음과 같다. $(\overline{X_1}....\overline{X_p})$를 가지고 T^2를 계산하여 n번째 공정까지 관리도상에 점을 찍는다.

① 가정: 공정의 평균은 μ_0로 알고 있고 표본 공분산 행렬 S는 초기에 계산되어 있으며 변동이 없다. 1종 오류 α는 관리자가 설정한다(보통 $\alpha = 0.05$이다).
② 매회 n 번의 공정이 완료되면 각 변수바다 표본 평균을 계산하여 $\overline{X} = (\overline{X_1}, ..., \overline{X_p})^T$를 만든다.
③ $T^2 = n(\overline{X}-\mu_0)^T S^{-1}(\overline{X}-\mu_0)$을 계산한다.
④ $T^2 > \frac{p(n-1)}{n-p} F_{\alpha;(p,n-p)}$이면 공정의 평균이 μ_0에서 벗어난 것이고 그렇지 않

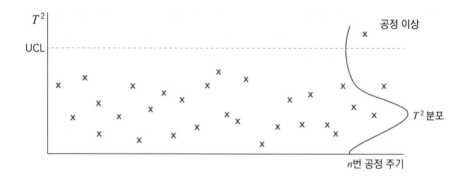

▲ 그림 4 − 23 T^2 관리도 사용 예제

으면 정상 공정 상태에 있는 것이다.

공정의 평균인 μ_0를 모를 때는 추정을 해서 T^2를 계산해야 한다. 각 변수마다 표본 크기 n인 그룹이 m개 존재한다고 가정하자. 이 표본들은 학습 데이터이다. μ_0의 추정치 $\overline{\overline{X}}$는 다음과 같다. $\overline{\overline{X}} = (\overline{\overline{X_1}}, ..., \overline{\overline{X_p}})^T$, 여기서 $\overline{\overline{X_i}} = (1/m)$ $\sum_{k=1}^{m} \overline{X_{ik}}$ 이고 $\overline{X_{ik}}$는 i 번째 변수의 k 번째 그룹내의 표본 평균이다(i = 1, ..., p; k = 1, ..., m). 공분산 행렬 S는 각 표본 그룹 k 마다 계산한 공분산 행렬 S_k를 평균내서 구한다. 즉 $S = (1/m) \sum_{k=1}^{m} S_k$이다. 이 과정을 통해서 구한 T^2 는 다음과 같은 F 분포를 따른다.

$$T^2 = n(\overline{X} - \overline{\overline{X}})S^{-1}(\overline{X} - \overline{\overline{X}}) \sim \frac{p(m-1)(n-1)}{mn-m-p+1} F_{(p, mn-m-p+1)} \quad \cdots\cdots (4.26)$$

그리고 관리상한선 UCL은 다음과 같다.

$$\mathrm{UCL} = \frac{p(m-1)(n-1)}{mn-m-p+1} F_{\alpha;\,(p, mn-m-p+1)} \quad \cdots\cdots\cdots\cdots\cdots\cdots\cdots\cdots (4.27)$$

(3) FDC 모형 활용 체계 및 기타 방법론

지금까지 학습한 FDC 방법론을 어떤 상황에서 사용해야 하는지를 체계적으로 요약하면 다음과 같다.

case 1: 공정의 이상을 탐지
　　① 단일 공정(설비)변수 모니터링(단변량 관리도)
　　　－IF) 변수를 표본 별로 모니터링하면 개별 X－R 관리도 사용
　　　－IF) 변수를 표본그룹 별로 모니터링하면 $\overline{X}$－R 관리도 사용
　　② 복수 공정(설비)변수 모니터링(다변량 관리도)
　　　a. 표본 별로 모니터링
　　　　IF) 교호작용이 없으면 개별 $\overline{X}$－R 관리도를 동시에 관찰하여
　　　　　이상 판단
　　　　IF) 교호작용이 있으면 개별 T^2 관리도 사용
　　　b. 표본그룹 별로 모니터링
　　　　IF) 교호작용이 없으면 개별 $\overline{X}$－R 관리도를 동시에 관찰하여
　　　　　이상 판단
　　　　IF) 교호작용이 있으면 표본평균 T^2 관리도 사용
case 2: 공정의 이상 탐지와 원인 규명
case 3: 범주형 설비변수와 공정변수
　　ID3 알고리즘을 이용한 decision tree 사용
case 4: 수치형 설비변수와 범주형 공정변수
　　C4.5, C5, CHAID 알고리즘을 이용한 decision tree 사용
case 5: 수치형 설비변수와 공정변수
　　CART 알고리즘을 이용한 regression tree 사용

case 1에서는 변수가 정규분포를 따르는지 검사하는 정규성 검정(Q－Q plot 방법, shapiro－wilk 검정)을 해야하며, case 2에서는 설비변수가 많을 경우 핵심 설비변수를 찾는 과정이 필요하다. 다변량 관리일 경우의 정규성 검정은 다변량

을 구성하는 개별 변수마다 Q-Q plot 방법이나, shapiro-wilk 검정을 이용하여 정규성을 검정한다. 만일 개별변수 모두 검정을 통과하면 다변량 분포도 정규분포를 따른다고 할 수 있다. 하지만 어떤 변수가 정규성 검정을 통과하지 못했다고 다변량 분포가 정규분포를 안 한다는 뜻은 아니다.

설비변수는 하나의 제품을 가공하는 동안 여러 번 측정되어 가공이 끝나면 시계열 데이터를 갖는 경우가 있다. 이런 경우에 통계적 관리도를 사용하려면 대표 값이 필요한데, 주로 전체 시계열 데이터의 평균이나 시계열 데이터의 중요 구간의 평균을 대표 값으로 사용한다.

case 2의 공정이상 상황 탐지와 원인 규명인 경우는 decisiontree, discriminant analysis, logistic regression 등 통계학적 모형과 decision tree, artificial neural network, K-nearest neighbor, support vector machines(svm), rough set theory 등 데이터 마이닝 모형을 사용할 수 있다.

설비변수가 많으면 핵심 설비변수를 찾는 특징선택(feature selection)을 한다. 특징선택을 하는 방법은 본 장에서 소개한 방법 이외에 주성분분석(PCA: principal component analysis)과 부분최소자승법(PLS: partial least square)이 있다. 두 방법 모두 직접적으로 핵심 설비변수를 찾는 것이 아니라 설비변수의 선형 조합을 새로운 변수로 설정하는 방법이다. 이와 같이 선형조합으로 구성된 변수를 잠재변수(latent variable)이라고 부른다.

04 EES 사례연구

4.1 EES 소개

다음은 반도체 제조라인(fabrication)에 사용되는 EES 및 FDC 시스템에 대하여 살펴보기로 한다. 반도체 FAB 공정에서는 제품의 미세공정관리를 위하여 FDC 시스템을 가장 먼저 도입하여 사용하고 있다.

1) FAB process control flow

반도체 FAB공정은 각 layer별로 다수의 단위 공정을 반복하여 진행하며, 각 공정이 끝나면 검사공정을 통하여 이상여부를 판단한다. 각 공정에서는 5M1E가

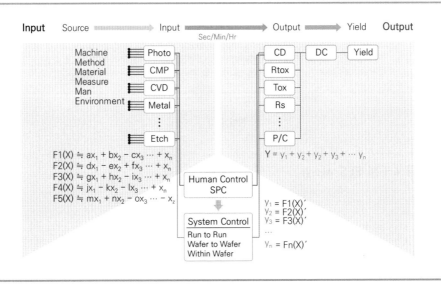

▲ 그림 4 - 24 FAB process control flow

input 인자로 투입되며, 각 공정별로 다수의 동일설비로 구성되어 있다.

위의 그림에서 input인자(X)는 각 공정별 설비파라미터를 의미하고, output 인자(Y)는 각 공정별로 관리되는 공정파라미터를 의미한다. 여기서 공정인자는 궁극적으로 제품의 수율(yield)에 영향을 미치는 중요한 변수로 작용한다.

2) EES 시스템

반도체에서는 기존에 각 부문별로 사용하고 있는 lagacy 시스템의 기능들을 통합하여 Unix 환경의 EES framework을 구축하였다. 대표적인 기능은 앞절에서 소개한 설비효율관리(EPT), 작업조건관리(RMS), 공정제어(R2R), 설비미세관리(FDC) 기능이 있다.

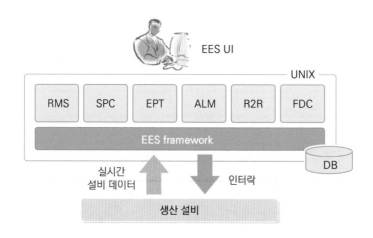

▲ 그림 4 – 25 EES 시스템

① 통합 UI 환경

• ESS 시스템에 접속해서 모든 엔지니어링 업무를 처리할 수 있다.

• 모듈간 정보를 연계하여 조치하고 분석할 수 있다.

② 안정된 시스템 환경

• UNIX & failover 시스템: 장애 대처 용이

• 데이터 보관: 1년 또는 3년 disk backup

• 데이터 주기: 실시간

③ 동일 S/W 환경으로 개발 조직을 통합하여 운영할 수 있다.

3) FDC 발전단계

반도체 공정의 FDC는 다음과 같은 단계를 거쳐서 추진되었다.

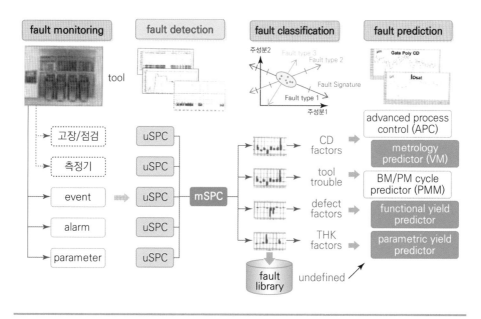

▲ 그림 4 - 26 FDC 발전단계

FDC 적용단계별 주요기능은 다음과 같이 분류하여 관리되고 있다.

▌표 4 - 3 FDC 단계별 주요기능

fault monitoring	fault detection	fault classification	fault prediction

• 설비 고장/정지 관리
 - H/W 고장 분석
 - 순간정지(alarm)
  분석
 - 변경/개선 결과 확인
• 정기점검의 on - line 化
	• 품질 위한 이상 검출/제어
	 - abnormal
	  process 감지
	 - 설비 condition
	  이상 감지
	 - 공정 output
	  변화 감지
	• lot/wafer 수준 사고
	 예방
		• 이상 원인/대책 분류
		 - abnormal
		  process 감지
		 - 설비 condition
		  이상 감지
		• 핵심 input 개선 관리
			• 설비/공정 최적 제어
			 - 자동 공정 제어
			  (R2R, W2W)
			 - maintenance 주기
			  예측/제어
			 - 계측 이상 예측/제어
			 - defect/DC/yield
			  예측

4.2 FDC methodology

반도체 공정에서는 궁극적으로 장비지능화를 목표로 다음 5단계를 거쳐서 FDC를 개발 및 적용되었다.

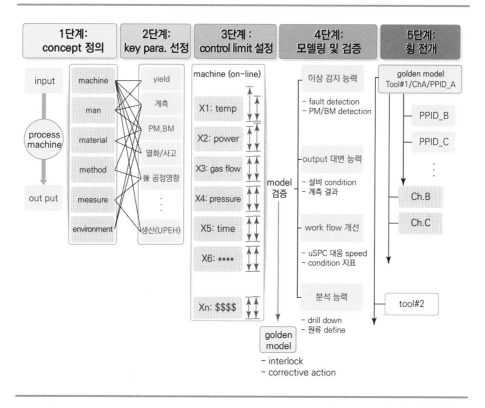

▲ 그림 4 - 27 FDC 원류 관리 단계

1단계에서는 FDC 적용 공정별로 개념을 정립하고, 2단계에서는 설비별 핵심 인자를 선정한다. 3단계에서는 각 인자별로 관리 한계선을 설정하고, 4단계에서는 모델링 및 검증작업을 수행한다. 마지막으로 5단계에서는 타 공정, 설비에 횡전개를 진행한다.

FDC 개발단계별 주요 관리기능은 다음과 같다.

■ 표 4-4 FDC 단계별 관리 기능

1단계: concept 정의	2단계: key para. 선정	3단계: control limit 설정	4단계: 모델링 및 검증	5단계: 횡 전개

• process 목적
• basic concept
• process status
 - 시계열 상태
	• KPIV vs. KPOV
	 - key process
	  input variable
	 - key process
	  output variable
	• FMEA/FDM/DOE
	 - failure mode and
	  effect analysis
	 - function
	  deployment
	  matrix
	 - design of
	  experiments
		• KPIV의 transform
		 - ID화를 통한
		  limit 선정
		• 할 수 있는
		  control limit
		 - 부품/상관관계/
		  통계
		• 해야하는 control
		  limit
		 - 사건/사고
		• 모르는 control limit
		 - 잠재인자
			• golden model 조건
			 - 능력 검증
			 - interlock/
			  control
			• corrective action
			 - standard
			  operation
			  procedure
			 - trouble shooting
			  guide
			 - risk 분석
				• replicate
				 - 동종 tool/ch
				  /PPID/step
				• corrective action
				 - 차이의 인정 불가
				 - 근원을 control
				  할 수 없을 때

1) FDC workflow

제조 공정에서의 FDC workflow는 다음과 같은 단계를 거쳐서 진행된다.

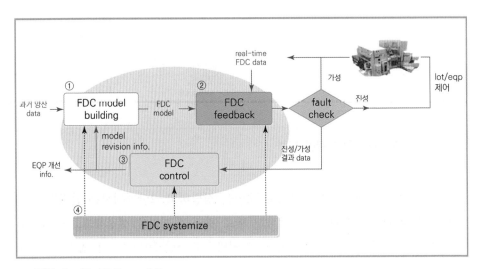

▲ 그림 4-28 FDC workflow

반도체 공정에서는 고가의 미세공정설비를 많이 사용하고 있으므로 설비의 핵심인자를 찾아서 관리해 나가는 것이 매우 중요하다. 따라서 전체공정 중 우선순위를 정하여 중요한 공정(설비)별로 key parameter를 찾고 control limit 설정 및 모델링하는 작업을 추진한다.

FDC 모델빌딩 단계에서는 공정별로 담당 엔지니어가 수행하며 약 3~6개월 정도 소요된다. 모델 적용 후 이상(fault)은 피드백하고 필요한 조치가 이루어지며, 결과를 피드백 받아서 공정에 적용하고 제어하는 데는 공정 step별로 며칠이 소요될 수 있다.

2) uFDC variations

앞절에서 소개한 단일변수를 모니터링하여 공정의 이상을 탐지하는 단변량 FDC는 다음과 같은 기능들이 적용되고 있다.

▌표 4-5 u-FDC variations

	auto range	one click	virtual spec
방법론	과거 data를 통한 통계적 방법 3개월 data 통계 data를 이용한 spec auto 계산	• virtual parameter를 통한 normalization → spec 단일화 • (x) line wildcard + virtual parameter bench mark recipe, step real - set ="0"value	• virtual parameter와 동일 기 능을 spec에 적용 • target, UCL, LCL을 계산식 사용 upper spec = set + 5% lower spec = set − 5%
내용	• EQP model → parameter 설정 • recipe, step별 설정: 신규 recipe → modeling 필요	• EQP→parameter 설정 • recipe, step 무시 spec check: 신규 recipe → spec 설정 불필요 • EEC의 wildcard 기능 중 → recipe, step="all"기능임 • data의 직관적 확인이 어려움	• EQP model → parameter 단위 • wildcard 사용 가능: 신규 recipe → spec설정 불필요 • composite spec개념도 포함 • data의 직관적 확인 가능하며, virtual parameter와 동일 기능

3) mFDC

mFDC는 다양한 SPC의 복합형으로, 다기능/다용도 FDC를 추구하는 새로운 개념의 FDC tool로 사용되고 있으며, 다양한 모델이 개발되고 있다.

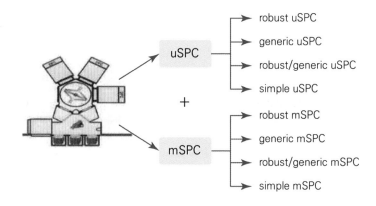

▲ 그림 4 - 29 m - SPC

초일류기업의 품질관리

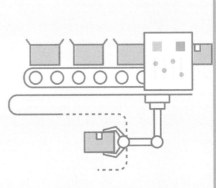

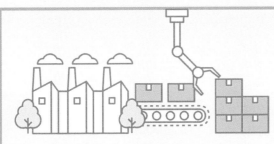

01 통계적 공정관리

1.1 SPC 개요

1) SPC 목적

제품이 최고의 경쟁력을 갖기 위해서는 안정적이고 균일한 공정에서 생산되어야 한다.

즉 제품의 특성치의 목표값에서 변동이 거의 없도록 균일하게 관리되어야 한다. 그러한 목표를 달성하기 위해서는 지속적인 공정개선이 이루어져야 하고, 이러한 통계적 공정 관리를 통한 개선과정의 결과는 보다 높은 품질과 높은 생산성을 확보하는 것이다.

현장에서의 지속적인 개선과정에 의해 제품을 생산하는 라인의 이상적인 공

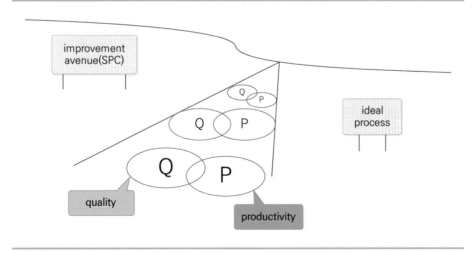

▲ 그림 5-1 통계적 공정관리의 목적

정이라는 목표에 점점 가까이 다가갈 수 있다.

위의 (그림 5-1)과 같이 SPC를 추진하는 궁극적 목표는 품질과 생산성을 개선하기 위한 것이다.

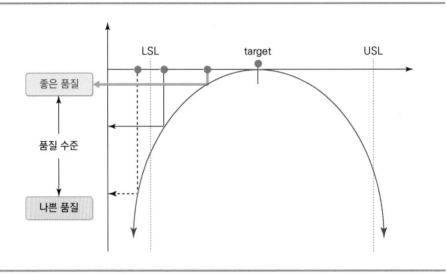

▲ 그림 5-2 품질의 정의

품질은 목표치로부터의 거리로 정의한다.

① 생산성의 정의
• 품질과 생산성은 모두 중요하다.
• 생산성은 사용된 자원(재료, 사람, 설비 등: 5M + 1E)에 대하여 얻어진 생산량의 비율로 표현한다.

$$생산성 = \frac{산출(생산량)}{투입(사용량)} \qquad (5.1)$$

② 품질의 정의
- SPC에서의 품질은 "목표치로부터의 거리"로 표현한다.
- 목표치에 가까울수록 좋은 품질인 것이다.

③ 고객 만족
- 품질과 생산성의 개선은 고객의 만족을 유발한다.
- 고객만족의 증대는 더욱 경쟁력 있는 회사가 되는데 큰 도움을 주게 된다.

좋은 품질 + 높은 생산성 = 경쟁력

제품의 품질을 향상시키면 생산성이 높아지고 원가는 그만큼 낮아지게 된다. 즉 SPC에 의한 성공적 개선은 더욱 더 경쟁력 있는 회사를 만든다.

2) SPC 목표와 정의

SPC의 목표는 공정의 중요한 품질특성에 대해, 목표치(target) 주위에 최소의 산포를 갖도록 만드는 것이다.

① 통계적 공정관리의 목표
SPC의 목표는 재료 및 제품의 주요 품질특성의 산포를 최소한으로 줄여 규격한계를 무시해도 좋은 정도가 되도록 하는 것이다.

－W.Edwards Deming 박사

② 통계적 공정관리의 정의
통계적 공정관리는 품질과 생산성의 개선을 실현하기 위한 하나의 전략이다. 이 전략은 "통계"를 이용하여 "공정"산포를 이해하고 "관리"를 통해 "목표치 주위에서 산포를 최소화 하는 것"을 목표로 한다.

3) SPC(통계적 공정관리)란?

① 공정(process)

- 공정은 원하는 산출물(제품, 서비스)을 얻기 위해 투입 요소들을 조합하는 것이라고 할 수 있다.
- 산출물은 한마디로 투입한 요소들이 조합된 결과라고 할 수 있다.
- 산출물을 변화시키는 방법은 오로지 투입한 요소 중 하나 이상을 변화시키는 것이며, 이는 공정 품질을 결정하는 핵심요소이다.

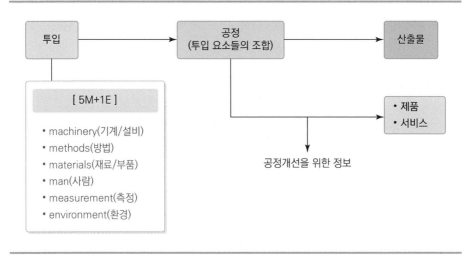

▲ 그림 5-3 process 개요

- 어떤 제품을 생산하는 공장 전체가 하나의 공정이면서, 부품을 가공하거나 검사하는 것도 하나의 공정이다.
- 보는 시야에 따라 공정의 규모는 달라질 수 있으나, 효과적인 개선을 위해서는 공정을 가능한 세분화하는 것이 필요하다.
- 영어로 프로세스(process)란 말은 우리말로는 '공정'뿐만 아니라 '과정'이라는 말로도 해석이 가능하다.

- 제품을 생산하는 공정뿐만 아니라 서비스를 창출하는 과정도 프로세스이다.
- 본 저서에서는 편의상 '공정'이라는 표현으로 통일하여 사용한다.

② 관리(control)

SPC의 마지막 단어는 관리(control)이다. 전통적인 관리 사이클은 최소한 관측 또는 측정, 비교, 조사, 변화의 4가지 행위로 구성된다.

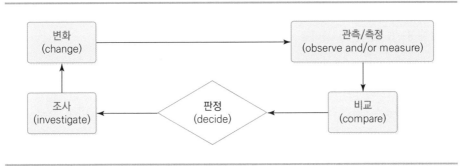

▲ 그림 5 – 4 전통적인 관리 사이클

4) 제품관리와 공정관리

① 제품관리(product control) – 사후 관리
- 제품관리의 초점은 공정의 산출물에 맞춰지며, 산출물에 대한 관측 또는 측정을 의미한다.
- 관측 또는 측정치를 규격한계와 비교하여 산출물이 "규격이탈"로 밝혀지면 조사가 뒤따르고 마지막 단계는 시정조치이다.
- 제품에 대해서는 폐기, 재작업 또는 등급조정을 통해 저가격으로 판매하는 등의 조치를 취한다.

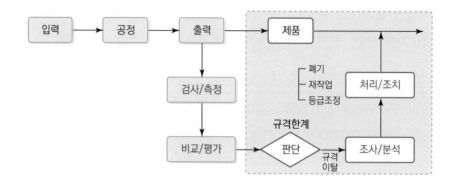

▲ 그림 5-5 제품관리 사이클

② 제품관리에서 품질의 정의

• 제품관리는 기초적인 것이며 여기서는 "품질"을 "규격한계의 만족"으로 정의한다.

• 제품이 규격한계를 만족하면 좋은 품질로 취급하는 것이다.

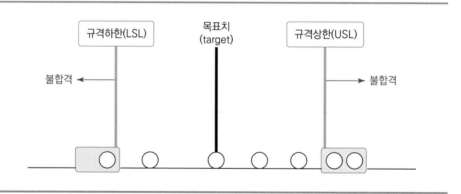

▲ 그림 5-6 품질의 정의

• 제품관리의 적용은 규격한계를 벗어나는 제품을 "걸러내는" 방법을 의미한다.

• 폐기, 재작업, 등급조정 등의 시정조치는 이러한 불량품에 대하여 실시한다.

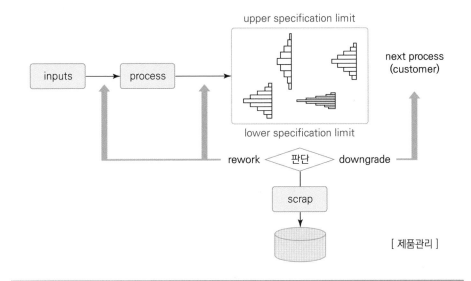

upper specification limit

inputs → process →

next process
(customer)

lower specification limit

rework ◁ 판단 ▷ downgrade

scrap

[제품관리]

▲ 그림 5 – 7 제품관리의 품질

③ 공정관리(process control) – 사전 관리

• 공정관리의 초점은 공정 그 자체에 맞춰진다.
• 개선조치는 공정의 투입 요소에 대한 개선 및 관리를 하는 방향으로 진행된다.

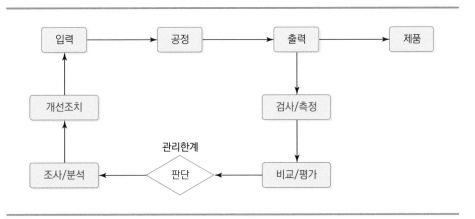

입력 → 공정 → 출력 → 제품

개선조치

검사/측정

관리한계

조사/분석 ← 판단 ← 비교/평가

▲ 그림 5 – 8 공정관리 사이클

- 공정관리 사이클에서는 제품에 영향을 주는 공정이 관심 대상이며 공정을 구성하는 5M + 1M를 관리하고 개선하는 것이다.
- 우선 공정의 산출물 즉, 제품의 품질 특성치에 대한 목표치를 설정해야 한다. 만일 현재 목표치가 설정되어 있지 않다면, 공정관리가 적절히 수행될 수 없다.
- 관리도의 적용을 통한 공정관리 활동과 동시에 적절한 목표치의 설정이 병행되어야 한다.
- 여기서의 공정관리는 개념적으로 "원류관리"와 큰 차이가 없으며, "처음부터 잘하자"라는 것과 같은 의미를 갖는다고 볼 수 있다.
- 제품을 다 만들고 나서 조치를 해봐야 소용 없으며, 처음부터 불량품의 발생을 유발하는 인자들을 관리하면 불량을 사전에 예방할 수 있다.

④ 공정관리에서의 품질의 정의

SPC(통계적 공정관리)의 목표는 관리항목의 목표치 주위에 분포하도록 만들고, 산포를 최소화하는 것이다.

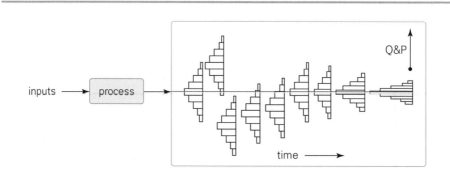

▲ 그림 5 - 9 공정관리의 품질

⑤ 제품관리와 공정관리의 비교

품질 관점에서의 제품관리와 공정관리의 차이점을 비교해보면 다음과 같다.

▌표 5-1 제품관리와 공정관리의 차이

구분	제품관리	공정관리
초점	제품	공정
목표	규격만족	목표치 주위에 최소의 산포
주요도구	100% 샘플링검사	관리도
향상대상	출하제품	품질과 생산성
사고방식	사후검사와 문제점 발생 후 처리	문제발생의 사전예방

1.2 SPC 적용사례

본절에서는 반도체 및 PCB 제조공정에 주로 적용된 SPC 사례에 대하여 살펴보기로 한다. 이들 제품은 대표적인 장치 산업으로 수많은 공정을 거쳐서 제품이 만들어지므로, 공정에서의 품질관리 및 공정관리가 매우 중요하다.

1) SPC란?

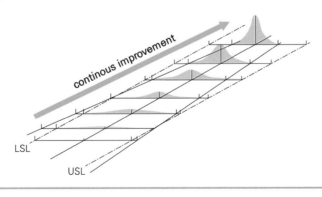

▲ 그림 5-10 SPC 추진 사상

SPC(statistical process control)란 통계적인 방법(샘플, 데이터, 분석)을 활용해서, Output을 만들어 내는 모든 과정을 지속적으로 모니터링하고 조사·유지 및 개선하는 활동을 의미한다. 즉 공정의 변동, 이상을 감지하여 이상 원인을 찾아 제거하거나, 이를 사전에 예방함으로써 안정된 공정의 유지 및 지속적 개선을 실시하는 활동이라고 할 수 있다. SPC의 대표적인 기법으로는 관리도(control chart)가 가장 많이 사용된다.

2) SPC 사상

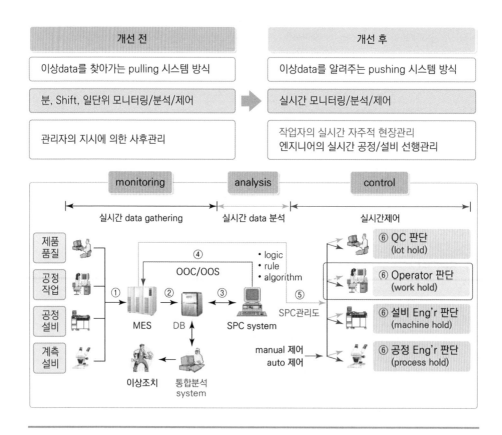

▲ 그림 5-11 SPC 시스템 이미지

실시간으로 모니터링·분석·제어가 되고 이상data를 알려주는 pushing 시스템 방식으로 전환되어, 작업자의 실시간 자주적 현장관리 및 엔지니어의 실시간 공정·설비에 대한 선행관리가 가능하다.

3) SPC 주요내용

현장에서 사용되는 공정관리 체계는 다음 그림과 같이 3단계로 이루어져 있으며 각 단계별로 이상 발생시 interlock 기능을 이용하여 공정 및 제품을 제어하고 있다.

① 공정관리 및 interlock 개요

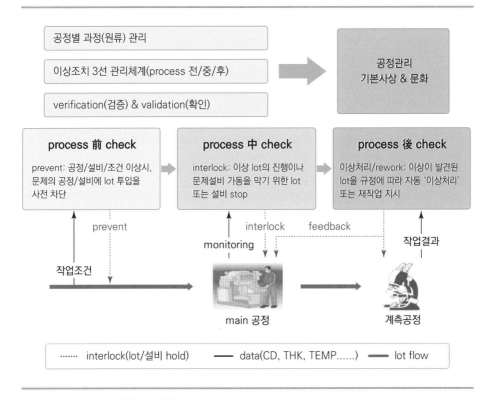

▲ 그림 5-12 공정관리 체계도

② interlock의 종류

제조라인에서 공정관리를 위하여 사용하는 interlock 종류는 다음과 같은 것들이 있다.

▍표 5-2 interlock 종류

lot hold	• 제품의 이상 가능성이 있어 후속 step으로의 진행이 안되도록 현 step에서 hold 현 step이란 data 발생 공정의 track out 후 다음 대기 step을 말함 • 공정 data SPC 설정: SPC interlock의 flag field에 설정 • 설비 data SPC 설정: EQ_interlock에서 설정

이상발의	• lot hold 보다는 제품 이상의 심각성이 더 높을 것으로 추정하고 후속 step으로의 진
	  행이 안 되도록 현 step에서 hold. 여기서 현 step이란 data 발생. 공정의 track
	  out 후 다음 대기 step을 말함
	• 공정 data SPC 설정: SPC interlock의 flag field에 설정
	• 설비 data SPC 설정: 해당사항 없음

rework	• 제품의 이상으로 clean 후 재작업이 필요한 lot에 대한 rework step으로 step 자동 reposition • 공정 data SPC 설정: SPC interlock의 flag field에 설정 • 설비 data SPC 설정: 해당사항 없음
자동 재측정	• data의 이상이 의심되어 data의 신뢰성을 높이기 위해 동일한 계측을 반복 • 공정 data SPC 설정: SPC interlock의 flag field에 설정 • 설비 data SPC 설정: 해당사항 없음
설비 hold	• 설비의 이상이 의심되어 해당 설비로 추가 lot track in이 안되도록 설비 hold • 공정 data SPC 설정: SPC interlock의 flag field에 설정 • 설비 data SPC 설징. EQ_interlock에서 실징
track-in prevent	• 설비의 이상이 의심되나 특정 제품 step에 대한 추가 track in을 막고자 할 때 발생 • 공정 data SPC 설정: SPC interlock의 flag field에 설정 • 설비 data SPC 설정: 해당사항 없음

③ spec 및 SPC 관리에 따른 lot hold/machine hold

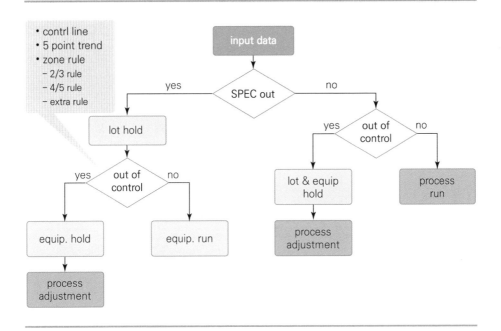

▲ 그림 5-13 SPC 관리 체계

- 이상발의에 대한 interlock의 경우 이상처리가 완료되어야만 release 가능함
- 이상발의는 lot의 불량(부적합) 판정기준에 의거 계량/계수 측정데이터의 경우 자동 발의되며 operator가 직접 이상발의를 등록할 수도 있음

▌표 5-3 이상처리 절차

대상	이상발생 구분	처리 Process	관련 메뉴
Y's	계량형 OOS 계수형 OOC	이상발의(시스템, 작업자) → 기술분석(단위기술) → 제품분석(공정관리) → 승인(품질) → 사후대책(기술) → 최종승인(품질) → 완료	이상발생 통보
X's	계량형 OOC OOC, OOS	이상발의(시스템, 작업자) → 기술분석(단위기술) → 완료 ※ 단, 재발(3회/24시간)시 품질 최종승인 필요	OCAP

※ OOC: out of control, OOS: out of specification, OCAP: out of control action plan

④ 주요 관리지표

interlock 발생건수, interlock 처리 TAT에 대해 라인별/유형별로 각 제조부서에서 주요 지표로 관리하고 있다.

4) SPC 발전단계

SPC 프로세스 및 시스템은 오랜기간 동안 제조현장에서 다음 단계를 거치면서 발전해 왔다.

▌표 5-4 SPC 발전단계

구분	SPC	DCOP
1세대	• spec 관리 • SPC 3 sigma 관리 • trend rule, zone rule 적용	• 단일 spec에 의한 data 관리 • 설비 model/설비명 별 spec 등록
2세대	• 이상 lot 재측정 후 이상발의 • 지정 회수 이상의 연속 out of spec 발생시 이상처리 • main 공정 별 계측 multi-DCspec • main 설비 ppid/model 별 spec 다중화	• moving spec 기능 • 설비 변경점에서 data target이 변동시 target 변동폭 만큼 spec을 변동하여 이상점 검출 • 사용자에 의한 spec margin 설정 변동폭은 자동으로 조정
3세대	• Ein/Ecn spec 관리 rule 추가 • Ein/Ecn spec 연계 interlock 및 관리한계선의 이중화 • photo main 설비/reticle 별 공정관리한계선 산출	• SPC 및 보완된 형태의 관리 방법 • SPC에 의한 ucl, lcl 관리 • 변동형 data에 대해 변동폭을 고려한 cl 자동 조정, data 연속 증가/감소의 trend 검출 기능 추가
4세대	• 분산(s) chart 추가 • PPID 별 공정관리 한계선 적용 • $\overline{X}$ 관리도 산출식 변경(avg 산포 사용)	• 증감형 data의 SPC 관리 • 두 개 인자 간 상호 연관식으로부터 이상 검출

02 관리도

2.1 기본 개념

1) 관리도 개요

공정을 이해하기 위해서는 데이터를 시간 경과에 따라 점을 찍어 보는 것이 필요하다. 그 한가지 방법으로서 (그림 5 - 14)와 같이 생산하는 모든 제품의 측정치들을 점으로 기입한 그래프를 관리도라고 한다.

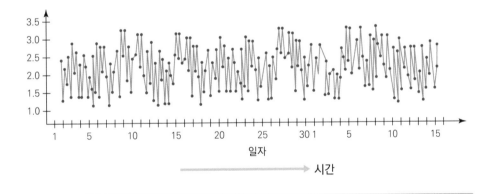

▲ 그림 5 - 14 관리도 개요

관리도는 모든 산출물 또는 중요한 특성을 측정하여 시간에 따른 변화를 점으로 표현하는 간단한 방법이다.

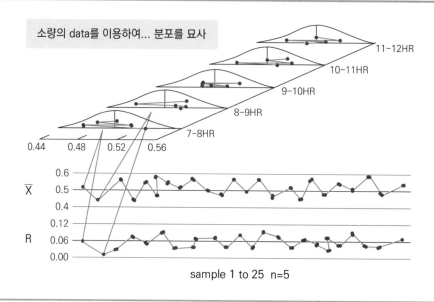

▲ 그림 5 - 15 관리도 개요($\overline{X}$ - R)

① 관리도의 주된 용도

관리도는 시간에 따른 공정의 변동을 관찰하고, 개선조치에 의한 시스템 또는 공정의 개선 여부를 확인하며, 공정능력 산출을 위한 기초데이터를 제공한다.

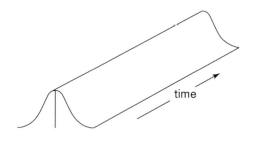

▲ 그림 5 - 16 관리도의 용도

② 관리도의 기본 가정

관리도의 기본가정은 공정의 불안정이 증명되기 전에는 공정이 안정되어 있
다고 가정한다.

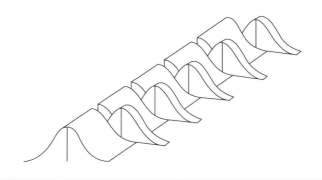

▲ 그림 5 – 17 관리도 응용

공정으로부터 몇 개의 표본을 뽑아낸다면, 이는 마치 큰 롤빵에서 몇 개의
빵 조각을 뽑아내는 것과 같다. 그 조각들이 시작할 때와 같으면 공정은 "관리
상태"이고, 다르면 공정이 변화한 것으로서 "관리이탈"또는 "이상발생"이라고
할 수 있다.

2) 우연원인과 이상원인

제조 공정이 아무리 잘 설계되고 주의 깊게 유지가 되더라도, 일정량의 고유적
이거나 자연적인 변동은 항상 존재한다. 이러한 자연적인 변동(natural variability)
또는 "배경잡음(background noise)"은 작지만 본질적으로 불가피한 많은 원인들
의 누적된 효과이다. 통계적 품질관리의 기본적인 틀에서 이 자연적인 변동은
종종 "우연원인(chance cause)들에 의한 안정적인 시스템"이라고 불리기도 한다.
즉, 변동의 우연원인만이 존재하는 공정은 통계적으로 관리상태(in statistical
control)에 있다고 말하며, 우연원인은 공정의 고유한 한 부분으로 간주한다.

변동의 다른 종류는 품질특성치의 큰 변화로부터 발견할 수 있다. 품질특성치의 변동은 주로 부적절하게 수정 또는 관리된 기계, 운영자의 실수, 결함이 있는 원자재 등의 3가지 원인으로부터 발생한다. 이러한 변동은 배경잡음에 비해 일반적으로 크고, 수용할 수 없는 공정 성능의 수준을 나타낸다. 이러한 변동은 우연원인 패턴이 아니라고 판단하여 이를 변동의 이상원인(assignable cause)이라고 간주하고, 이상원인이 존재하는 공정은 이상상태(out of control)에 있다고 한다(참고: 우연원인과 이상원인은 shewhart가 사용한 용어이며, 최근 우연원인 대신 common cause, 이상원인 대신 special cause라는 용어가 사용되기도 한다).

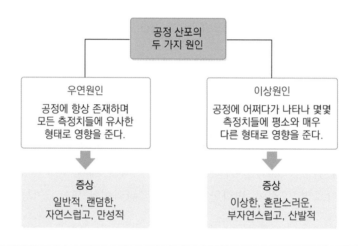

▲ 그림 5 - 18 공정산포의 두 가지 원인

이상원인에 의한 산포가 바람직한 것이면(좋은 이상) 원인을 찾아 공정에 결속시켜 일상적인 것이 되도록 해야 한다. 그러나 바람직하지 않은 이상원인(나쁜 이상)은 그 원인을 찾아 제거함으로서 재발을 방지해야 한다.

산포는 종종 공정의 산출물을 측정 및 관측하여 볼 수 있다. 그런데 주의할 것은 공정의 투입 요소들이 이상원인과 우연원인 모두에 대한 원천이라는 점이다.

▲ 그림 5 – 19 공정산포의 원인

① 우연원인의 산포

우연원인(common causes)의 산포: 기대하지 않은 변화가 없음

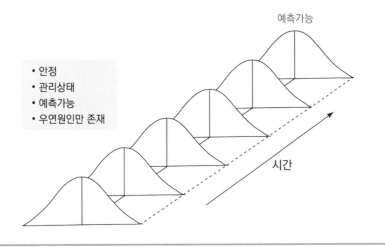

▲ 그림 5 – 20 우연원인의 산포

그림에서 공정은 관리상태(in control), 즉 변동의 우연원인만 존재한다고 볼 수 있다. 결과적으로 공정의 평균과 표준편차가 관리상태일 때의 값(μ_0와 σ_0)을 유지하고 있다.

② 이상원인의 산포

데이터가 나타내는 분포가 불안정하고 예측할 수 없는 형태로 나타날 때, 이런 공정을 "관리이탈"(또는 "이상발생") 이라고 한다. 공정분포가 변화하는 것은 산포의 원천에 피할 수 있는 원인이 포함되어 있음을 의미하며, 이것을 "원인"이라고 한다.

대부분 공정은 오랜 시간동안 관리상태에서 운영되지만, 영원히 안정된 공정은 존재할 수 없으며 결국 이상원인이 발생해서 제품의 많은 부분이 규격을 벗어나는 이상상태로 변화하게 된다. 예를 들어, (그림 5 - 21)에서 공정이 관리상태에 있을 때 제품의 대부분은 규격하한(LSL)과 규격상한(USL)의 사이에 위치하지만, 공정이 이상상태에 있을 때에는 제품의 많은 부분이 규격을 벗어나게 됨을 알 수 있다.

다음 그림(그림 5 - 22)에서 볼 수 있듯이 이상원인의 효과는 공정평균이 새로운 값 $\mu_1(>\mu_0)$으로 변화한 것이다. 시점 t_2에서 다른 이상원인이 존재하는 것을 알 수 있는데, 공정평균은 $\mu = \mu_0$이지만 공정의 표준편차가 $\sigma_1(>\sigma_0)$으로 변화하였다. 또한 시점 t_3에서 다른 이상원인이 존재하는데, 이때는 공정의 평균과 표준편차 모두가 이상상태의 값을 가짐을 알 수 있다. 따라서 시점 t_1 이후부터 이상원인이 존재하여 공정이 이상상태에 있다는 것을 확인할 수 있다.

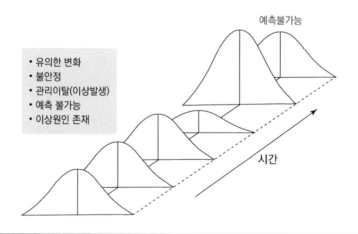

▲ 그림 5 - 21 이상원인의 산포

③ 이상원인의 결과

이상원인의 결과는 다음 그림과 같이 중심치의 변동, 산포의 변동, 중심치와 산포의 변동으로 나타난다.

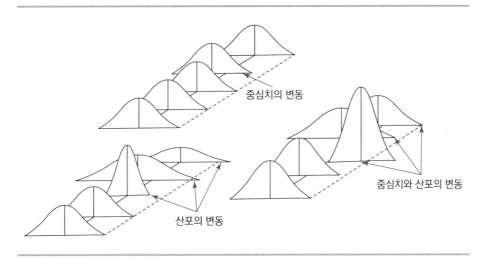

▲ 그림 5 - 22 이상원인의 결과

④ 우연원인과 이상원인의 주요 특성

우연원인과 이상원인의 주요 특성 및 차이점은 다음과 같이 설명할 수 있다.

┃표 5 - 5 우연원인과 이상원인의 특성

구분	우연원인	이상원인
현상	모든 데이터에서 유사한 양상으로 나타남	일부 데이터에서 다른 양상으로 나타남
구성	다수의 사소한 원인	소수의 주요 원인
특성	안정적, 예측 가능	산발적, 예측 불가
개선조치	시스템적인 산포 감소	결속 또는 제거
계층	관리자/엔지니어	작업자/직반장
비율	85%	15%

3) 관리상태 및 관리이탈상태

① 관리상태(in control)란?

공정은 단지 기대되는 산포만 존재하며, 공정은 안정적이고 예측이 가능하다. 여기서 관리상태는 안정하고, 일정하며, 예측가능함을 의미한다.

• 관리상태(in control)의 원인은?

관리상태인 산출물은 "관리상태"인 공정 투입요소들의 결과로 나타난다.

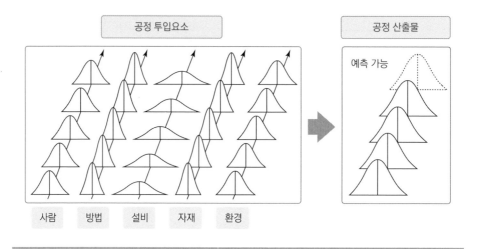

▲ 그림 5 - 23 관리상태의 원인

② 관리이탈(out of control) 상태란?

공정의 중심치나 산포에 기대하지 않은 변화가 나타나며, 공정은 불안정하고 예측이 불가능하다. 여기서 관리이탈은 불안정하고, 불일정하며, 예측 불가능 함을 의미한다. 이때 관리이탈의 의미가 반드시 "나쁘다"는 것은 아니다.

• 관리이탈 상태(out of control)의 원인은?

관리이탈 상태인 산출물은 "관리이탈"상태인 공정 투입요소들의 결과로 나타난 것이다.

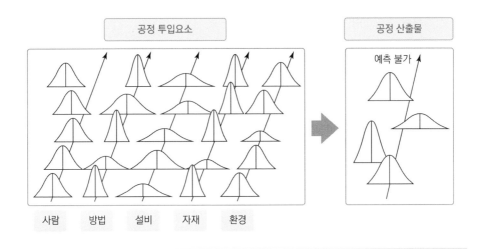

▲ 그림 5 – 24 관리이탈 상태의 원인

4) 해석용 관리도 및 관리용 관리도

① 해석용 관리도

해석용 관리도는 어느 일정한 기간의 데이터에서 관리한계선이나 그 밖의 통계량을 계산하여 타점하고, 관리한계선 밖에 있는 점의 유무 혹은 나열 방식의 특징을 조사하여 공정의 해석에 활용하려는 목적으로 사용된다. 해석용 관리도 등을 활용하여 공정을 해석한 후 공정의 세부에 걸쳐 표준화를 검토하고 공정내의 모든 요인을 관리하여 공정을 안정시킨다.

② 관리용 관리도

해석용 관리도에 의해 안정된 공정 상태를 계속 유지하기 위해 활용하는 관리도로서 중심선이나 관리한계선 등 관리도에 필요한 통계량은 공정에서 얻은 표본 값에 의해 미리 계산한다. 기업에 따라 다르나 일반적으로 관리한계선 계산 시점으로부터 이전 한달 데이터를 표본으로 사용하고 있다.

공정에서의 정보가 충분치 못할 경우에는 표본값을 얻을 수 없으므로 공정으로부터의 예비 데이터로 관리한계선을 계산할 수 있다.

💡 spec의 80%선을 관리한계선으로 사용

③ 통계적 공정관리의 목적

통계적 공정관리의 주된 목적은 공정에서 이상원인의 발생을 재빨리 탐지하여 불량품이 많이 생산되기 전에 공정을 조사하고 이를 수정할 수 있도록 하는 것이다. 관리도는 이러한 목적으로 널리 사용되는 온라인 공정 모니터링의 한 방법이다. 뿐만 아니라 관리도는 제조공정의 모수를 추정하고 이러한 정보를 통해 공정능력을 결정할 때 사용될 수 있으며, 공정개선에 유용한 정보를 제공하기도 한다. 통계적 공정관리의 최종 목표는 공정의 변동을 제거하는 것이다. 물론 변동을 완전하게 제거하는 것이 가능하지 않을 수도 있지만, 관리도는 변동을 가능한 한 많이 감소시키는 효과적인 수단이 될 수 있다.

5) 관리도의 종류

관리도는 크게 두 가지 유형으로 구분할 수 있다. 품질특성치가 측정되어 연속적인 스케일의 숫자로 표현할 수 있는 경우 이를 계량형(variable)이라고 한다. 이러한 경우 품질특성치를 중심경향의 측도와 산포의 측도로 나타내는 것이 편리하다. 중심경향과 산포에 대한 관리도를 계량형 관리도(variables control chart)라고 한다. $\bar{x}$관리도는 중심경향을 관리하는 데 많이 사용되고, 표본범위 또는 표본표준편차에 기초한 관리도는 공정의 산포를 관리할 때 사용된다. 그러나 품질특성치는 연속적인 스케일이나 양적인 스케일로 측정되지 않는 경우도 있다. 이런 경우에는 각 제품의 단위가 불량인지 아닌지를 판단하거나 제품 단위의 결점수를 셀 수 있다. 이러한 품질특성치에 대한 관리도는 계수형 관리도(attributes control chart)라고 한다.

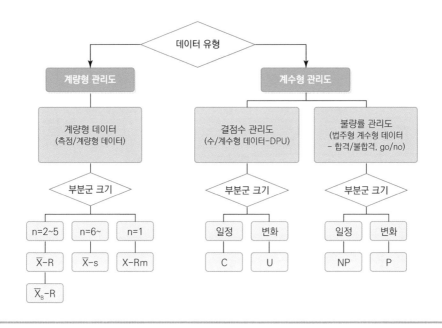

▲ 그림 5 - 25 관리도의 종류

① 관리도 종류 선택

관리도는 데이터의 형태에 따라 다음과 같이 나눌 수 있다.

많은 응용에서, 분석자는 $\bar{x}$ 관리도 및 R 관리도와 같은 계량형 관리도와 p 관리도와 같은 계수형 관리도 중에서 선택을 해야만 한다. 몇몇 경우에는 선택을 명백하게 할 수 있다. 예를 들어 제품의 로트별 불량개수라든가 웨이퍼당 결함(defeat)의 수 등은 계량형보다 계수형 검사가 더 선호될 것이다. 그러나 또다른 경우에는 선택이 명백하지 않을 수 있기 때문에, 분석자는 계수형과 계량형 관리도 중 하나를 선택하기 위해 여러 요인을 고려해야 한다.

계수형 관리도는 여러 품질특성치를 동시에 고려하고 그중 하나의 특성치에 대한 규격을 충족하지 못하면 불량으로 분류할 수 있다는 장점이 있다. 반면에 여러 가지 품질특성치를 계량형으로 처리한다면, 각각 측정되어야 하며 $\bar{x} - R$ 관리도를 개별적으로 작성하거나 또는 모든 품질특성치를 동시에 고려하는 다변량 관리도 절차를 적용해야 한다. 이러한 경우의 계수형 관리도를 이용하는

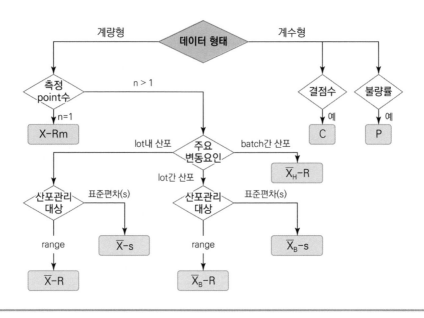

▲ 그림 5 - 26 관리도 종류 선택

것이 간편하며, 계량형 측정에 필요한 시간과 비용을 절감할 수 있다.

계량형 관리도는 이와는 대조적으로 공정성능에 대해서 계수형 관리도에 비해 보다 유용한 정보를 제공한다. 공정평균과 산포에 대한 정확한 정보를 얻을 수 있으며, 계량형 관리도에서 이상상태로 타점된 점들은 일반적으로 보다 많은 정보를 제공해 준다. 또한 공정능력에 대한 연구에서도 계량형 관리도가 계수형 관리도에 비해 선호된다. 이에 대한 예외로는 기계 또는 운영자에 의해 생성된 결점에 대한 연구와 공정수율에 관련된 연구 등이 있다.

$\bar{x} - R$ 관리도의 가장 중요한 장점은 종종 나쁜 상황이 임박했다는 경고를 제공하고, 불량이 실제로 생성되기 전에 운영자가 수정 조치를 취할 수 있게 한다는 것이다. 즉, $\bar{x} - R$ 관리도는 나쁜 상황이 임박했다는 경고를 제공하지만, p 관리도(또는 c와 u 관리도)는 공정이 변화하여 많은 불량품이 생성되지 않는 한 제대로 반응하지 못할 수 있다. p가 작은 경우에 $\bar{x} - R$ 관리도의 효율은 더욱 증가하고, p가 0.5에 가까울 경우 효율이 감소할 수 있다.

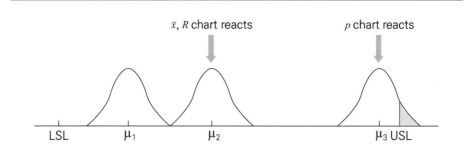

▲ 그림 5 - 27 $\overline{x} - R$ 관리도에서 나쁜 상황이 임박했다는 경고를 줄 수 있는 이유

(그림 5 - 27)은 $\overline{x} - R$ 관리도에서 나쁜 상황이 임박했다는 경고를 줄 수 있는지에 대한 이유를 나타내고 있다. 공정평균이 μ_1일 경우 불량품은 거의 발생하지 않는다. 그러나 공정평균이 커져서 μ_2로 변화할 경우 $\overline{x} - R$ 관리도는 비정상적 패턴 또는 이상상태의 점들이 발생하는 것으로 평균 변화에 대해 반응할 것이다. 그러나 p 관리도는 평균이 μ_3 방향으로 변화하거나 불량품의 수가 급격하게 증가할 때까지 반응하지 않을 것이다. 즉 $\overline{x} - R$ 관리도가 p 관리도에 비해 보다 강력한 관리 도구라고 할 수 있다.

공정 변화에 대한 특정한 수준의 탐지력을 얻기 위해, 계량형 관리도는 계수형 관리도에 비해 훨씬 작은 크기의 표본크기를 필요로 한다. 즉, 계량형 검사가 계수형 검사에 비해 제품당 검사 비용이 많이 들고 시간 소모가 더 크지만, 더 작은 표본을 검사함으로 동일한 효과를 거둘 수 있다는 장점이 있다. 특히 파괴검사의 경우(예를 들어, 용기 내의 제품양을 측정하거나 제품의 화학적 특성을 검사하기 위해 캔을 따야 하는 경우 등)에는 표본크기가 아주 중요하게 고려되어야 하는 사항이다.

2.2 계량형 관리도

수치척도로 측정되는 품질특성치를 계량형(variable)이라고 한다.

많은 품질특성치는 수치척도로 표현될 수 있다. 예를 들어 베어링(bearing)의 지름은 마이크로미터로 측정이 되고 밀리미터로 표현할 수 있으며, 보험금 청구가 진행되는 과정은 시간으로 측정될 수 있다. 차원, 무게, 부피 등과 단일 측정 품질특성치를 계량형(variable)이라고 한다. 계량형 변수에 대한 관리도는 널리 사용된다. 이러한 관리도는 DMAIC의 분석 및 관리 단계에서 사용하는 기본 도구 중 하나이다.

계량형의 품질특성치를 다룰 때 일반적으로 품질특성치의 평균과 분산의 변화를 모두 탐지하게 된다. 공정의 평균품질수준을 관리하기 위해 평균에 대한 관리도인 $\bar{x}$ 관리도를 주로 사용한다. 공정분산의 변화는 표준편차에 대한 관리도인 s 관리도나 범위에 대한 관리도인 R 관리도로 탐지하는데, 이전에는 계산의 편리성 때문에 R 관리도가 많이 사용되어 왔다. $\bar{x}$ 관리도와 R 관리도를 병행하는 $\bar{x}$ - R 관리도와 $\bar{x}$ 관리도와 s 관리도를 병행하는 $\bar{x}$ - s 관리도는 가장 중요하고 유용한 온라인 공정 모니터링 및 관리 기법들 중 하나이다.

1) $\bar{X}$ - R 관리도

품질특성치는 평균이 μ이고, 표준편차가 σ인 정규분포를 따른다고 가정하자. 이때 μ와 σ는 알려져 있음을 가정한다. x_1, x_2, ..., x_n이 크기 n인 표본일 때 표본평균은 다음과 같다.

$$\bar{x} = \frac{x_1 + x_2 + \cdots + x_n}{n}$$ .... (5.2)

따라서 $\bar{x}$는 평균이 μ이고, 표준편차가 $\sigma_{\bar{x}} = \sigma / \sqrt{n}$인 정규분포를 따르고, $1 - \alpha$의 확률로 표본평균은

$$\mu + Z_{\alpha/2}\sigma_{\bar{x}} = \mu + Z_{\alpha/2}\frac{\sigma}{\sqrt{n}} \text{와} \quad \mu - Z_{\alpha/2}\sigma_{\bar{x}} = \mu - Z_{\alpha/2}\frac{\sigma}{\sqrt{n}} \quad\cdots\cdots\cdots\cdots (5.3)$$

의 사이에 있게 된다. 따라서 만일 μ 와 σ가 알려져 있다면, 표본평균에 대한 관리도의 관리상한과 관리하한 식은 식 6.1이 된다. 앞에서 언급한 바와 같이, $Z_{\alpha/2}$를 3으로 대체하여 3시그마 한계를 주로 사용한다. 표본평균이 이 한계 밖으로 넘어가면, 공정의 평균은 더 이상 μ와 같다고 생각할 수 없다.

일반적으로 품질특성치가 정규분포를 따른다고 가정하지만, 그렇지 않은 경우에도 중심극한정리에 의해 위의 결과는 근사적으로 성립한다.

실제로는 μ 와 σ가 알려져 있지 않은 경우가 많이 있다. 따라서 공정이 관리상태일 때의 표본이나 부분군에 의해 μ 와 σ를 추정해야 한다. 이러한 추정은 적어도 20개에서 25개 표본을 기반으로 해야 한다. 표본크기가 n인 m개의 표본이 있다고 가정하자. 일반적으로 n은 4, 5, 6 정도로 작은 값을 사용한다. 이 작은 표본크기는 합리적인 부분군을 구성해야 하고 계량형 측정값의 샘플링 비용과 검사 비용이 상대적으로 크다는 것에 기인한 것이다. $\bar{x}_1$, $\bar{x}_2$, ..., $\bar{x}_m$을 각각의 표본평균이라고 할 때, μ의 최적의 추정량은 이들 전체의 평균으로 다음과 같다

$$\bar{\bar{x}} = \frac{\bar{x}_1 + \bar{x}_2 + \cdots + \bar{x}_m}{m} \quad\cdots\cdots\cdots\cdots\cdots\cdots\cdots\cdots\cdots\cdots (5.4)$$

따라서 $\bar{\bar{x}}$는 $\bar{x}$관리도의 중심선이 된다.

관리한계를 설정하기 위해서는 표준편차 σ도 추정해야 하는데, m개 표본의 표준편차 또는 범위로부터 σ를 추정할 수 있다. 먼저 범위를 이용해서 추정하는 방법을 사용해 보자. 크기가 n인 표본 x_1, x_2, ..., x_n에서 표본의 범위는 관측값의 최댓값과 최솟값의 차이다. 즉, R은 다음과 같이 표현할 수 있다.

$$R = x_{\max} - x_{\min} \quad\cdots\cdots\cdots\cdots\cdots\cdots\cdots\cdots\cdots\cdots\cdots\cdots (5.5)$$

R_1, R_2, …, R_m을 m개 표본의 범위라고 하면 범위의 평균은 다음과 같다.

$$\overline{R} = \frac{R_1 + R_2 + \cdots + R_m}{m} \quad\cdots\cdots\cdots\cdots\cdots\cdots\cdots\cdots\cdots\cdots\cdots\cdots\cdots \text{(5.6)}$$

▌표 5-6 $\overline{X}$-R 관리도 특징

	중심치 변동	산포 변동
관리도	$\overline{X}$	R
특징	lot간 산포를 기준으로 중심치 관리	range (최댓값−최솟값)에 대한 산포 정리

$\overline{X}$-R 관리도는 중심치의 주요 변동원인이 lot내 산포일 경우에 적합하며, 가장 기본적인 계량형 관리도이다. 즉 lot내 산포(군내 산포)에 의한 중심치의 변동관리에 적합하다.

data 구조

lot					$\overline{X}$	R
1	x_{11}	x_{12}	⋯	x_{1n}	$\overline{x}_1$	x_{1n}
2	x_{21}	x_{22}	⋯	x_{2n}	$\overline{x}_2$	x_{1n}
3	x_{31}	x_{32}	⋯	x_{3n}	$\overline{x}_3$	x_{1n}
⋮	⋮	⋮	⋱	⋮	⋮	⋮
m	x_{m1}	x_{m2}	⋯	x_{mn}	$\overline{x}_m$	x_{1n}

$\overline{X}$ chart

따라서 $\overline{x}$관리도의 관리한계는 다음과 같다.

$$관리상한 = \overline{\overline{x}} + A_2\overline{R}$$
$$중심선 \;\; = \overline{\overline{x}}$$
$$관리하한 = \overline{\overline{x}} - A_2\overline{R} \;\cdots\cdots\cdots\cdots\cdots\cdots\cdots\cdots\cdots\cdots\cdots\cdots\; (5.7)$$

다양한 표본크기에 대한 상수 A_2의 값은 부록에 나타나 있다.

R chart

공정분산의 변화는 관리도에서 표본범위 R값을 타점해서 탐지할 수 있다. R 관리도의 중심선과 관리한계는 다음과 같다.

$$관리상한 = D_4\overline{R}$$
$$중심선 \;\; = \overline{R}$$
$$관리하한 = D_3\overline{R} \;\cdots\cdots\cdots\cdots\cdots\cdots\cdots\cdots\cdots\cdots\cdots\cdots\; (5.8)$$

※ 표본크기별 상수 D$_3$, D$_4$ 값은 부록 참조바람

▶ **예제1**　　　$\overline{X}$ - R 관리도

아래 자료는 A부품의 인장강도를 관리특성으로 하여 $\overline{X}$ - R로 관리하기 위하여 조사한 데이터이다. 이에 대한 $\overline{X}$ - R을 작성하고 UCL과 LCL을 구하라. 데이터는 정규분포를 따른다고 가정한다.

시료군 번호	x1	x2	x3	x4	x5	$\overline{x}$	R
1	81.3	80.4	78.6	83.1	81.8	81.04	4.5
2	74.3	76.4	82.4	77.8	82.5	78.68	8.2
3	78.7	77.4	79.4	81.6	81	79.62	4.2
4	80.4	81.7	81.4	79.7	80.2	80.68	2
5	79.4	75.6	80.3	80.2	77.4	78.58	4.7
6	85	75.4	73.8	75.8	78.6	77.72	11.2
7	78.5	86.2	77.1	73.3	76.4	78.3	12.9
8	81.7	84	80.2	78.6	80.9	81.08	5.4
9	84.5	82.4	78.8	83.2	83	82.38	5.7
10	82.7	80.5	85.9	82.7	84	83.16	5.4

※ 범위 R은 시료군에서 가장 큰 값과 작은 값의 차이를 의미

step 1. 워크시트에 데이터 입력

step 2. stat>control charts>Xbar – R

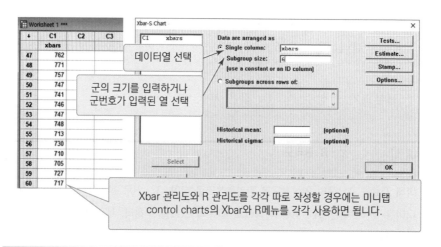

• Tests: 이상원인을 체크하기 위한 기준 지정

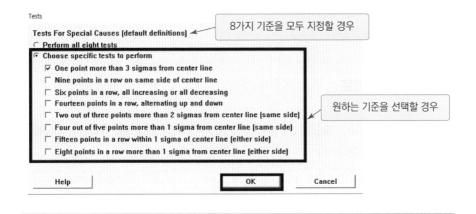

step 3. 그래프 결과 확인
• 각 관리도의 중심선(CL)과 관리한계선(UCL, LCL)

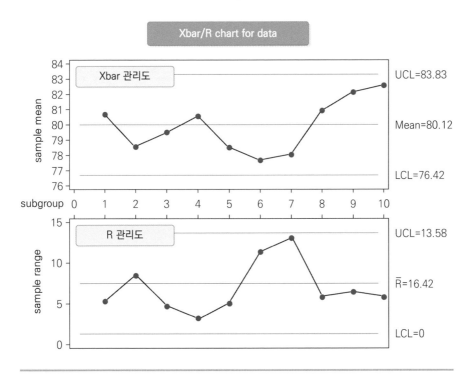

$\overline{X}$, R 관리도 모두 점들이 관리한계선 안에서 랜덤하게 분포하고 있으므로 A 부품의 인장 강도는 비교적 안정적이라고 할 수 있다.

2) X-Rm 관리도

X-Rm 관리도는 계량형 데이터중에서 측정포인트가 한 개를 측정하는 공정에 적용하는 관리도이다.

▌표 5-7 X-Rm 관리도

	중심치 변동	산포 변동
관리도	X	Rm
특징	moving range를 기준으로 중심치 관리	moving range (|전 lot-후 lot|)에 의한 산포 관리

X-Rm 관리도는 계측 부분군 1 point를 측정하는 경우에 적합하다.

data 구조		
lot		R_m
1	x_1	
2	x_2	r_{m_1}
3	x_3	r_{m_2}
⋮	⋮	⋮
n	x_n	$r_{m_{(n-1)}}$

$\overline{X}-Rm$ chart

$$UCL_{R_m} = D_4\overline{R}_m \qquad D_4 : n=2$$

$$LCL_{R_m} = D_3\overline{R}_m \qquad D_3 : n=2$$

$$UCL_X = \overline{X} + E_2\overline{R}_m$$

$$LCL_X = \overline{X} + E_2\overline{R}_m$$

$$E_2 : n=2$$

※ 표본크기별 상수 E_2, A_3 값은 부록 참조바람

3) $\overline{X}$ - s 관리도

$\overline{x} - R$ 관리도가 널리 사용되지만, 때때로 공정표준편차를 추정할 때 범위 R 대신 표본표준편차(s)를 사용하기도 한다. s를 표본표준편차라고 할 때, 이것을 $\overline{x} - s$ 관리도라고 한다(s 관리도를 σ 관리도라고 부르기도 한다). 일반적으로 $\overline{x} - s$ 관리도는 다음의 경우에 $\overline{x} - R$ 관리도보다 더 선호된다.

- 표본크기가 어느 정도, 예를 들면 n>10 또는 n>12 정도로 크다(이 경우 범위를 이용하여 σ를 추정하는 방법은 통계적 효율이 나쁘다).
- 표본크기 n이 일정하지 않다.

이 절에서는 $\overline{x} - s$ 관리도의 구성과 운영에 대해 설명한다. 또한 표본크기가 일정하지 않은 경우 운영하는 방법과 s 관리도의 대안에 대해 논의하고자 한다.

표 5 - 8 $\overline{X}$ - s 관리도

	중심치 변동	산포 변동
관리도	$\overline{X}$	s
특징	lot내 산포를 기준으로 중심치 관리	표준편차에 의한 산포 관리

계측 point수가 많아 range로 lot내 산포를 대변하기 힘들고, lot내 산포를 기준으로 중심치를 관리하고자 할 경우에 적합하다.

data 구조					
lot				$\overline{X}$	S
1	x_{11}	x_{12}	$\cdots$	x_{1n}	$\overline{x}_1$	S_1
2	x_{21}	x_{22}	$\cdots$	x_{2n}	$\overline{x}_2$	S_2
3	x_{31}	x_{32}	$\cdots$	x_{3n}	$\overline{x}_3$	S_3
$\vdots$	$\vdots$	$\vdots$	$\ddots$	$\vdots$	$\vdots$	$\vdots$
m	x_{m1}	x_{m2}	$\cdots$	x_{mn}	$\overline{x}_m$	S_m

$\overline{X}$ chart

관리상한 $= \overline{\overline{x}} + A_3\overline{S}$

중심선 $= \overline{\overline{x}}$

관리하한 $= \overline{\overline{x}} - A_3\overline{S}$

s chart

관리상한$= B_4 \bar{s}$

중심선$= \bar{s}$

관리하한$= B_3 \bar{s}$

$$\bar{\bar{x}} = \frac{\sum_{i=1}^{m} \bar{x}_i}{m}, \quad \bar{x}_i = \frac{\sum_{j=1}^{n} x_{ij}}{n}$$

$$\bar{S} = \frac{\sum_{i=1}^{m} S_i}{m}, \quad S_i = \frac{1}{n-1}\sum_{j=1}^{n}(x_{ij}-\bar{x}_i)^2$$

※ B₃, B₄ 값은 부록 참조

• 표본크기 n > 25

$$c_4 \cong \frac{4(n-1)}{4n-3}, \quad A_3 = \frac{3}{c_4\sqrt{n}},$$

$$B_3 = 1 - \frac{3(4n-3)}{4(n-1)\sqrt{2(n-1)}}, \quad B_4 = 1 + \frac{3(4n-3)}{4(n-1)\sqrt{2(n-1)}}$$

※ $n \leq 25$ 일때는 부록. 관리도용 계수표 참조

• 표본크기가 다를 때 $\bar{x} - s$ 관리도

$\bar{x} - s$ 관리도는 표본크기가 서로 다를 때 비교적 쉽게 적용할 수 있다. 이 경우 $\bar{\bar{x}}$와 $\bar{s}$를 계산하는 과정에서 가중평균 방법을 사용한다. I번째 표본크기를 n_i라고 할 때, $\bar{x} - s$ 관리도의 중심선으로 각각 다음 식을 이용한다.

$$\bar{\bar{x}} = \frac{\sum_{i=1}^{m} n_i \bar{x}_i}{\sum_{i=1}^{m} n_i} \qquad \bar{s} = \left[\frac{\sum_{i=1}^{m}(n_i-1)s_i^2}{\sum_{i=1}^{m} n_i - m}\right]^{1/2}$$

관리한계는 위의 식을 이용하여 계산할 수 있는데, 이때 A_3, B_3, B_4는 각각 부분군에서 사용된 표본크기에 따라 달라진다(부록 참조).

▶ **예제2** $\overline{X}$ - s 관리도

부품을 생산하는 공정에서 부품의 치수를 다음과 같이 10일에 걸쳐 6개씩 측정하였다. $\overline{x}$ - s 관리도를 작성하고 공정의 이상여부를 검토하여 보자.

단, 데이터는 정규분포를 따른다고 한다.

시료군 번호	x1	x2	x3	x4	x5	x6	$\overline{X}$	s
1	772	804	779	719	777	770	770.2	27.9
2	756	787	733	742	734	750	750.3	20.1
3	756	773	722	760	745	751	751.2	17.1
4	744	780	754	774	774	765	765.2	13.8
5	802	726	748	758	744	756	755.7	25.4
6	783	807	791	762	757	780	780.0	18.5
7	747	766	753	758	767	758	758.2	7.6
8	788	750	784	769	762	771	770.7	14.0
9	757	747	741	746	747	748	747.7	5.2
10	713	730	710	705	727	717	717.0	9.8

step 1. 워크시트에 데이터 입력

step 2. stat > control charts > Xbar - s

step 3. 그래프 결과 확인

2.3 계수형 관리도

계량형 관리도는 많은 공정에서 응용되지만, 모든 품질특성치를 계량형으로 표현할 수는 없기 때문에 이들 관리도를 모든 공정에 적용하기에는 어려움이 있다. 예를 들어, 용기에 담겨 있는 액체 제품을 고려해 보자. 우리는 각 용기를 검사해서 해당 용기에 대해 한 개 또는 여러 개의 품질특성치의 요구사항을 충족하는지를 판단하여 양호품과 불량품으로 분류할 수 있다. 이것은 계수형 데이터에 대한 예이며, 용기의 불량률에 대해 관리도를 적용할 수 있다. 또한 대안으로 불량품의 개수와 결점수, 또는 단위당 결점수를 고려할 수 있다. 이런 유형의 데이터는 반도체 산업에서 흔하게 관측된다. 먼저 불량률에 대한 관리도를 소개하고 그 다음 결점수와 단위당 평균 결점수에 대한 관리도를 어떻게 설정하는지에 대해 소개할 것이다.

계수형 관리도는 불량인지 불량이 아닌지에 대한 정보만 제공하므로, 수량적인 측정을 하는 계량형 관리도에 비해 더 많은 정보를 제공하지는 않는다. 그러나 계수형 관리도는 품질특성치를 수치적으로 측정하기 어려운 서비스업과 같은 비제조업 분야 또는 트랜잭션 비즈니스 과정과 품질 향상 분야에서 유용하게 사용된다.

1) 불량률에 대한 관리도

불량률은 전체 모집단의 제품 개수에 대한 불량품 개수의 비율로 정의된다. 이때 제품은 검사자에 의해 동시에 검사할 수 있는 여러 가지 품질특성치를 가지는 경우가 대부분이다. 만약 한 개 이상의 제품의 품질특성치가 표준규격을 만족하지 못한다면 이를 불량품으로 분류한다. 가끔 불량률을 퍼센트로 사용하기도 하지만, 일반적으로는 0에서 1사이의 값으로 표현한다. 공정 관리자에게 관리도를 제시하거나 경영진에 관리 결과를 설명할 때, 불량률을 퍼센트로 나타내기도 한다. 불량률을 관리하는 것이 일반적인 상황이지만 공정수율(process yields)에 관리도를 적용할 때에는 양호품률을 관리하는 경우도 있다.

불량률에 대한 관리도의 통계적 원리는 이항분포를 기반으로 한다. 생산 공정은 안정적인 상태로 운영되며, 생산된 연속적인 제품들은 서로 독립임을 가정한다. 어떤 제품이 규격을 만족하지 않는 확률을 p라고 할 때, 생산된 제품은 모수가 p인 베르누이(bernoulli) 확률변수를 적용할 수 있다. 만약 n개의 단위로 구성된 확률표본에서 불량품의 개수를 D라고 한다면, D는 모수가 n과 p인 이항분포(binomial distribution)를 따르게 된다. 이때 확률밀도함수는 다음과 같다.

$$P\{D=x\}=\binom{n}{x}p^x(1-p)^{n-x} \qquad x=0,\ 1,\ ...,\ n \quad \text{·····················} (5.9)$$

우리는 확률변수 D의 평균과 분산이 각각 np와 np(1-p)임을 잘 알고 있다. 표본불량률은 확률표본의 크기 n에 대한 D의 비율로 정의된다. 즉,

$$\hat{p}=\frac{D}{n} \quad \text{··} (5.10)$$

확률변수 $\hat{p}$의 분포는 이항분포로부터 얻을 수 있는데, 평균과 분산은 각각

$$\mu_{\hat{p}}=p \quad \text{··} (5.11)$$

$$\sigma_{\hat{p}}^2=\frac{p(1-p)}{n} \quad \text{··} (5.12)$$

가 된다. 관리도가 공정 불량률 p를 모니터링하기 때문에 p관리도라고 하며, 앞에서 설명한 이론에 근거하여 관리도 절차를 개발하는 것에 대해 설명할 것이다.

① P 관리도
앞에서 shewhart 관리도에 적용되는 일반적인 통계적 원리에 대해서 설명하였다. 만일 w가 품질 특성치를 측정한 통계량이고, w의 평균과 분산을 각각

μ_w와 σ_w^2라고 할 경우 shewhart 관리도의 일반적인 모형은 다음과 같다.

$$관리상한 = \mu_w + L\sigma_w$$
$$중심선 = \mu_w$$
$$관리하한 = \mu_w - L\sigma_w \quad \cdots\cdots\cdots\cdots\cdots\cdots\cdots (5.13)$$

여기에서 L은 w의 표준편차의 배수로 나타나는 중심선에서부터 관리한계의 거리를 의미하는데, 관례적으로 $L = 3$을 많이 사용한다.

생산 공정에서 실제 불량률 p는 알려져 있거나 또는 특정한 표준값을 갖는다고 가정할 경우, 식 5.31로부터 불량률 관리도에 대한 중심선과 관리한계는 다음과 같다.

$$관리상한 = p + 3\sqrt{\frac{p(1-p)}{n}}$$
$$중심선 = p$$
$$관리하한 = p - 3\sqrt{\frac{p(1-p)}{n}} \quad \cdots\cdots\cdots\cdots\cdots\cdots (5.14)$$

▶ 예제3   P 관리도

다음은 매시간마다 실시되는 최종제품에 대한 샘플링검사의 결과를 정리하여 얻은 데이터이다.

시간	1	2	3	4	5	6	7	8	9	10
표본수	49	45	51	27	28	51	45	49	28	51
불량품의 수	6	1	3	4	8	4	4	2	9	3

P 관리도를 작성하고, 공정의 안정상태인가를 판정하여 보자.

Step 1. 워크시트에 데이터 입력

Step 2. stat > control charts > P

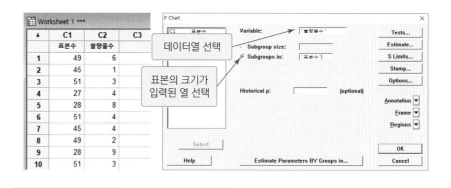

Step 3. 그래프 결과 확인

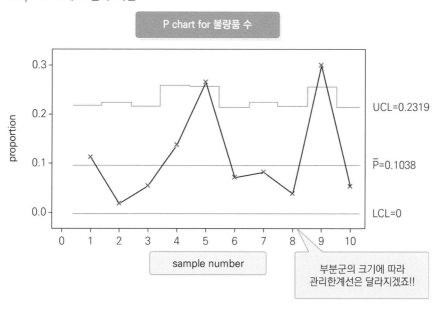

관리한계선을 벗어나는 두 개의 점이 발견되었으므로 관리상태에 있다고 할 수 없다. 따라서 그 원인을 규명할 수 있도록 한다.

2) 결점수에 대한 관리도

불량품은 규격을 하나 이상 만족하지 못한 생산품인데, 규격을 만족하지 못한 부분을 결점(nonconformity)이라고 한다. 즉, 불량품은 하나 이상의 결점을 포함하고 있다. 그러나 결점이 있다고 무조건 불량품으로 분류되는 것은 아니다. 예를 들어 컴퓨터를 제조한다고 가정하자. 각각의 단위에 한 개 이상의 사소한 결점이 있다고 해도 기능적으로 심각하게 영향을 미치지 않으면 양호품으로 분류된다. 그러나 너무 많은 사소한 결점이 있다면 고객이 이를 감지할 수 있고 기기의 판매에 영향을 줄 수 있기 때문에 불량품으로 분류한다. 공정관리의 많은 상황에서 불량률보다는 결점수로 직접 작업하는 것이 선호된다. 송유관 100m에서 불량 용접의 수, 항공기 날개에서 깨진 리벳의 수, 전자 로직 기기에 기능적 결함의 수, 문서에서 오탈자의 수 등이 이에 해당한다.

하나의 생산단위에서 결점의 총 개수 또는 단위당 평균 결점수에 대해 관리도를 작성하는 것이 가능하다. 이러한 관리도는 일정한 크기의 표본에 대한 결점의 발생은 포아송 분포에 의해 잘 모형화된다고 가정한다. 이것은 결점이 발생할 수 있는 기회나 잠재적인 발생 위치의 수가 무한히 크고, 특정한 영역에서 결점의 발생 확률은 작고 일정하다는 것을 가정한다. 또한 각 표본에서 검사 단위는 동일해야 한다. 즉, 각 검사단위는 항상 동일한 결점 발생의 가능 영역을 가져야 한다. 위의 조건이 만족되는 결점의 종류에 대해서는 하나의 검사단위에 여러 종류의 결점수를 세는 것이 가능하다.

대부분의 실제 공정에서는 이러한 가정들이 정확하게 만족되지 않는다. 결점 발생에 대한 기회의 수는 유한할 수 있으며, 결점의 발생 확률은 일정하지 않을 수 있다. 그러나 이러한 가정들로부터 심각하게 벗어나지 않는 한 포아송 모형은 합리적으로 잘 작동할 것이다.

① C 관리도

생산품의 검사단위에 결점이 발생하는 상황을 고려하자. 대부분의 경우 검사단위는 생산품의 단일 단위이지만, 기록의 편리성을 위해 생산품의 단위를 5개, 10개 등으로 묶을 수도 있다. 이런 검사 단위에서 결점의 발생이 포아송 분포를

따른다고 가정하는 것은

$$p(x) = \frac{e^{-c}c^x}{x!} \qquad x = 0, \ 1, \ 2, \ \dots \ \dots\dots\dots\dots\dots\dots\dots\dots \text{(5.15)}$$

와 같은 확률분포를 가정하는 것이다. 여기서 x는 불량품의 개수이고, $c > 0$는
포아송 분포의 모수이다. 앞의 내용으로부터 포아송 분포의 평균과 분산은 모두
모수 c임을 알고 있다. 따라서 c의 표준값이 주어진 경우 결점수관리도 또는 c
관리도의 3시그마 관리한계는 다음과 같이 정의할 수 있다.

$$\text{관리상한} = c + 3\sqrt{c}$$
$$\text{중심선} = c$$
$$\text{관리하한} = = c - 3\sqrt{c} \ \dots\dots\dots\dots\dots\dots\dots\dots\dots\dots\dots \text{(5.16)}$$

만일 계산된 관리하한의 값이 음수일 경우 관리하한은 0으로 간주한다. 포아
송 분포는 대칭적이지 않기 때문에, 이러한 3시그마 관리한계에 대한 α값은 관
리상항을 벗어나는 확률과 관리하한을 벗어나는 확률로 동일하게 나누어지지
않는다. 따라서 c가 작은 경우에는 확률한계(probability limits)를 사용할 것을 권
장하고 있다.

만약 c의 표준값이 주어지지 않은 경우, c는 예비표본에서 관측된 평균 결점
수인 $\bar{c}$로 추정될 수 있다. 이러한 경우 관리도의 관리한계는 다음과 같이 정의
된다.

$$\text{관리상한} = \bar{c} + 3\sqrt{\bar{c}}$$
$$\text{중심선} = \bar{c} = \frac{\sum_{i=1}^{n} C_i}{n}$$
$$\text{관리하한} \equiv \bar{c} - 3\sqrt{\bar{c}} \ \dots\dots\dots\dots\dots\dots\dots\dots\dots \text{(5.17)}$$

표준값이 주어지지 않은 경우 식 5.17의 관리한계는 시험적 관리한계(trial control limits)로 간주되어야 하고, 예비표본은 일반적인 제1국면 분석을 통하여 관리상태인지를 검사해야 한다. 결점수에 대한 관리도는 일반적으로 c관리도라고 부른다.

▶ **예제4   C 관리도**

TV 세트를 포장 전에 전에 c관리도로 관리하고자 한다. 지난 20일 동안 10대당 외관불량(결점)을 체크한 결과 다음과 같이 발견되었다. c 관리도를 작성하고 분석하여 보자.

일자	1	2	3	4	5	6	7	8	9	10
결점수	4	2	3	7	4	6	2	4	1	3
일자	11	12	13	14	1	16	17	18	19	20
결점수	2	0	11	3	3	4	5	8	6	2

step 1. 워크시트에 데이터 입력

step 2. stat > control charts > C

Step 3. 그래프 결과 확인

2.4 관리도의 해석

① 관리도와 데이터의 분포

관리도는 데이터가 정규분포를 따른다고 가정한다. 안정된 공정에서 얻은 데이터를 관리도에 점찍어 보면 관리한계 내에서 랜덤한 산포를 보일 것이다. 많은(약 68%) 점들이 중간 1/3지점에 위치하고, 매우 적은(약 4%) 점들만이 바깥쪽 1/3지점에 위치한다.

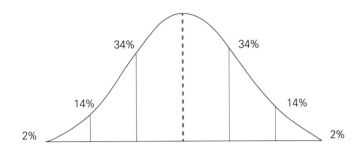

▲ 그림 5 – 28 각 구간에 찍히는 점들의 비율

② 기대하지 않은 변화의 신호들

• $\overline{X}$ 관리도에서 이상원인에 의해서 관리한계를 벗어나는 점들이 발생한다.

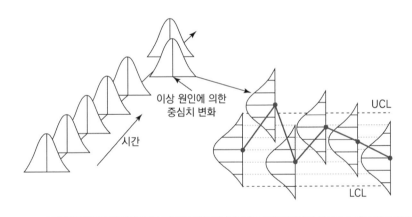

▲ 그림 5 – 29 이상 원인에 의한 중심치 변화

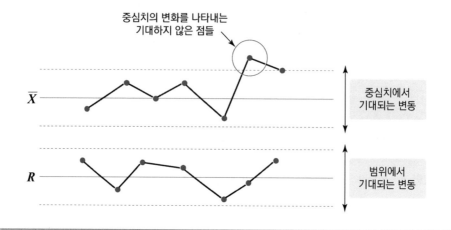

중심치의 변화를 나타내는
기대하지 않은 점들

$\overline{X}$

중심치에서
기대되는 변동

R

범위에서
기대되는 변동

▲ 그림 5 - 30 $\overline{X}$ 관리도에서 관리한계를 벗어나는 점들

• R 관리도에서 이상원인에 의해서 관리한계를 벗어나는 점들이 발생한다.

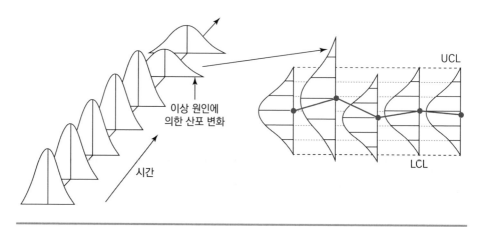

이상 원인에
의한 산포 변화

UCL

시간

LCL

▲ 그림 5 - 31 이상 원인에 의한 산포 변화

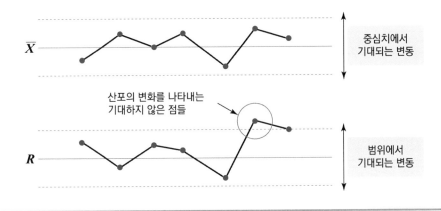

산포의 변화를 나타내는
기대하지 않은 점들

중심치에서
기대되는 변동

범위에서
기대되는 변동

▲ 그림 5 – 32 R 관리도의 관리한계를 벗어나는 점들

③ 해석의 순서

관리도를 해석할때는 반드시 평균치 관리도보다 산포(R, s) 관리도를 먼저 해석한다. 공정산포가 증가한 경우는 주위에 더욱 큰 변동이 발생하는 것이고, 그로 인해 두 개의 분포(기존의 분포와 산포가 증가하여 나타난 분포)가 조합된 폭으로 나타난다.

만일 산포 관리도에 변화의 신호가 나타나면, 이것이 공정(모집단)의 평균치는 변하지 않았는데도 불구하고 표본의 평균치들에 영향을 줄 것임을 꼭 기억해야 한다. 해석할때는 특히 산포 관리도에 대한 해석이 우선이라는 것을 알아야 한다.

④ 관리도 해석 방법

관리도에서 여러 가지 특수원인에 의한 신호들은 다음과 같은 것들이 있다.

▌표 5-9 특수원인의 신호들

특수원인의 신호들	
관리한계를 벗어난 점 발견하기 매우 쉬움	**구역법칙** • 5개중 4개의 점이 연속해서 ±1σ 구역을 벗어남 • 3개중 2개의 점이 연속해서 ±2σ 구역을 벗어남
경향(trend) 5점 이상의 연속적인 상승 또는 하강	**기타 고려 사항** • 68%의 데이터 출현을 기대하는 중간 1/3구역에 대한 신호 • 90%를 넘는 데이터가 중간 1/3구역에 출현 • 45% 미만의 데이터가 중간 1/3구역에 출현
싸이클(cycle) 반복적인 형태가 나타남	
런(run) 7점이 연속해서 중심지 위 또는 아래에 나타남	

• SPC 이상을 판단하는 6가지 rule

관리도에서 이상을 판단하기 위하여 표 5-9의 6가지 rule을 가장 많이 사용한다.

다음은 6가지 rule 중에서 3가지 rule의 사례를 설명한 것이다.

• 중심선에서 3시그마를 벗어나면 "관리한계선 이탈"

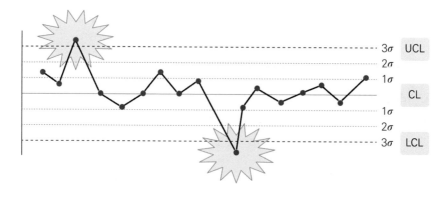

▲ 그림 5-33 SPC 이상판단 6 rule(관리한계선 이탈)

• 9점 이상의 점이 중심선의 동일한 쪽에서 연속적으로 나타나면 "런"

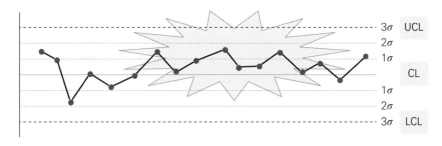

▲ 그림 5 – 34 SPC 이상판단 6 rule(run)

• 6점 이상의 연속된 점이 증가하거나 감소하면 "경향"

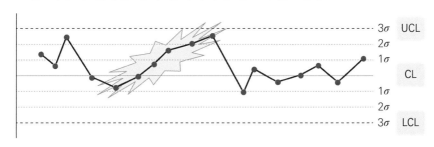

▲ 그림 5 – 35 SPC 이상판단 6 rule(경향)

03 공정관리

3.1 공정능력의 개념

1) 개요

제조공정의 산포관리 능력을 공정능력(process capability)이라고 한다. 즉 공정능력이란 제조공정이 얼마나 균일한 품질의 제품을 생산할 수 있는지를 나타내는 공정의 고유능력을 의미한다.

공정능력 평가의 바탕은 규격한계에 기준하여 공정이 수행하는 능력을 예측하는 것이다. 그리고 과거의 공정이 안정상태로 유지된 상태이어야만 미래에도 그러리라는 것을 예측할 수 있다. 따라서 공정능력 평가는 이전 공정이 적당히 안정되었음을 보증한 다음에 진행해야 한다.

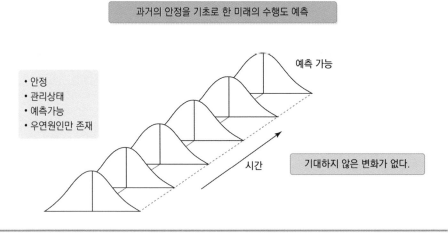

▲ 그림 5-36 안정상태 - 예측가능

기대하지 않은 변화의 존재는 미래의 공정 상태에 대한 예측 능력을 제한한다.

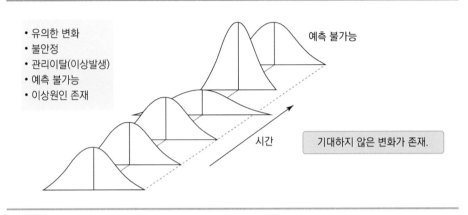

▲ 그림 5 - 37 불안정상태 - 예측 불가능

공정능력 평가할 때에는 공정에 특별할 변화가 없음을 전제로 한다. 통계적
으로 보면 "관리상태"라는 것이다. 앞의 그림에서는 주어진 시간동안 여러 차례
공정의 변화 즉, 특별한 신호가 나타나고 있다. 따라서 이 상태에서는 더 이상
공정능력을 논할 수 없다.

2) 개개치와 표본 평균

표본의 평균값의 분포와 개별 측정값의 분포를 비교해 보면 다음과 같이 차
이가 있음을 알 수 있다.

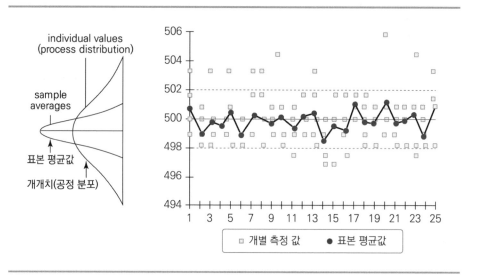

▲ 그림 5 – 38 표본평균 분포

표본 평균들을 점 찍으면 높은 민감도를 얻을 수 있지만, 그 산포는 개개치
들의 산포에 비해 적다.

3) 규격한계와 관리한계의 비교

규격한계와 관리한계는 다음과 같은 특성을 갖는다.

▌표 5 - 10 규격한계와 관리한계

	규격한계	관리한계
특성	제품관리	공정관리
근거	기능	공정산포
의존대상	제품의 측정치	시료크기(수)
용도	제품의 합/부판정기준	공정 안전도의 모니터링

4) 관리와 능력

관리(control)와 능력(capability)은 모두 중요한 요소이다.

관리와 능력을 평가하는데 있어 네 가지 일반적인 상황을 아래 그림에 나타냈다. 네 가지 상황 모두 개선의 여지를 제공한다. 비록 "관리상태이자 능력이 있는 상태"가 가장 바람직한 상태라 해도 끝없는 개선을 추구하는 관점에서 "능력의 시작"단계로 보아야 한다.

▌표 5 - 11 관리상태와 관리이탈 상태

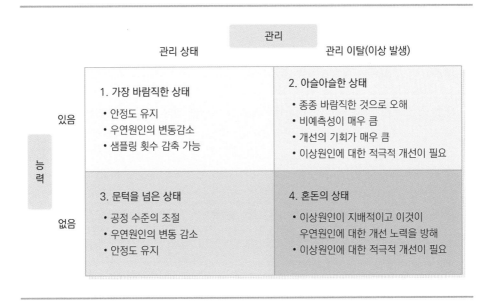

5) Z값_정규분포

정규분포는 중심치와 산포만 변할 뿐 항상 같은 종모양의 분포를 나타낸다. 모든 정규분포는 평균치로부터 표준편차만큼으로 수치변환에 의해 축척을 바꿀 수 있다. 정규분포를 확률변수 Z를 이용하여 변환하면 평균이 0이고, 분산이 1인 표준정규분포(standard normal distribution)가 된다.

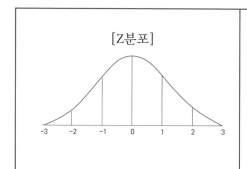

Z값은 어떤 값이 평균치로부터 표준편차의 몇 배의 위치에 있는지를 나타내고, 표준정규분포를 이용하여 Z값에 해당하는 면적을 계산할 수 있다.

▶ **예제5**   **불량품 발생 비율의 추정**

어떤 공정의 측정값이 다음과 같이 주어졌을 때 불량품 발생 비율을 추정하시오.

$\overline{\overline{X}}$=500.008 $\overline{R}$= 4 n = 5
USL = 504.6 LSL = 495.4

① 공정의 분포를 추정하고 규격한계를 그려 넣는다.
공정 개개치의 산포와 규격을 비교한다.

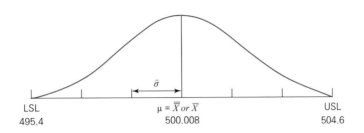

LSL
495.4

$\mu = \overline{\overline{X}}\,or\,\overline{X}$
500.008

USL
504.6

$\hat{\sigma} = \dfrac{\overline{R}}{d_2}$ or $\dfrac{\overline{s}}{c_4}$ or $pooled\ standard\ deviation = \dfrac{}{} = \boxed{}$

② 규격한계에 대응하는 Z값을 산출한다.

$Z_{LSL} = \dfrac{\hat{\mu} - LSL}{\hat{\sigma}} = \dfrac{\boxed{} - \boxed{}}{\boxed{}} = $

$Z_{USL} = \dfrac{USL - \hat{\mu}}{\hat{\sigma}} = \dfrac{\boxed{} - \boxed{}}{\boxed{}} = $

③ 분포도에 Z값을 그려 넣는다.

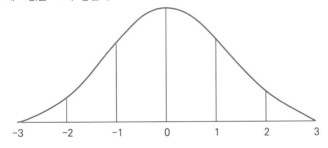

-3   -2   -1   0   1   2   3

④ Z값보다 큰 쪽 또는 적은 쪽으로 곡선 아래의 면적을 계산한다.

Z_{LSL} 아래쪽의 비율 = $\boxed{}$ Z_{USL} 위쪽의 비율 = $\boxed{}$

총비율(=부적합품의 비율) =

※ 표준정규분포표를 이용하여 Z값에 해당하는 면적을 계산.

3.2 공정능력 지수

1) 공정능력 지수 표현 방법

공정능력지수(process capability index)는 규격의 산포 허용 범위에 비추어 산포관리를 얼마나 잘 하는지 평가하는 척도를 의미한다.

공정능력 지수의 표현은 Cp, Cpk, CPU, CPL, Pp, Ppk 등으로 표현한다.

❚ 표 5-12 공정능력 지수

	산포만 고려	산포와 중심지 모두 고려
단기공정 능력 ($\hat{\sigma}$=군내산포)	Cp	Cpk
장기공정 능력 ($\hat{\sigma}$=군내산포와 군간산포)	Pp	Ppk

몇몇 지수들은 공정 산포만을 고려하여 능력을 평가하고, 나머지는 산포와 중심치 모두를 고려하여 평가한다. 산포의 추정 방법을 능력지수(capability indices)들은 군내산포를 이용하여 공정표준편차(σ)를 추정하고, 성능지수(performance indices)들은 공정 표준편차의 추정에 군내산포와 군간산포를 모두 이용한다.

2) Cp, Cpk

(1) Cp(process potential capability)

Cp는 자연 공정 산포(6σ)에 대해 규격의 공차를 비교하여 계산한다. Cp는 공정 산포만을 고려한 공정능력 지수이고, 산포는 군내산포만으로 추정한다.

$$C_p = \frac{USL - LSL}{6\hat{\sigma}} \quad \text{(5.18)}$$

$$\hat{\sigma} = \frac{\overline{R}}{d_2} \text{ or } \frac{\overline{s}}{c_4} \text{ or } pooled\ standard\ deviation \cdots\cdots\cdots\cdots\cdots\cdots\cdots\cdots (5.19)$$

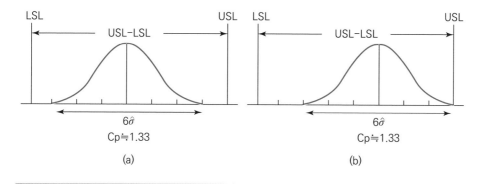

▲ 그림 5 - 39 공정능력 지수(Cp)

(2) Cpk(process capability)

Cpk는 자연공정산포의 1/2(3σ)에 대해 중심치로부터 규격한계까지의 거리를 비교하여 계산한다. Cpk는 공정산포와 중심치의 치우침을 모두 고려한 지수이고, 산포는 군내산포만으로 추정한다. Cpk는 CPU와 CPL 중 작은 값을 선택한다.

$$CPL = \frac{\hat{\mu} - LSL}{3\hat{\sigma}} \qquad CPU = \frac{USL - \hat{\mu}}{3\hat{\sigma}} \cdots\cdots\cdots\cdots\cdots\cdots\cdots\cdots\cdots (5.20)$$

$$\hat{\mu} = \overline{\overline{X}} \text{ or } \overline{X} \qquad \hat{\sigma} = \frac{\overline{R}}{d_2} \text{ or } \frac{\overline{s}}{c_4} \text{ or } pooled\ standard\ deviation \cdots (5.21)$$

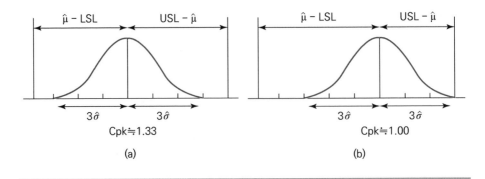

▲ 그림 5 - 40 공정능력지수(Cpk)

(3) Cp와 Cpk의 비교

공정 중심치가 규격 폭의 중앙에 위치할 경우 Cp와 Cpk값은 같다. 같은 품질 특성치에 대한 Cpk는 Cp보다 클 수 없다.

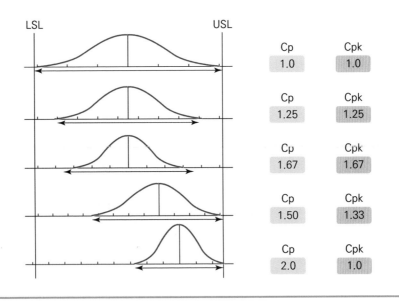

▲ 그림 5 - 41 치우침을 고려한 Cp, Cpk

(4) k계수의 의미

Cp, Cpk와 같이 k 또한 두 거리의 비율을 의미한다.

$$k = \frac{|Target - \hat{\mu}|}{(USL - LSL)/2}$$ ··· (5.22)

$$Cpk = Cp(1 - k)$$ ··· (5.23)

Cp와 Cpk는 k에 의해 관계식을 구할 수 있으며, 이때는 양쪽 규격한계가 모두 있어야 한다. Cpk와 관련한 확률표는 다음과 같으며, 이 표는 공정의 중심치가 규격폭의 중심에 일치할 때의 값을 의미한다.

▍표 5 - 13 Cpk와 확률표

Cpk	[Z]	Sigma	X.X0	X.X1	X.X2	X.X3	X.X4	X.X5	X.X6	X.X7	X.X8	X.X9
1.50	4.5	6.0	3.4									
1.40	4.2	5.7	13	13	12	12	11	11	10	10	9	9
1.33	4.0	5.5	32	30	29	28	27	26	25	24	23	22
1.30	3.9	5.4	48	46	44	42	41	39	37	36	34	33
1.20	3.6	5.1	159	153	147	142	136	131	126	121	117	112
1.10	3.3	4.8	483	467	450	434	419	404	390	376	362	350
1.00	3.0	4.5	1350	1306	1264	1223	1183	1144	1107	1070	1035	1001
0.90	2.7	4.2	3467	3364	3264	3167	3072	2980	2890	2803	2718	2635
0.80	2.4	3.9	8198	7976	7760	7549	7344	7143	6947	6756	6569	6387
0.70	2.1	3.6	17864	17429	17003	16586	16177	15778	15386	15003	14629	14262
0.67	2.0	3.5	22750	22216	21692	21178	20675	2018	19699	19226	18763	18309
0.60	1.8	3.3	35930	35148	34379	33625	32884	32157	31443	30742	30054	29379
0.50	1.5	3.0	66807	65522	64256	63008	61780	60571	59380	58208	57053	55917
0.40	1.2	2.7	115070	113140	111233	109349	107488	105650	103835	102042	100273	98525
0.30	0.9	2.4	184060	181411	178786	176186	173609	171056	168528	166023	163543	161087
0.20	0.6	2.1	274253	270931	267629	264347	261086	257846	254627	251429	248252	245097
0.10	0.3	1.8	382089	378281	374484	370700	366928	363169	359424	355691	351973	348268
0	0.0	1.5	500000									

3) Pp, Ppk

(1) Pp(process potential performance)

Pp는 자연 공정산포(6σ)에 대해 규격공차를 비교하여 계산한다. 산포는 개개치 모두를 이용한 표준편차(s)로 추정하고, 군내산포와 군간산포를 모두 반영한다.

$$Pp = \frac{USL - LSL}{6\hat{\sigma}} \qquad \hat{\sigma} = s = \sqrt{\frac{\sum(X - \overline{X})^2}{n-1}} \quad \cdots\cdots\cdots\cdots\cdots\cdots\cdots \text{(5.24)}$$

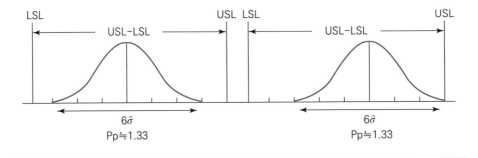

▲ 그림 5 – 42 Pp 분포(정상, 치우침)

(2) Ppk(process performance)

Ppk는 자연공정산포의 $1/2(3\sigma)$에 대해 공정 중심치로부터 규격한계까지의 거리를 비교하여 계산한다. 산포는 개개치 모두를 이용한 표준편차(s)로 추정하고, 군내산포와 군간산포를 모두 반영한다. Ppk는 PPU와 PPL 중 작은 값을 사용한다.

$$PPU = \frac{USL - \hat{\mu}}{3\hat{\sigma}} \qquad PPL = \frac{\hat{\mu} - LSL}{3\hat{\mu}} \quad \cdots\cdots\cdots\cdots\cdots\cdots\cdots \text{(5.25)}$$

$$\hat{\sigma} = s = \sqrt{\frac{\sum(X - \overline{X})^2}{(n-1)}} \quad \hat{\mu} = \overline{\overline{X}} \text{ or } \overline{X} \quad \cdots\cdots\cdots\cdots\cdots\cdots \text{(5.26)}$$

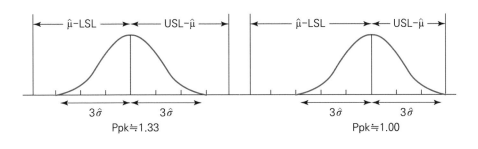

▲ 그림 5-43 Ppk 분포(정상, 치우침)

Factory integration

1. Factory integration 개요
2. Full automation
3. Reticle 물류 자동반송시스템

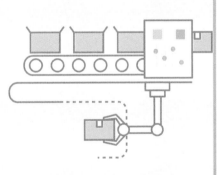

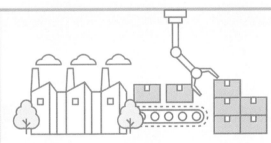

초일류기업을 위한 스마트생산운영

01 | Factory integration 개요

본 장에서는 장치산업 중에서도 대표적이라고 할 수 있는 반도체 제조를 중심으로 전체 운영시스템에 대하여 살펴보기로 한다. 반도체 산업은 원가경쟁력을 위하여 웨이퍼 사이즈가 대구경화로 진화하면서 해결해야 할 당면한 많은 문제들을 갖게 되었으며 이에 대한 방안들을 고민하고 대책을 준비하여 왔다. 이에 따른 반도체 공정을 중심으로 대구경화, 미세화 및 생산성 향상을 위한 당면과제 및 기술방향, factory integration 개요에 대하여 살펴보기로 한다. 아울러 반도체 공정이 지속적으로 발전함에 따라 필요로 하는 기술적 요소들을 살펴보고 경쟁력 강화방안을 고찰하였다. 마지막으로 factory integration의 중요한 축인 automan시스템, reticle 자동화시스템(RHS), 물류자동화시스템(Ch7)에 대하여 기술하였다.

1.1 개요

factory integration은 FAB 운영, 생산장비, 물류반송시스템, 공장관리시스템, FAB 시설 영역으로 구분되며 각 기업의 FAB 운영 정책, 공정수행 능력, 생산장비 운용 능력, 자동반송시스템의 최적화 운영, 공장관리 시스템의 효과적인 구축 등에 의해 integration 정도가 좌우된다.

factory integration은 각 기업의 여러 가지 기술 요소의 통합이기 때문에, 그 특성상 구체적 수치로 국내외 기술현황을 비교하는 데 어려움이 존재한다. 또한 각 기업의 factory integration에 대한 대응 정도는 일정한 편차가 있으며, 국내 기업의 경우 해외 기업과 견주어 우수하다고 말할 수 없다. 이 같은 결과의 주요한 요인으로는 여타의 기술 요소(생산장비, 물류반송시스템, 공장관리시스템, FAB 시설)의 총합으로 대변되는 factory integration(공장운영 요소의 효율적 대응)의 미비에서 기인하는 것이며, 이는 또한 메모리 산업 위주로 편중된 결과이기도 하다.

1) FAB 운영

한국의 대부분 반도체공장은 DRAM을 위주로 생산을 하고, 생산 및 제품 구조는 소품종 대량생산 체재가 주종이다. FAB 운영의 주체는 사람이며, 생산성을 나타내는 layer 당 cycle time은 약 1.75일로 외국과 대등하다. wafer의 관리는 1 lot/1 carrier 단위로 관리한다. 이 같은 관리 방법은 300mm에서도 동일하게 운영된다. ground breaking 후 양산 개시까지의 소요 시간은 15개월 정도로 외국의 경쟁사보다 우수하다.

300mm 양산을 위한, FAB 운영방식 준비는 Intel, IBM, Trecenti(Hitachi와 UMC가 합작으로 설립한 300mm 회사)에서 먼저 시작하였고, 오늘날 대부분의 반도체 업체들이 300mm 라인을 운영하고 있다.

2) product equipment

생산장비와 측정장비의 국내외 기술은 많은 차이를 보이고 있다. 지금까지 모든 생산 및 측정장비는 기술력과 마케팅 능력을 앞세운 미국과 일본 업체들이 독점하였다. 그러나 최근 국내에도 독자적으로 또는 기술협력 등의 형태로 반도체 생산장비를 생산하는 업체가 꾸준히 늘고 있다.

독자적으로 생산장비를 생산하는 업체는 기존의 방식과는 차별화된 기술로 선진 장비업체에 과감하게 도전하고 있다. 그리고 조립이나 유지보수 위주로 해오던 국내 지사나 판매사들도 기술협력이나 자체 개발실을 운영하면서 차츰 독자적인 기술 확보에 주력하고 있다. 그러나 이러한 국내 업체의 다각적인 노력에도 불구하고 국내 업체의 장비 컨트롤러와 자동화 소프트웨어는 상대적으로 신뢰성을 확보하지 못하고 있는데, 주요 핵심 요소는 대부분이 국외 기술에 의존하고 있기 때문이다. 그렇지만 국내 사용자의 장비 사용 실태를 정확하게 파악하고 대응할 수 있다는 것은 국내 장비업체가 가지는 장점 중의 하나일 것이다.

　wafer size의 대구경화에 따라, 설비의 size 및 가격도 같이 증가하고 있다. 따라서 동일 면적 내에서 wafer size가 2.25배 증가해도, 생산 물량이 2.25배 증가하지 못하는 모순을 내포하고 있으며, 이 차이를 최소화시키기 위해, 설비 size는 최대한 compact화 시켜야 한다. 현재 대부분의 설비가 200mm 대비 1.0~1.3배를 초과하지 않고 있다. throughput도 photo가 가장 차이가 많이 발생하였으나 계속적인 개발로 200mm와 동등한 수준까지 개발된 상태이다. 또한 integration 및 가격 거가를 위해, 설비 EFEM(equipment front end module)의 표준화를 I300i, SELETE 등에서 오래 전부터 진행하여 완성하였다. 또한 설비의 capacity를 최대화하기 위해 설비 내의 buffer size, load port 수량 등 optimization 방법을 개발 완료하여 설비 가동률 극대화를 위한 준비를 하고 있다. 국내의 설비 및 load port 생산업체들도 factory integration에 대응하기 위해, 표준화에 대응하고 있는 추세이다.

3) 물류반송시스템

　반도체의 물류반송시스템은 크게, interbay system, intrabay system으로 구분된다. interbay는 line 전체를 연결하는 system이고 intrabay는 국지적인 일부분을 연결해주는 system을 말하는데, 설비에 직접 반송해 주는 system은 intrabay system이다. 200mm까지 interbay system은 100% 사용하였고, intrabay는 전체 line의 20~25%를 적용하여 사용해 왔다. 현재, 물류반송시스템과 관련하여 종합적인 기술력을 보유하고 있는 국내 업체는 없으며, 일본의 Daifuku, Muratec 및 Shinko와 미국의 PRI automation에서 국내 IC 제조업체에 물류반송시스템을 공급하여 오고 있다.

　국내의 중견 업체에서 물류반송시스템 개발에 대한 노력을 기울여서 제품화하였고, 국내의 한 업체는 해외의 업체와 공동으로 국내에서 물류반송시스템을 제작하고 있다.

4) FAB 관리시스템

현재 국내 반도체 제조 라인에서는 재공관리, 장비 및 lot 상태관리 등과 같은 생산진행에 필수적인 기능을 제공하는 공장운영 시스템을 기본적으로 구축 운영 중이며, 각 회사별로 정도의 차이는 있으나, 수율 및 생산효율 향상과 작업자 업무 부하 경감을 위해 공정정보 수집 및 통계적 품질관리, 작업 우선순위 결정, 장비제어, 공정 recipe 관리 시스템을 운영하고 있다.

위와 같은 대부분의 시스템들은 핵심 부분의 대부분을 해외의 반도체 소프트웨어 전문회사 제품에 의존하고 있으며, 각 사의 제조환경에 맞추는 작업은 각 회사의 자동화 관련 부서 또는 국내 시스템 통합회사의 인력과 기술력으로 이루어지고 있다. 몇몇 국내 반도체 정보자동화 전문 업체의 경우에는 공정 및 장비에서 발생하는 data의 수집과 현장 레벨(cell control level)의 자동화 등의 특화한 부문에서 많은 경험과 함께 세계적인 경쟁력을 갖추고 있다. 또한 설비관리시스템(EES, equipment engineering system)을 내재화하여 자체 제품으로 개발하였고 계속 발전시켜나가고 있다.

5) FAB 시설

200mm FAB에서 300mm FAB으로 전환되면서, 가장 큰 변화는 FOUP(front open unifiedpod)을 사용하는 것이다. 이는 기존의 SMIF와 비슷하게 wafer를 외부 공기와 차단된 상태에서 보관 및 운반시키므로, line 내의 환경을 현재보다 낮게 유지시켜도 된다. 따라서 기존의 200mm FAB보다 clean room의 청정도를 낮추는 추세이다. 이에 반해 clean room의 건설 공기는 점차 짧아지고 있는 추세이다.

1.2 주요과제

factory intefration과 관련된 과제는 크게 다음의 세 가지 카테고리로 구분할 수 있다. FAB의 복잡성 관리는 공장간, 공정, 제품요소와 관련된 요인들을 관리하는 것이고, FAB 요소의 최적화는 자원이 제한된 환경속에서 사업적 의사결정을 가능하게 해준다. 또한 FAB의 연장성은 여러 기술 세대에 걸쳐서 공장의 생산을 가능하게 하는 것을 의미하고, 유연성은 환경변화에 대한 빠른 적응력, 그리고 확장성은 지속적인 확장능력을 의미한다.

▌표 6-1 주요 과제 및 해결방안

당면과제	해결을 위한 접근방법
복잡성 관리 (complex management)	• 생산물/공정 전환시간 단축 방안 확보 • e-manufacturing 환경 구축 • 자료 수집 및 분석 기능의 강화 • 웨이퍼 단위 추적 기능 설정 • 완전자동화 환경의 구축 • seamless 시스템 환경 구축
공장 최적화 (factory optimization)	• 공장 예측시스템 가동 (SCM, factory planning/scheduling) • 공장 내 자원의 효율적 integration 방안 강구 • 수율 극대화 방안 모색 • NPW 감소 방안
연장성, 유연성, 확장성 (extendability, flexibility, scalability)	• 모든 가용 요소에 대한 재사용 방안 확보 • 환경변화에 유연한 공장 설계 • ESH/code 요구사항 반영 • purity 요구사항 반영

1.3 주요 기술 요소

1) FAB 운영

FAB 운영의 항목들은 다른 요소들과는 다르게 기업 단위 또는 공장 단위의 특성에 민감하게 반응하는 특성을 가지고 있다.

(1) 각각의 생산 유형(소품종대량생산, 다품종소량생산)에 따라 캐리어 당 lot 수는 서로 다르며(1 lot/1 캐리어, 다중 lot/1 캐리어) layer별 생산 주기는 점점 감소해 가고 있다. 하지만, 기본적으로는 각 기업의 공정수행 능력과 공장운영 정책에 따라 편차가 크다고 할 수 있다.

(2) 공장 착공으로부터 첫 번째 공정 완료 웨이퍼가 나오는 데 소요되는 시간은 건축 기술의 발달과 생산장비 설치시간의 단축 그리고 공정수행검사시간의 개선을 통하여 일정 수준까지 지속적으로 감소시키는 것이 가능하지만, 각 기업의 FAB 운영정책과 공정수행 능력에 따라 큰 편차를 보이고 있다.

그러나 이러한 기업 간의 차이에도 불구하고 300mm 라인에서는 한 lot의 무게가 8.4kg(FOUP 포함)으로, 사람에 의한 판단 및 wafer handling에 많은 제약이 따른다. 따라서 이를 host computer의 판단 및 AMHS(automated material handling system)의 운반으로 대체시키는 게 공통적인 과제이다. operation의 주체가 system으로 바뀌면서 가장 중요하게 대두되는 문제가 flexibility인데, 이는 line의 여러 가지 상황에 어떻게 대처해야 되는지를 의미하며, 전체의 생산성을 결정하는 가장 중요한 요소이다. 이를 해결하기 위해서는 line에서 사람에 의해 발생하는 모든 현상을 재정리하여 system에 반영하고, 사람과 동등한 생산성을 가질 수 있도록 하는 것이다. 외국에서는 이를 operation model이란 이름으로 정의하여 system화 작업을 진행 중이며, 한국의 반도체 업체들도 full automation 시스템을 현장에 적용하여 운영하고 있다.

2) 생산장비

장비의 전체 효율성(OEE, overall equipment effectiveness) 향상 여부에 생산장비의 미래는 달려있다. 장비의 전체 효율성을 위해서는 장비 자체의 공정기술력이나 시스템 안전성 같은 기본적 요소 이외에도 실시간 공정 레시피(recipe) 제어, 비생산 웨이퍼(non product wafer) 처리, 호스트 시스템과의 데이터 인터페이스(interface), 로드포트(load port)와의 인터페이스(interface) 등 많은 부가적인 기능과 지원이 필요하다.

특히 모든 반도체 업체가 차세대 대안으로 여기고 있는 300mm 웨이퍼의 생산환경에 있어서는 장비 자체의 고유기능과 함께 부가적 기능들이 얼마나 쉽고 안정적으로 사용자에게 지원이 되느냐에 따라 장비를 사용하는 생산라인 전체의 효율성(OFE, overall factory effectiveness)에 많은 영향을 미치게 된다. 여기서 언급하는 장비에는 반도체 공정장비 뿐만 아니라 반도체 측정장비까지도 포함된다.

지금까지의 생산장비와 측정장비의 주 관심사와 발전 방향에는 다소 차이가 있었다.

아래 도표에서와 같이 측정장비의 발전 방향은 물류반송장치(AMHS, automated materials handling system)와의 보다 안정적인 인터페이스에 중점을 두고 있다. 특히 반송에러(H/W, S/W)를 얼마나 줄일 수 있느냐가 생산성에 큰 영향을 미치고 있다.

▌표 6-2 생산장비와 측정장비의 자동화 비교

자동화구분 장비구분	200mm 환경		300mm 환경	
	데이터 자동화	반송 자동화	데이터 자동화	반송 자동화
생산장비	일부 적용	일부 적용	적용	적용
측정장비	일부 적용	미적용	적용	적용

300mm 웨이퍼가 조기에 양산화되기 위해서는 효과적인 라인운용이 필요한데, 이는 공장 내 모든 요소들이 최상의 조건을 갖춘 상태에서 전체적으로는 성공적인 통합이 이루어질 때에만 가능하다. 특히, 25장의 300mm 웨이퍼를 포함한 캐리어의 무게가 10kg 가까이 된다는 것은 생산장비와 측정장비의 물류반송 자동화를 이끌어내야 하는 중요한 대목이다. 과거 200mm 웨이퍼 생산 때처럼 생산장비와 측정장비를 작업자 중심의 운송으로 적당히 운용해 나간다면 장비 전체의 효율성(OEE)과 작업자의 작업 능률에 막대한 지장을 초래하게 될 것이

며, 이는 공장 전체의 효율성(OFE)을 손상시키는 결과를 가져올 것이다.

그리고 300mm 웨이퍼 처리를 위해서 생산장비와 측정장비가 추가로 갖추어야할 것이 국소청정(mini environment) 시스템이다. 300mm 웨이퍼는 FOUP를 사용하여 웨이퍼를 보관하고 이동시키고 공정을 진행하게 되는데, 현재 300mm 라인에서는 기존의 오픈 카세트 방식을 사용하지 않는 것이 보편적인 추세이다. 이는 라인내 청정도를 class 100~1000 수준으로 유지함으로써, 고청정도 유지 비용과 작업자의 청정도 부담 등을 줄일 수 있다는 장점이 있는 반면에, 라인 내 모든 생산장비와 측정장비가 독립적으로 장비내 청정도 유지를 위한 장치 — 국소청정(mini environment)이 필요하게 된다는 것을 의미한다.

FOUP를 사용하는 라인에서는 물류반송시스템(AMHS)과의 인터페이스가 장비와 직접적으로 이루어지지는 않는다. 로드포트(load port)를 장비 앞에 설치하고 작업자에 의한 반송(PGV, personal guided vehicle)이든, AGV(auto guided vehicle)에 의한 반송이든, OHT(overhead hoist transport)를 이용한 반송이든 모든 경우에 로드포트를 이용하게 되어있다. 이는 FOUP을 열거나 닫을 수 있는 기능을 로드포트에서 담당하기 때문이다. 그러므로 당연히 장비와 로드포트는 원활한 인터페이스를 가져가야 한다. 이 부분이 중요하게 거론되는 이유는 로드포트 업체가 장비제작 업체와는 다른 경우가 대부분이기 때문이다. 결과적으로는 장비와 로드포트와의 완벽한 인터페이스가 중요한 이유라 할 수 있다.

3) 물류반송시스템

300mm FAB을 운영하기 위해서는 전체 FAB의 자동화가 적절하게 이루어져야 할 것이다. 비록 200mm FAB 대다수가 물류반송과 WIP(work in process) 관리시스템을 위하여 어느 정도의 자동화를 하고 있지만, 공정진행 bay(process bay)에서 다음 공정진행 bay(process bay)간의 반송(interbay 이동)에는 한계가 있었다. 그러나 300mm FAB에서의 물류반송시스템은 반송 효율을 향상시키기 위하여 bay 내에서의 생산진행 완료 후에 현재 bay의 스토커(stocker)를 거치지 않고 다음에 진행할 bay로 한번에 웨이퍼 캐리어를 반송하는 시스템이 고려되어

적용되고 있다(direct 반송). 이것은 물류반송의 단계를 줄임으로서 물류반송시스템의 효율을 증가시키는 동시에 진행하고 있는 lot의 사이클 타임을 감소시키는 효과를 기대할 수 있다.

　300mm FAB에서는 물류자동화의 역할이 선택적인 사항에서 필수적인 사항으로 변하고 있다. 따라서 인간 공학적인 이유뿐만 아니라, 웨이퍼의 취급오류(miss handling)와 진행오류(miss processing)를 감소시키기 위해서는 물류 제어시스템(material control systems)이 필수적이라고 할 수 있다.

　물류자동화는 물류의 중요성(material accountability)을 증대시킬 것이고, 그로 인하여 전체 제품의 수율(product yield) 뿐 아니라, 작업자와 장비의 생산성을 향상시킬 것이다. 따라서 300mm 웨이퍼의 반송을 위하여는 bay 내 자동반송시스템(intrabay)이 필수적으로 사용되고 있는데 미국 및 유럽의 경우 안전성의 문제로 인하여 OHT를 선호하고, 일본이나 대만의 경우 200mm의 경험 및 OHT의 성숙도를 감안하여 AGV를 선호하고 있다. OHT의 채용 가능 여부는 FAB의 정책적 청정도 부합 여부와 OHT의 성숙도가 좌우할 것이다. FAB의 청정도 관리가 가능하고, 신뢰도가 적정 수준에 도달한다면 OHT 채용은 일반화될 것이다. 현재 국내의 반도체 업체들도 OHT와 OHS 시스템을 주로 적용하고 있다.

　OHT의 사용이 불가능한 곳에서는 PGV가 대체 수단으로 제안되고 있는데, PGV는 작업자가 수동으로 웨이퍼 캐리어(FOUP)를 반송하는 운반 장치이고 AMHS를 위한 backup 시스템으로서 FAB 설계시 필수적으로 고려해야 할 부분이다. 또한 주요한 웨이퍼 캐리어의 유형인 open cassette의 경우 오염에 상당히 노출되어 있고 class 1 또는 그 이상의 크린룸이 요구된다. 이 형태의 캐리어는 OHT 시스템에서는 적합하지 않고, 공정진행 bay(process bay) 내에서 카세트를 반송하기 위해서는 AGV나 RGV와 같은 대체 반송장치의 사용이 요구된다.

　300mm FAB에서 물류 자동반송시스템의 또 다른 변화는 물류 저장에 대한 요구이다. 증가하는 웨이퍼와 웨이퍼 캐리어 크기는 빈 웨이퍼 캐리어 뿐 아니라 프로세스 및 테스트 웨이퍼에 대한 저장공간 요구를 증가시킨다. 이것은 생산장비의 내부에 저장할 수 있는 버퍼와, 특정하게 반송량이 많은 장비에 제공할 미니 스토커를 준비해야 한다는 의미이기도 하다. 생산장비에 프로세스 웨이퍼를 저장하기 위하여 천장 위쪽이나 천장에 떠 있는 저장 시스템을 설계하는

것은 FAB의 효율을 최적화하고 스토커를 보완하는 수단으로 선호하고 있다. 또한 300mm 스토커의 설계와 배치는 훨씬 더 크게 변화하고 있는데 FAB 라인의 위 또는 아래부분에 펼쳐질 가능성도 있다.

300mm 자동반송시스템은 300mm 웨이퍼 FAB의 공간과 레이아웃에 영향을 미치고, 건축 일정뿐 아니라 건물 구조에도 많은 영향을 주게 된다. 레이아웃은 서로 다른 시스템들 사이에 완벽한 통합을 확실히 하기 위해서는 프로젝트의 시작 단계에서부터 이러한 개개의 시스템들의 요구를 충분히 고려하여 설계되어야 한다. 그동안 기술적인 난제로 해결이 어려웠던 photo 공정의 reticle자동화 (RHS) 시스템에 대한 요구가 급증하고 있고, 최근에는 일부 업체에서 자체적으로 개발하여 적용하고 있다. RHS 시스템에 대해서는 뒷장에서 자세히 다루고자 한다.

FAB의 모든 시스템들 간의 밀접한 통합(integration)은 이러한 시스템들 중 어떤 하나의 시스템을 설치하거나 구축하는 과정이 전체 프로젝트의 계획에 영향을 줄 수 있다는 것을 의미한다. 또한 FAB의 레이아웃은 FAB 확장성과 유연성에 대한 물류반송시스템의 영향을 충분히 고려해야 한다.

4) FAB관리 시스템

기술 진보의 속도가 타 산업과는 비교할 수 없이 빠르게 발전하는 특성이 있는 반도체산업에서 웨이퍼 반경이 커지고 집적도가 높아질수록 적합한 공장시스템 구축이 중요한 역할을 담당한다. 치열한 국제 경쟁에서 생존하기 위해서는 공장 전체의 생산효율 향상과 수율을 단기간에 일정 수준 이상으로 끌어올리는 것이 필수적인 요건이 되고 있다. 이를 지원하기 위해 공장시스템의 신속한 구축과 실행(implementation)이 요구된다. 차세대 FAB에서는 생산효율 향상 및 FAB 내의 인원을 줄이기 위한 대처방안으로 완전자동화(full automation)의 적용이 필수적으로 요구되며, 이러한 완전자동화 FAB의 효과적인 운영을 위해서는 scheduling/dispatching 시스템과 물류반송장치 제어시스템을 통한 정보시스템과 물류반송시스템과의 전체적인 통합이 요구된다. 또한 lot 단위로 관리하던 항목은 wafer단위로, 장비단위의 정보를 필요로 하던 항목은 port 단위로 관리 수준의 향상이 절대적으로 필요하다고 할 수 있다.

중요한 장비에 대하여는 통계적 공정관리(SPC)보다 적극적인 수율관리를 위해 공정진행 정보의 실시간 수집 및 분석으로 feed forward/feed back을 통해 생산장비의 공정 recipe를 관리하고, 공정사고 및 수율저하 요인을 미리 관리하는 선진공정제어(APC) 기능이 필요하다.

반도체 부문에서도 인터넷을 이용한 제품수주 및 납기관리가 증가하는 추세이고, 비메모리를 중심으로 고객이 자신의 제품에 대한 생산진행 정보를 실시간으로 확인하고자 하는 요구가 증가하고 있으며, 경우에 따라서는 이러한 시스템의 유무가 계약 성립의 중요한 고려 사항이 되고 있다. 따라서 공장시스템이 전사적자원관리(ERP) 및 공급망관리(SCM)시스템 등과 같은 전사시스템과의 유기적인 정보교환이 원활하게 이루어져야 한다.

1.4 경쟁력 강화 방안

공장 integration은 각 기업이 반도체 시장에서 경쟁력을 갖추고 생존하기 위한 필수요건이라고 말할 수 있다. 특별히 300mm 시대로 진입하면서 공장 integration을 통한 생산성 향상의 추구는 모든 기업들에게 직면한 중요한 화두이다.

국내의 반도체 FAB integration 관련 산업의 경쟁력 강화를 위해서는 각 기업 간의 윈-윈 전략에 근거한 전략적 접근이 필요하다. 소자업체, 공장 integration 기술요소 공급업체, 그리고 소자업체와 공장 integration 기술요소 공급업체 간의 기업 핵심가치를 제외한 부분에 있어서의 상호 협력은 협력기업 모두에게 공장 integration 능력의 향상에 기여할 수 있을 것이다. 또한 이러한 기업 간의 협력은 공장 integration의 1차적인 주체인 소자업체들의 주도적인 참여를 필요로 한다.

공장 integration에 필요한 기술요소의 특성을 고려하여 국산화 가능성을 타진하고 정부의 뒷받침하에 기업 간 공동과제 설정을 통하여 국내 기술력의 확보를 증대시킬 필요가 있다. 또한 국내 시장만으로는 300mm 시대에 살아남기 어렵다. 세계적인 규모의 기업으로 키우기 위해서는 국내의 여러 개 중소기업을, 기업 간 제휴 또는 인수합병이 필요하다. 설비업체든, 반도체 제조업체든 세계에서 몇 개의 기업만이 생존한 것으로 예상되며 국내의 영세한 기업들이 계속적으로 살아남기란 매우 어려운 상황이다. 지금부터 가능성 있는 분야를 확실히 선정하고 제조업체의 적극적인 지원과 integration 업체의 노력으로 세계적인 경쟁력을 가진 업체를 적극 육성해 나가야 한다.

경쟁력있는 국내 장비개발을 위해서는 지금보다도 더 많은 노력과 투자가 필요하다. 반도체장비는 모든 기초과학의 최종판이라고 할 만큼 그 의미가 크다. 국내의 낙후된 기초과학에 대한 과감한 투자가 더욱 필요하며, 국내와 해외 여러 분야에서 활동하고 있는 관련 전문가들을 충분히 활용하여야 한다. 또한 새로운 인재육성에도 신경을 써야 할 것이다. 최종적으로는 반도체사업 분야의 전문가 격인 반도체 생산업체와 국내 장비업체 그리고 관련 연구단체를 하나로 묶어, 기술력이 뒷받침되는 경쟁력 있는 장비를 개발할 수 있는 체계적인 프로젝트가 더욱 활성화 될 수 있도록 정부기관의 노력이 뒷받침되어야 한다.

02 | Full automation

2.1 Automan시스템

1) 시스템 개요

공장 자동화에 대한 기능 확대 및 그에 따른 operator less의 요구를 만족하기 위해서는 물리적인 공간내의 작업자 작업을 최소화 하여 공장 내 상황과 제어를 가상적으로 제어할 수 있는 interface 및 system이 필요하다. automan 시스템은 full automation의 핵심기능으로, 기존에 작업자가 판단하고 진행하던 작업 flow를 시스템에 등록 후 제어하는 시스템이다. 즉 생산 현장의 전체적인 operation을 수행하는데 있어서 사람의 두뇌에 해당되는 중추적인 기능을 수행한다고 말할 수 있다.

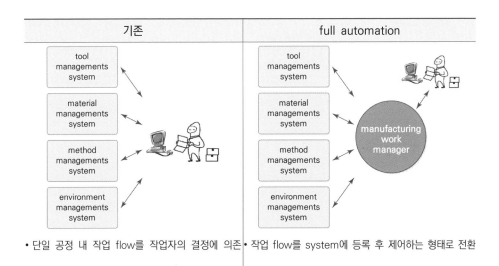

▲ 그림 6 - 1 full automation의 작업환경 비교

(1) 작업관리 state 개요

full automation에서는 기존의 run/wait의 작업관리 구분 단계를 한 단계 세분화하여 work state를 관리한다. 다음 그림은 세분화된 작업관리 단계 및 단계별 상세 내용을 나타낸 그림이다.

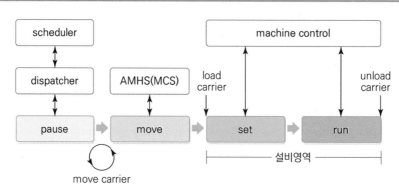

level1	pause			move		set		run	
level2	best work	work quality	reserve work	move start	move end	material condition	tool condition	process start	process end
level3	start	check tool	check reserve	move start	move end	material condition	tool condition	process start	process end
	check material	APC pre parm	check work						
	getbest work	APC run parm							

▲ 그림 6-2 full automation의 작업관리 state

(2) 작업진행 유형

full automation 환경에서의 작업진행 유형은 설비 단위의 manual job 예약, 설비군/bay/cell별 자동예약, 자동반송 불가 지역의 자동 track in으로 나눌 수 있다.

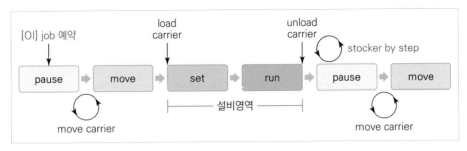

(a) case Ⅰ

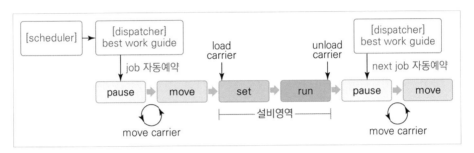

(b) case Ⅱ

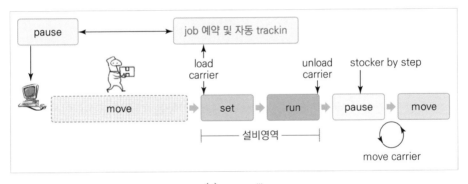

(c) case Ⅲ

▲ 그림 6 - 3 job 예약 비교

① case Ⅰ. manual job 예약(설비 단위)

a. manual job 예약에 의하여 move/loading/설비진행 완료 후 다음 공정에 대한 진행은 해당 공정에 arrange된 stocker로 반송된다.

b. dispatcher의 guide 없이 진행함(automan 중심으로 amhs ↔ mc 간 coordination에 중점)

② case II. current/next step 설비 자동 예약(설비군/bay단위)
a. 이미 설정된 설비군이나 bay/cell을 대상으로 dispatcher를 통하여 자동으로 best 설비를 guide받은 후 job을 자동 예약하고 진행한다.
b. OI를 통한 job 수정 또는 예약 상황은 dispatcher에게 통보하며, job할당은 dispatcher로 통일함(automan 중심으로 dispatcher ↔ AMHS ↔ MC 간 coordination에 중점)

③ case III. 자동 track in(자동반송 불가 지역)
a. 계측기와 같이 자동반송 영역 내에 포함되지 않는 설비인 경우 설비 load port에 loading시 자동으로 job이 예약된다.
b. 시스템에 의한 자동 예약 후 작업자는 예약 현황에 따라 설비에 loading한다.

2) 물류반송 관점에서의 full automation

물류반송 관점에서의 full automation 물류 이동은 다음과 같이 이루어진다. 기존에는 작업자가 stocker를 중심으로 작업을 진행하였지만, full automation 환경에서는 automan시스템에서 자동으로 다음 목적지를 선정하여 작업지시를 내려준다(그림 6-4).

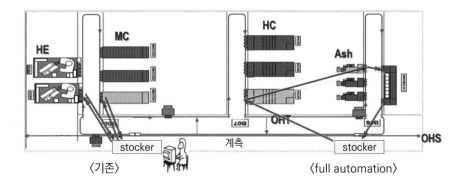

▲ 그림 6-4 full automation 환경의 물류반송

기존에는 모든 작업이 작업자에 의하여 진행되었지만 full automation 환경에서는 시스템(automan)에 의하여 작업시작 및 종료, 반송에 대한 설비와 물류 operation 제어가 수행된다.

▎표 6-3 기존 vs full automation 작업 비교

기존	full automation
• 작업자의 작업 결정에 따라 stocker에서 설비로 진행 후 작업 종료시 stocker로 귀환하고 이 과정을 반복함 • 동일 cell 내에 다음 작업 진행 공정 및 설비가 있어도 일단 stocker복귀 후 작업을 진행하여야 함. • 반송 loss 및 작업 진행 시간에 영향을 줌	• 시스템에 의한 자동 작업 결정에 따라 stocker에서 설비로 진행 후 작업 종료 시 다음 공정 설비로 직접 반송하여 진행함 • 동일 cell 내에 다음 작업 진행 공정 및 설비가 있으면 작업 진행 가능 여부를 확인 후 자동 진행함 • 반송 loss 및 작업 진행 시간을 단축함

3) monitoring & interactive control

(1) work domain & monitoring

가속화되는 자동화에 따라 실물작업 영역에서 일어나는 작업 상황의 제어 및 monitoring/조회할 수 있는 virtual한 생산작업 영역이 필요하다.

• 생산 resource(layout 포함)의 실물정보를 포함하는 display 객체를 정의한다.
• 관리자로 하여금 생산작업 영역을 정의하고 가상의 resource를 arrange하여 가상의 작업장을 만들 수 있는 editor를 제공한다.
• 관리자는 요청된 작업자에게 구성된 가상의 작업장들 중 해당 작업장을 신규 작업자에게 assign하고, 그 현황을 관리할 수 있는 editor를 제공한다.

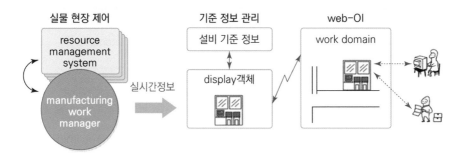

▲ 그림 6 - 5 monitoring & interactive control

(2) 기존 OI의 제어 기능을 대체

automan시스템에서는 작업 monitoring환경을 중심으로 기존 OI의 작업 제어 기능을 대체(web환경)하여 제공한다.

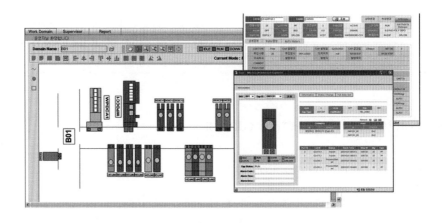

▲ 그림 6 - 6 automan시스템 OI

2.2 계측기 자동화

생산공정에서 검사 및 계측공정의 중요성은 갈수록 높아지고 있다. 1990년 들어서 생산방식이 양적위주의 생산에서 품질위주로 변환되면서 공정 불량을 줄이기 위한 노력의 일환으로 검사 및 계측공정이 강화되었다. 불량을 검출하기 위하여 검사공정이 증가하고 검사항목이 점점 늘어나면서 제품의 불량률은 점점 낮아지게 된다. 또한 검사주기는 전수검사에 가까울정도로 확대되었다. 그러나 반면에 제품의 수율은 낮아지고 원가비용은 계속 증가하는 문제가 발생하게 된다. 즉 검사공정 및 항목, 주기가 증가하면서 작업공수가 늘어나게 되고 제품의 리드타임은 증가하는 문제가 발생하게 된다. 이러한 문제들을 해결하기 위하여 검사계측 공정의 자동화가 본격적으로 시작되었다.

2000년대 들어서는 미국의 모토로라(사)에서 시작된 6시그마 운동으로 인하여 공정이 안정화되고, 불량률은 획기적으로 개선되면서 검사공정 및 항목, 검사주기가 점차적으로 최적화되고 슬림화되는 계기가 되었다.

factory integration 관점에서도 계측자동화는 매우 중요하고, 동시에 어려운 난제라고 할 수 있다. 웨이퍼 크기가 증가하고 자동화 됨에 따라 계측공정의 역할은 점점 증대되고, 계측데이터의 분석을 필요로 함에 따라 자료 크기와 비율이 계속 증가하게 된다. 따라서 이런 많은 양의 자료를 효과적으로 활용하기 위한 계측시스템은 계측데이터와 다른 데이터와의 연계 및 웨이퍼의 능력별 정보와 연계되도록 생산과 전사수준의 정보와 통합되어 관리되고 통제되어야 한다.

이런 정보관련 계측 데이터는 장비를 제어하고 제품 생산을 증가시키는데 드는 시간을 최소화하기 위하여 필수적으로 필요한 기능이다. 데이터 측정범위도 주요 공급자로부터(mask, wafer, 원부자재) 조립, 그리고 최종 검사까지로 확장되며, 이는 다른 FAB정보와도 연계되어야 한다. 이외에 결함원인 혹은 공정상의 기호와 같은 이 데이터에 의해 나타난 분석결과를 기초로 하고 있는 수치데이터는 정보의 보존과 연결성을 같은 수준으로 유지해야 한다. 300mm 생산에서의 재검토나 분류 방법은 결국 더 효율적인 생산을 창출해내기 위한 집단, 또는 통합된 집단에서 나타날지도 모른다. 궁극적으로 300mm 공정장비는 집적된 계측

능력을 가지고 있어야 한다.

　제조 현장에서 계측기 자동화는 자동화의 마지막 단계로 많은 해결해야 할 숙제를 갖고 있다. 따라서 자동화를 하기 위해서는 사전에 측정방법 및 이상시에 수반되는 작업자 및 엔지니어의 대응 프로세스를 단순화하고 최적화하는 노력이 선행되어야 가능하다.

　또한 생산시스템이 단순한 자동화 수준에서 지능형 생산방식인 스마트팩토리로 진화하면서 검사계측공정은 많은 제약사항이 발생하게 되고, 지능형 생산을 구현하는데 한계점을 갖게 된다.

1) 계측공정의 작업프로세스

　반도체 FAB 공정에서 계측공정은 제품의 품질을 선별하는 매우 중요한 기능을 담당하고 있으며, 검사결과에 따라 정상(normal), 비정상(abnormal) 프로세스로 나눌 수 있다(그림 6-7). 비정상 프로세스인 경우는 대부분 작업자 및 엔지니어가 확인하고 필요한 조치를 수행하여야 한다.

　정상 프로세스는 full auto로 적용되어 자동으로 진행되며, 비정상 프로세스는 엔지니어가 판단 후에 full auto 운영방식 또는 manual 운영방식으로 진행하게 된다.

방법	내용	물류 흐름			비고
normal	full auto 운영방식	설비 -> OHT / STK → OHT / STB → OHT	계측설비	OHT → next 설비 / OHT → STK, STB	정상 flow
abnormal	full auto 운영방식 (PIO on)	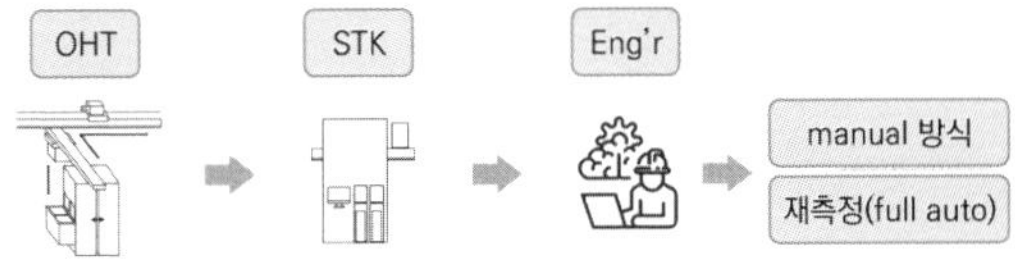 OHT	STK	Eng'r / manual 방식 / 재측정(full auto)	SPC interlock
	manual 운영방식 (PIO off)	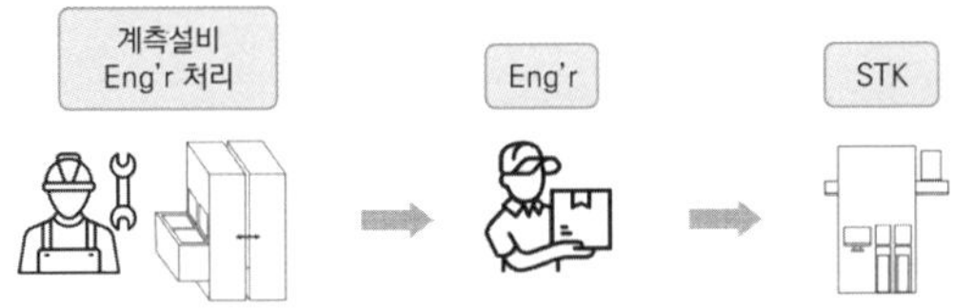 계측설비 Eng'r 처리	Eng'r	STK	설비장애 online error align error Eng'r test

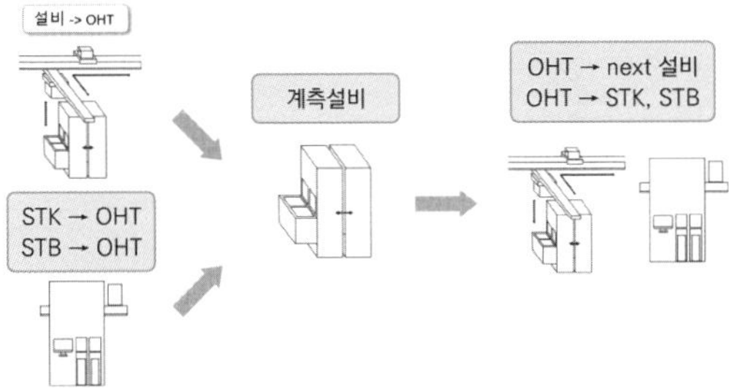

- STK(stocker)
- STB(side track buffer)
- PIO(parallel input output)

▲ 그림 6 - 7 계측공정 작업 process

2) 계측공정의 full auto 적용

계측공정의 full auto 적용은 다음 그림과 같이 ADS 결정 − automan시스템 판단 − Eng'r 조치라는 프로세스로 나눌 수 있으며, 비정상 프로세스의 경우는 작업자 또는 Eng'r가 확인하고 조치하는 기능이 추가되어야 한다.

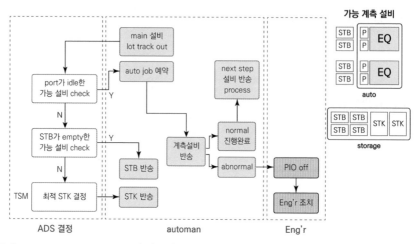

• TSM(transport scheduling module) / EQ(equipment)

▲ 그림 6-8 full auto 적용 process

3) 예상 문제점

계측공정의 full auto 적용시에 예상되는 문제점 및 해결방안은 다음과 같다.

┃표 6-4 문제점 및 해결방안

예상 문제점	현상	해결방안
물량 증가 시 반송 지연 문제	• 물류 delay 현상 발생 • direct 반송 안됨	• port 수 증설(2port → 4port) : 설비별 투자 필요 • STB 활용하여 가상 port로 대응
abnormal case의 다발로 인한 full auto 사용 저조	• abnormal case의 다발로 인한 작업자 및 Eng'r loss 급증	• abnormal case 분석 및 해결방안 수립하여 loss 최소화
계측기 recipe setting 문제	• 제품 수가 많아 신규제품이 생산되면 계측기에 recipe setting으로 인하여 full auto 효율 저하	• full auto 설비는 모두 auto recipe 적용
계측기 recipe 유무 check	• 제품별 recipe 설정 후 기준정보의 parameter 관리가 real time으로 되지 않아 작업loss 발생	• TC와 연계한 자동recipe 등록방안 수립
Eng'r의 계측기 사용으로 인한 full auto 사용률 저조	• Eng'r의 사용으로 인한 full auto 효율 저하 loss 발생	• Eng'r용 계측기 또는 생산용 계측기를 구분하여 사용하고, Eng'r 사용 억제

03 | Reticle 물류 자동반송시스템

reticle 물류 자동반송시스템은 반도체 공정에서 가장 중요한 공정이자 대표적 bottleneck 공정인 포토(photo) 공정의 완전자동화(full automation)를 목표로 개발되었으며, 주된 기능은 reticle 자동반송(RHS) 및 reticle 관리(reticle life cycle)시스템 기능으로 구성되어 있다.

3.1 RHS(reticle handling system)시스템

RHS는 반도체 제조의 핵심 원자재 중의 하나인 reticle을 관리하고, 제어 및 반송해주는 시스템이다. reticle 반송시 특히 중요한 점은 wafer의 작업과 동기화하여 필요한 시점에 맞추어 작업할 설비에 반송되어야 한다.

1) 개발 배경

반도체의 7대 FAB 공정은 (그림 6-9, 상)과 같이 구성되어 있으며, photo 공정에서 wafer 및 reticle의 이동경로는 (그림 6-9, 하)과 같다.

여기서 photo(사진) 공정은 전 공정의 wafer 상태에 원하는 회로(pattern)를 형성시키는 공정으로, reticle의 image를 wafer 상으로 전달시키는 공정이다.

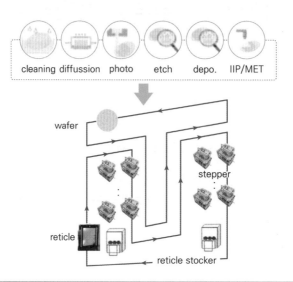

▲ 그림 6 - 9 반도체 wafer & reticle 반송경로

(1) 래티클(reticle)이란?

반도체 제조의 3대 원자재는 reticle, wafer, lead frame으로 구성되어 있으며, FAB의 포토 공정에서 반도체 회로를 형성하기 위한 사진 원판을 reticle이라고 한다.

reticle

single pod

▲ 그림 6 - 10 Pod: reticle 운반장치(carrier)

(2) reticle 수동 반송의 문제점

현재는 대부분의 반도체 FAB 라인의 photo 공정에서 reticle 운반을 작업자가 수작업으로 반송하고 있으며, 그에 따른 문제점은 다음과 같다.

- reticle change 및 반송 시점에 따라 설비가동율이 변한다.
- 수작업 반송 시 reticle 파손에 의한 품질 issue가 발생한다.
- 제품의 전체 TAT 및 작업자가 증가한다.
- reticle의 오 투입에 의한 품질문제가 발생한다.

2) 개발의 필요성

(1) Memory 제품 vs. Non Memory 제품 비교

제품의 생산량에 따라 reticle change 횟수가 증가하며, 특히 다품종 소량 생산인 비 메모리 제품을 생산하는 경우에 더 많은 reticle 교체가 발생하게 된다. 제품별 생산방식에 따른 대략적인 reticle change 횟수는 다음과 같다.

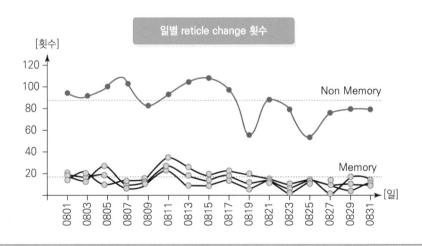

▲ 그림 6 - 11 제품별 reticle change 횟수

따라서 제조현장의 설비가동율을 향상시키고 제품의 TAT 단축 및 품질 향상, 그리고 작업인력을 줄이기 위해서는 reticle 자동화가 필수적으로 필요하다.

메모리, 비메모리 제품의 생산방식, reticle 수량, 사진 공정의 평균 layer 수는 대략적으로 다음과 같다.

▌표 6-5 제품별 reticle 사용량 비교

구분	Memory	Non Memory
생산 방식	대량 생산, stock 생산	소량 다품종, 수주 생산
reticle 수량	약 15,000매	약 30,000매
photo 평균 layer 수	약 24	약 34

3) 제조사별 reticle 반송현황

전 세계의 주요 반도체 제조사별 reticle 반송현황은 다음과 같다.

▌표 6-6 제조사별 reticle 반송 현황

제조사	Line	생산시점	제품	선폭	C/R 면적(평)	reticle 반송
IBM	NY	2002.2Q	logic	130~65nm	3,900	반 자동
Intel	D1C	2001.1Q	CPU	130nm	pilot line	수동
	FAB11	2002.3Q	CPU	130~90nm	3,800	수동
	FAB22	2001.3Q	CPU	130nm	–	수동
TI	DMOS6	2001.3Q	DSP	110nm	4,200	수동
Trecenti	FAB1	2001.1Q	foundry logic	–	7,300	수동

대부분의 주요 반도체 제조사에서는 2000년대 초부터 300mm FAB 라인에 reticle 자동화의 필요성을 인식하고 reticle 자동반송시스템을 개발하여 적용해 나가고 있다.

4) 시스템 구성도

생산실행시스템(MES)과 연계하여 reticle 자동반송시스템의 구성 요소는 다음과 같다.

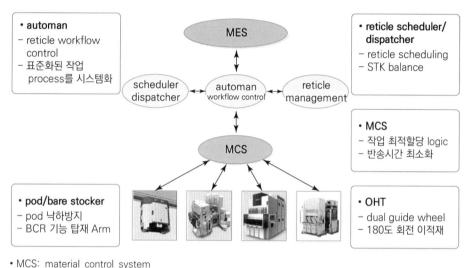

- **automan**
  - reticle workflow control
  - 표준화된 작업 process를 시스템화

MES

scheduler dispatcher ↔ automan workflow control ↔ reticle management

- **reticle scheduler/ dispatcher**
  - reticle scheduling
  - STK balance

- **MCS**
  - 작업 최적할당 logic
  - 반송시간 최소화

MCS

- **pod/bare stocker**
  - pod 낙하방지
  - BCR 기능 탑재 Arm

- **OHT**
  - dual guide wheel
  - 180도 회전 이적재

- MCS: material control system
- OHT: overhead hoist transport

▲ 그림 6 - 12 RHS 시스템 구성도

(1) RHS scheduler 시스템

automan과 scheduler, dispatcher 시스템 간의 역할은 다음과 같다(그림 6 - 13). automan에서 설비, lot, reticle 상태를 반영하여 작업지시를 내리고, 스케줄링 시스템에서는 진행할 설비에 reticle과 lot을 스케줄링한다. 디스패칭시스템에서는 lot진행에 맞추어 reticle 반송시점을 결정해 준다.

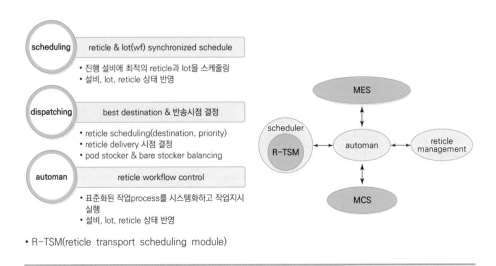

▲ 그림 6 – 13 RHS scheduler시스템

(2) reticle stocker시스템

reticle stocker의 주요 기능 및 구조는 개략적으로 다음과 같이 구성되어 있다.

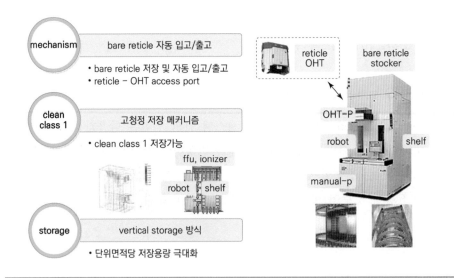

▲ 그림 6 – 14 reticle stocker시스템

3.2 RMS(reticle management system)시스템

reticle 관리시스템은 reticle의 생성에서 소멸까지 전체 생애주기관리(reticle life cycle management) 및 reticle 사고방지, RHS 시스템과의 연계를 목적으로 구현되었다.

reticle 관리시스템의 정보관리 체계는 다음과 같다.

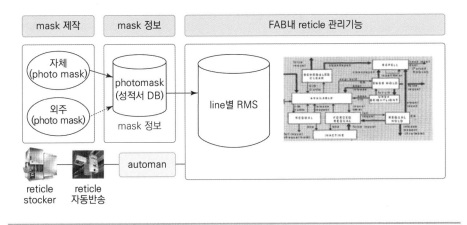

▲ 그림 6 - 15 RMS의 정보관리 체계

(1) RMS의 주요기능

- FAB 연계한 mask 제작정보 관리
- reticle life cycle 관리(생성 ~ 소멸)
- reticle state 정의 및 transition 방법정의(event 기준 or time 기준)
- reticle 사고방지 기능 강화
  - 검사/세정/PM 시점 자동통보 및 interlock 설정
  - 1 reticle multi part no. 대응이 가능하다.
- reticle 자동반송 연계
  - 설비 사용대기 reticle 정보 및 POD 정보를 제공한다.

(2) 시스템 연계 구성 현황

automan과 연계한 RMS 구성도는 다음과 같다.

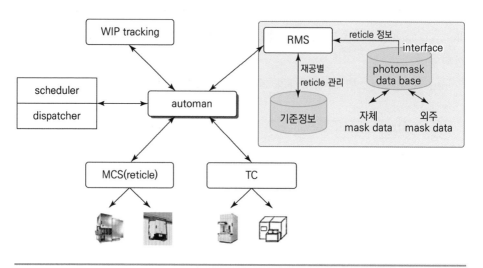

▲ 그림 6 – 16 RMS system 구성도

(3) reticle status & state 관리

reticle은 크게 4개의 상태정보(status)와 약 21개의 세부 작업 state로 구분하여 관리한다.

▎표 6 – 7 reticle status 및 state

status	description
prod	양산관리 중이며 사용 가능
hold	사용할 수 없는 reticle
new	hold reticle이나 일시적 사용 가능
reject	폐기 처리 reticle

[4개의 status 관리]

state군	state
입고, out	incoming, line in, line out, eol, drop
pm	N_pell, repell, N_insp, insp
진행	useable, assign, move, run, unload
이상	enghold, claim, RE_rellicle, requal
기타	paout, clean, over

[21개의 state 관리]

(4) reticle workflow & reticle state transition

작업 진행에 따른 reticle의 state 전환은 다음과 같다.

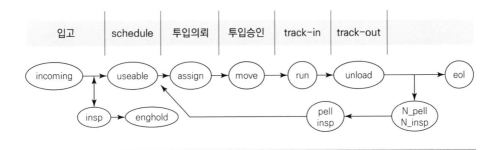

▲ 그림 6 - 17 reticle workflow

3.3 R-MCS(material control system)시스템

R-MCS는 automan의 요청에 따라 최적의 반송경로를 찾고, reticle을 목적지에 반송할 수 있도록 제어하는 역할을 수행한다.

1) R-MCS configuration

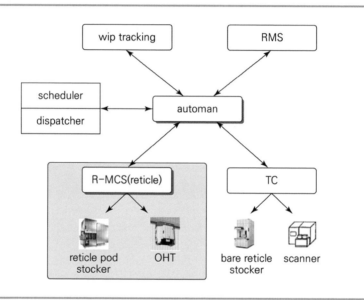

▲ 그림 6-18 R-MCS configuration

reticle의 MCS 구성도는 (그림 6-18)과 같다.

R-MCS의 주요기능은 반송 및 저장 관리(from ~ to 반송경로 check), 최적 경로의 route selection, 그리고 monitoring 기능(라인내 자동반송 장비의 상태 check, 반송 지연 detection) 등이 있다.

2) route selection logic

reticle 반송경로를 선정하는 로직은 다음과 같은 절차로 진행된다.

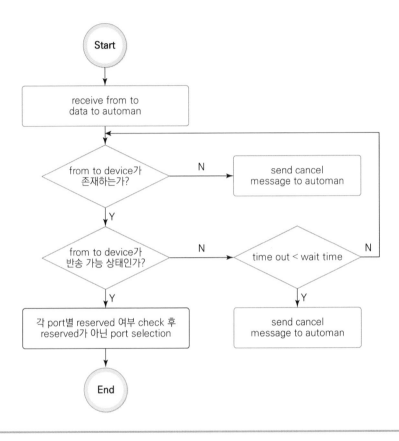

▲ 그림 6 - 19 route selection logic

3) R-MCS process structure

R-MCS 시스템의 프로세스 구조는 다음과 같다.

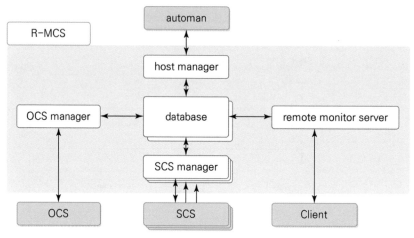

• OCS(OHT control system) / SCS(stocker control system)

▲ 그림 6-20 R-MCS process structure

R-MCS 내 각 모듈의 역할은 다음과 같다.

① host manager
• 반송명령 수신시 반송경로 결정 후 반송 명령을 DB에 등록
• 반송경로 결정을 위해 data processing 모듈 통합
② OCS manager
• OCS 제어 모듈
• 반송명령 DB로부터 OCS 수행을 위한 반송명령 검색 및 실행
③ SCS manager
• SCS 제어모듈
• 하나의 SCS 당 하나의 SCS manager를 운영
• 반송명령 DB로부터 SCS 수행을 위한 반송명령 검색 및 실행
④ remote monitor server
• client에 실시간 data서비스를 제공하기 위해 운영되는 모듈

자동화(automation)

1. 자동화 개요
2. 물류 자동반송 개요
3. 자동반송의 변천과정
4. 물류 제어시스템

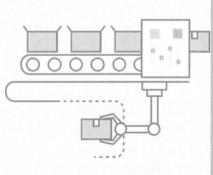

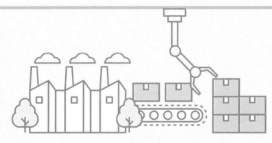

01 자동화 개요

1.1 자동화 정의

자동화란 용어는 1948년 미국의 포드자동차에서 엔진가공의 자동화 연구부문을 오토메이션부라고 한 것이 처음으로, 오토매틱(automatic)과 오퍼레이션(operation)의 합성어이다. 기계자체에서 대부분의 작업공정이 자동으로 처리되는 자동생산 방식을 말하며, 종전에는 사람이 실시해 온 작업을 기계로 대체한 것을 의미한다. 즉 자동화는 (automatic*operation)의 합성어로 일부 또는 전체 작업을 자동적으로 실행하는 제조시스템이라고 말할 수 있다.

자동화는 기계장치(mechanism)가 구성되어 목적에 접합한 일을 조작자 없이 사람이 원하는 상태로 제어하는 자동제어의 뒷받침이 반드시 필요하며, 성력화(省力化), 무인화란 측면에서 자동화의 필요성은 점점 확대가 되고 있다.

자동화의 장점으로는 다음과 같은 항목들을 들 수 있다.
• 공장의 생산속도가 증가함으로써 생산성을 향상시킨다.
• 제품 품질의 균일화와 개선을 통하여 불량품을 감소시킬 수 있다.
• 생산설비의 수명이 길어지고 노동조건을 향상시킬 수 있다.
• 사람이 하는 작업을 기계가 대체함으로서 작업인력을 줄일 수 있다.
• 현장에서 사람이 하기 어려운 작업을 수행 가능하다.

1.2 자동화의 구분

고전적 형태의 자동화는 고정자동화, 유연자동화, 프로그램가능 자동화로 구분할 수 있다. 그러나 제조공정의 생산시스템 관점에서 바라보면 수작업시스템(manual), 반자동시스템(semi-auto), 자동시스템(automation)으로 나눌 수 있다.

본 장에서는 제조현장에서 가장 많이 사용되고 있는 물류자동화 위주로 다루고자 한다.

• 고정자동화

자동화의 고전적인 형태로 고정설비 즉 특정제품의 제조를 쉽게 하기 위해 주문에 의해 만들어지거나 설계된 설비이다. 조립과정과 순서가 설비구성에 따라 고정되는 형태로 일반적으로 생산성은 높지만, 전용기계를 도입하여 정해진 제품 생산만 가능하다.

• 유연자동화

유연자동화는 고정자동화와 대조되는 형태로 하드웨어와 소프트웨어(컴퓨터 프로그램과 프로그램된 운영체계)로 구성되어 있다. 따라서 셋업이나 프로그램 변경시에도 추가적인 시간낭비 없이 바로 전환될 수 있는 발전된 형태이다. 통상적으로 유연생산이 가능하도록 개조된 장비들을 사용하고 다양한 제품생산에 대응 가능하다. 생산성은 일반적으로 고장자동화와 프로그램 가능 자동화의 중간 정도가 된다.

• 프로그램가능 자동화

설비들이 프로그램과 작업내용을 변경할 수 있도록 구성된 시스템이다. 일반적으로 범용 기계를 사용하여 구성하며, 고정자동화에 비하여 생산성은 떨어지지만 정해진 제품들을 대상으로 배치생산이 가능하다.

위와 같은 전통적 방식의 자동화와 달리 제조공정의 생산시스템 관점에서 바라보면 대부분 설비기술, 공정기술, 제품기술, 작업자 등 거의 모든 작업에 인간이 포함되며, 공정에 인간이 개입되는 수준에 따라 수작업시스템(manual), 반자동시스템(semi‒auto), 자동시스템(automation)으로 나눌 수 있다(Groover, 2009). 즉 제조공정의 작업에 인간이 개입되는 수준에 따라 생산시스템을 다음과 같이 분류한다.

■ 수작업시스템

공정에서 자재의 운반도 사람에 의해 이루어지며, 인간의 힘과 기술로 조작되는 공구를 사용한다. 하나 이상의 작업을 수행하는 한 명 또는 그 이상의 작업자로 구성된 시스템이다. 자재나 반제품을 고정해주는 지그 등이 사용될 수 있으며, 조립라인에서 작업자가 각자의 공구를 가지고 작업하는 경우가 이에 해당된다.

■ 반자동시스템

공정에서 작업자가 동력으로 구동되는 기계를 조작하는 것으로 생산시스템에서 가장 많이 사용되는 형태이다. 주문받은 부품을 가공하기 위하여 선반을 조작하거나 컨베이어에 의해 작업물이 이동되고, 각 작업장에서 전동공구로 조립작업을 수행하는 작업자로 구성된 조립라인이 이에 해당된다.

■ 자동시스템

작업자의 직접적인 개입없이 설비에 의해서 공정이 수행되는 시스템을 말한다. 제어기와 결합된 프로그램을 사용하여 자동화가 이루어지며, 반자동시스템과 구분이 모호한 경우도 있다. 완전 자동화의 예로는 석유화학 공장이나 원자력 발전소 등을 들 수 있는데, 작업자들이 능동적으로 공정에 참여하지 않고 가끔 설비를 조정하거나 주기적인 유지보수 업무를 수행하며 고장이나 이상이 발생했을 때 조치를 취하는 일을 한다.

반도체 가공공정인 경우는 full‒automation이라고 애기하며, 웨이퍼가 공정에 투입되서 완성될때까지 전체 공정에서 작업자의 손을 거의 거치지 않고 중앙시스템에 의하여 작업지시가 내려가고 통제되며, 자동화된 설비와 반송장치를 통하여 모든 작업이 이루어진다.

02 물류 자동반송 개요

AMHS(automated material handling system, 물류 자동반송)이란 작업자(operator)에 의해 manual로 운반되는 로트(carrier, box, FOUP 등)를 사람의 손을 거치지 않고 이송장치에 의해 자동으로 목적지까지 운반하는 것을 말한다.

특히, 반도체/FPD 업종에서는 제조공정의 변화, 생산하는 제품의 집적도에 따라 FAB에서 요구되는 자동반송시스템의 기대가 점점 커지고 있다. 디자인 룰의 미세화에 따른 공정 수 증가, 고부가가치 기능 적용에 의한 새로운 공정 추가에 따라 1매의 웨이퍼가 완성될 때까지 약 700 공정 이상이 필요하게 된다. 이러한 공정수의 증대, 대량생산 요구로 인해 공장 전체에 있어서 시간 당 수많은 반송이 요구되고 있는 현실은 공장 자동화에 있어서 자동반송의 역할을 매우 증가 시키고 있다.

2.1 자동반송의 필요성

또한 최근에 이슈가 되고 있는 스마트팩토리, 스마트제조를 구현하기 위해서는, 사람에 의한 판단과 제조 방식에서 탈피하여 시스템에 의한 판단과 제조하는 방식으로 전환돼야 하고, 이를 위해서는 공정 내, 공정 간의 자동반송은 필수적인 기능이라고 할 수 있다.

반도체 FAB인 경우 wafer의 직경이 기존의 200mm에서 300mm로 증가함에 따라서 라인내 물류자동화는 선택적인 사항에서 필수적인 사항으로 변화하고 있다. 특히 wafer를 운반할 때 일정한 청정도를 유지하기 위하여 FOUP(front open unified pod)를 사용하고 되고, 1로트의 무게가 8~9kg이 되면서 사람에 의한 운반은 많은 제약사항이 따르게 되었다.

1) 고(高) 청정도 대응

2) 작업단위의 대(大) 구경화에 따른 manual 작업의 무리

3) 복잡한 공정의 시스템화

4) on‑line화 & full automation

5) 원가절감 등

▲ 그림 7‑1 자동반송 구현 모습(반도체 FAB라인)

2.2 자동반송의 도입효과 및 역할

반도체 제조의 경우 wafer직경이 200mm에서 300mm로 증가하면서, 라인내 이동시 운반수단인 웨이퍼 캐리어(FOUP: front open unified pod)의 중량이 국제 기관에서 규정하고 있는 권장 한계치를 벗어나고 있다. 즉 wafer 직경이 200mm인 경우에는 작업자가 FOUP(보통 25매 단위로 사용)을 수작업으로 handling하는 것이 가능하였다. 그러나 wafer 직경이 300mm로 증가하면서 FOUP을 수작업으로 handling하는 것은 거의 불가능하게 되었다.

ITRS(international technology roadmap for semiconductor)에 의하면 반도체/FPD 산업뿐만 아니라 전자부품 등 전 제조분야에서 자동반송의 요구가 계속해서 증가될 것이라고 한다. 특히, system LSI나 foundary 제품을 주로 생산하는 FAB에서는 공정 도중에 로트가 분할되거나, 25매의 웨이퍼가 들어가는 FOUP에 적은 매수의 웨이퍼를 넣어서 생산하는 경우가 빈번하게 발생한다. 따라서 같은 매수의 웨이퍼를 생산하는 memory FAB보다 자동반송에 대한 요구가 점점 많아지고 있다.

자동반송의 도입효과 및 역할을 요약하면 다음과 같다.

1) 작업자의 load 감소
2) 작업자의 효율적 업무 재배치
3) 무인 자동화 및 청정도 유지
4) 안전사고 방지
5) 생산성·향상 등

03 자동반송의 변천과정

자동반송에는 공정 간 반송시스템(inter‐bay system) 및 공정 내 반송시스템(intra‐bay system)이 있다. 공정 간 반송시스템(inter‐bay system)은 stoker와 OHS(over head shuttle)가 있고, 공정 내 반송시스템(inter‐bay system)에는 AGV(automated guided vehicle), RGV(rail guided vehicle), OHT(overhead hoist transport) 등이 있다.

FOUP의 무게가 약 10kg이나 되므로 수동으로 대량의 FOUP를 단시간에 운반하려면 부담이 크다. 반송수단으로는 OHT(overhead hoist transport), OHS(over head shuttle), AGV(automated guided vehicle system), RGV(rail guided vehicle system) 등의 다양한 반송기기 및 시스템이 있으며 반송능력, 투자효율에 따라 최적의 기기가 사용되고 있다. 아래 그림은 자동반송장비의 종류를 나타낸 것이고, (표 7‐1)은 자동반송시스템의 발전과정을 보여준다.

| AGV | RGV | OHS | OHT | Stocker |

▲ 그림 7‐2 반송 설비 모습

- AGV: floor상에 무궤도 및 매설된 궤도 레일을 따라 주행하는 무인 반송차로, 공정 간 혹은 공정 내에서 설비와 설비, 설비와 stocker 사이의 반송에 사용된다.

- RGV: 무인 운반차, 무인 견인차, 무인 지게차 등이 있으며 조립라인, 가공라인, 자동창고, 유연생산시스템 등에서 공정 간 물류이송이나 자동창고 내의 물류 운반에 사용됨
- OHT: HID(무접촉 유도 전원) 방식이며 클린룸의 공정 간 및 공정 내에 설치된 레일 위에서 카세트(FOUP)을 들고 나르는 천정반송 시스템
- OHS: OHT와 같은 역할을 하지만 자기부상 방식이며 선형전동기로 추진시키는 방식으로 제작되어 고청정 클린룸 내에서 고속반송을 구현할 수 있다.
- stocker: 클린룸 내의 FOUP/reticle 등을 저장하는 장치로서 제어 구성물은 카세트용 로봇, 여러 개의 입/출고 포트들로 구성되어 있음

┃ 표 7-1 자동반송시스템의 trend

년대	1970년대	1980년대	1990~1995	1995~2000	2001~2015	현재
layout 구상	대공간 room 방식	대공간 room 방식	bay 방식	bay 방식	bay 방식	bay 방식
공정 간 반송 시스템	수작업	AGV	천정반송	천정반송	OHS	OHT
공정 내 반송 시스템	수작업	수작업	수작업	AGV, RGV	OHT	

3.1 FAB 라인 설비의 특성

반도체/FPD 업종의 FAB라인 설비는 크게 생산설비와 물류설비로 나눌 수 있는데, 다음과 같이 각각 공통적인 설비의 특성과 고유의 특성을 가지고 있다.

▌표 7 - 2 FAB라인 설비의 공통 특성

in - port	설비에 투입될 때 작업물을 올려놓는 것
out - port	작업이 끝난 작업물을 올려놓는 것
tact time	설비에 작업물을 투입하는 일정 간격
flow time	생산 소요 시간
dispatching rule	주어진 작업순서(rule)에 따라 설비에 투입

　라인내 생산설비(photo, clean, diffusion, cvd, etch)는 모두 loadport(in, out)에 OHT가 연결되어, FOUP이 반송지시에 따라서 load/unload 할 수 있도록 구성하였다. 또한 모든 저장장치(stocker)에도 반송시스템이 연결되어, 작업이 완료된 FOUP이 목적 설비로 반송되기 전에 대기할 수 있도록 구성되어 있다(그림 7 - 3).

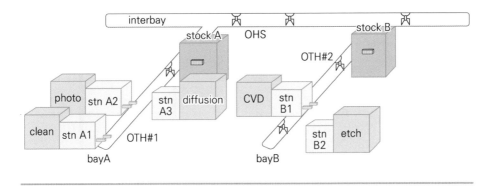

▲ 그림 7 - 3 라인 내 물류설비 사례

3.2 반송업무 process

설비로부터 발생된 이벤트에 대해(load/unload request) line balancing 및 dispatch rule을 이용하여 최적의 경로 및 다음 반송지를 선택하여 반송지시를 실행하게 된다.

- dispatch rule modeling
- 설비 load request에 대한 최적의 로트 선택 및 반송지시
- 설비 unload request에 대한 다음 반송 목적지 결정 및 반송지시

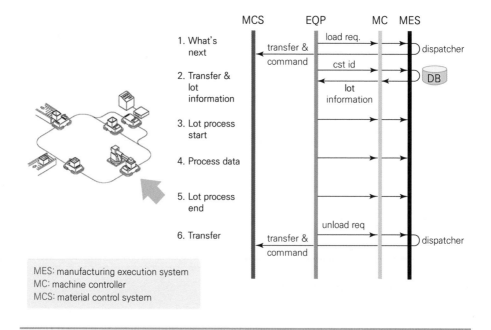

▲ 그림 7-4 반송 장치와 MES 및 설비 사이의 flow

위의 (그림 7-4)는 반도체라인의 semi-automation 환경에서 반송장치와 MES 및 설비 사이의 작업하는 절차를 보여준다.

(1) Destination 결정

대부분의 경우는 모두 host로부터 받은 ID에 의해 반송한다.

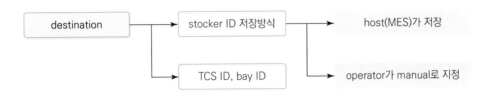

▲ 그림 7 - 5 destination 결정 방식

(2) 반송 flow

① MES에서 해당 설비에서 process가 끝난 lot을 track out한다.

② MES에서 stocker controller에 destination stocker ID를 보낸다.

③ operator가 lot를 stocker에 입력한다.

④ source stocker controller는 destination stocker controller와 반송을 하기 위해 상호 커뮤니케이션 한다.

⑤ 커뮤니케이션이 완료된 후 lot은 vehicle을 타고 destination stocker로 반송된다.

⑥ stocker controller는 MCS에 lot send 정보를 송신함으로써, MCS는 자신의 database에 그 lot 정보를 update 한다.

⑦ lot은 destination stocker에 저장되어 대기하거나 출력된다.

⑧ destination stocker controller는 MCS에 lot receive를 송신함으로써 반송이 완료된다.

04 물류 제어시스템

4.1 MCS 개요

MCS(material control system)는 생산공장의 레이아웃(layout) 정보를 바탕으로 생성된 모델링시스템(modeling system)을 통해, 출발지(source node)에서 도착지(destination node)까지의 최적 반송경로를 선정하여 물품을 반송할 수 있도록 제어하는 역할을 수행한다.

종래의 MCS는 노드(node) 및 링크(link)의 위치정보, 반송설비 정보 등을 이용하여 물리적 예상 반송시간을 산출하고, 그중 최소의 예상 반송시간을 갖는 반송경로를 출발지에서 도착지 까지의 최적 반송경로로 선정하도록 되어 있다. 예상 반송시간은 단위 링크(link)별 이동거리를 해당지역의 반송설비 속력으로 나눈 값이며, 이를 합한 값이 출발지에서 도착지까지의 물리적인 예상 반송시간이 된다.

그러나 이와 같은 물류 제어시스템은 최적 반송경로의 선정기준으로 사용되는 예상반송시간을 계산하는 데 있어, 반송작업에 영향을 미칠 수 있는 작업 라인 내의 직업상황, 빈송 설비의 에러 등과 같은 요소를 고려하지 않음으로써, 에상 반송시간과 실제 반송시간에 오차가 발생하게 된다. 그로 인해, 정확한 최적 반송경로를 선정하는 데 한계가 있다.

1) 반송작업에 영향을 미치는 요소

반송작업에 영향을 미치는 여러가지 요소 중 중요한 몇 가지를 살펴보면 다음과 같다.

① 자동창고(stocker)의 부하 및 대기 작업 수를 고려하지 않은 최적 반송경

로의 선정이다. 이렇게 최적 반송경로가 선정되면, 작업 라인 내 특정 부분의 반송설비 이용률을 높게 함으로써 반송 흐름의 불균형을 발생시킬 뿐 아니라 해당 경로의 반송지연을 초래하게 된다.

② 반송설비인 OHT나 AGV 등의 점유율(traffic)을 고려하지 않은 최적 반송경로의 선정이다. 이렇게 최적 반송경로가 선정되면 특정 반송경로의 반송설비 점유율을 증가시켜 반송설비 간의 간섭현상을 발생시킬 뿐 아니라 해당 경로의 반송지연이 나타나게 된다.

이와 같은 문제점으로 인해, 종래의 물류 제어시스템을 이용하여 반송경로를 생성할 경우에는 작업상황 등의 실시간 변화에 적절히 대처할 수 없음으로 인해, 전체 작업라인의 반송효율이 저하된다.

2) 최적 반송경로 선정시 고려사항

최적 반송경로의 선택은 다음 3가지 요소를 종합적으로 고려하여 계산되어야 한다.

① 단위 링크(link)의 거리를 바탕으로 한 예상 반송시간을 산출한다. 예상 반송시간은 링크별 이동거리를 해당지역의 반송설비 속력으로 나눈 값이며, 이를 합한 값이 출발지에서 도착지까지의 물리적인 예상 반송시간이다. 이는 반송경로 상에 반송작업에 영향을 미치는 변수가 없는 경우를 전제로 한 계산방법이며, 예상 반송시간의 수식은 다음과 같다.

• 예상반송시간(Cost) = 링크 이동거리/해당지역 반송설비 속력 ……… (7.1)
  (**예** OHS: 3m/sec, 반송설비 최대 속력은 설비별로 제작시 결정 됨)

② stocker를 지나는 부분의 링크(link)에 대해서는 부하와 대기 작업 수를 고려한 예상 반송시간을 추가로 산출해야 한다. stocker의 부하와 대기 작업

수를 고려한 예상 반송시간의 산출은 과거 이력정보가 필요하다. 과거 이력정보가 없는 적용 초기에는 stocker 부분의 예상 반송시간을 고려하여 모델링(modeling)한다.

즉, stocker의 부하나 대기 작업 수가 커지면 해당 stocker를 통한 경로의 반송시간을 크게 함으로써 예상 반송시간을 증가시킨다. 예상 반송시간의 증가는 최적 반송경로로 채택될 확률을 작게 하여, 해당 stocker를 이용한 반송을 막아주게 된다.

그 결과로 작업라인 내 stocker의 부하를 균일하게 유지할 수 있다. stocker에서 계산되는 예상 반송시간 수식은 다음과 같다.

- 예상반송시간(cost) = (α × 부하) + (β × 대기 작업수) ⋯⋯⋯⋯ (7.2)

  (α, β: 반송라인의 특성에 따라 가변적으로 설정되는 사용자 정의 값)

③ 반송설비(OHT, AGV 등)가 이용되는 링크(link)에서는 점유율을 고려한 예상 반송시간을 산출한다. 하위 반송설비 제어시스템에 내려지는 반송명령 정보로부터 링크별 작업밀도를 계산하게 된다. 링크의 작업밀도가 크면 해당 링크를 이용하는 vehicle이 많다는 것을 의미하므로, vehicle의 점유율이 커지게 된다. vehicle 점유율이 커지면 예상 반송시간을 증가시켜 점유율이 상대적으로 높은 링크를 포함하는 반송경로가 채택되지 못하도록 만든다.

반송설비 점유율을 이용한 예상 반송시간 공식은 다음과 같다.

- 예상반송시간(Cost) = δ × 반송설비 점유율 ⋯⋯⋯⋯⋯⋯⋯⋯⋯⋯⋯ (7.3)

  (δ: 반송라인의 특성에 따라 가변적으로 설정되는 사용자 정의 값)

이와 같은 사항들을 고려하여 물류제어 시스템의 물리적인 예상 반송시간과, 반송작업에 상대적으로 큰 영향을 미치는 자동창고의 부하 및 대기작업 수, 반송설비 점유율에 대한 예상 반송시간을 종합적으로 고려하여 계산한다. 그리고 그 결과 중에서 최소의 예상 반송시간을 갖는 반송경로를 최적 반송경로로 선정한다.

3) 개선방안

또한 이러한 반송경로와 관련된 문제를 해결하기 위하여, 현장에서는 다음과 같은 방법들이 많이 사용되고 있다.

① direct 반송

예전에는 동일 베이 내에서만 반송이 가능했지만, OHT의 시스템을 FAB 전체에 적용시킴에 따라(unified track system) 중간에 stocker를 통하지 않고도 다른 베이에 있는 장치로 직접 반송할 수 있게 되었다. 그러나 각 장치가 동기화하고 있지 않을 경우 처리상황을 알 수 없어 반송시간 분산 등의 과제가 생겼으며, 현실적으로는 부분적으로 사용되고 있다.

② semi direct 반송

다이렉트 반송이 불가능한 경우, 베이 내 혹은 근처 stocker에 일시적으로 대기하다가 장치를 처리할 수 있게 된 시점에 stocker에서 장치로 반송하는 방법이다.

③ ZFB(zero foot print bufer)의 활용

stocker 사용에 비하여 in/out 시간이 제로인 유효 한 수의 buffer를 최적 위치에 설치함으로써 신속하게 반송하는 방법이다. 그러나 수많은 ZFB를 사용했을 경우, 컴퓨터상의 데이터와 실제 결과가 다른 경우가 발생하므로, 동기화 하는 작업이 필요하다.

4.2 MCS 주요 기능

FAB내에서 발생한 material movement에 대해 적절한 제어 역할을 수행하며, 그 주요 기능은 다음과 같다.

• MCS 주요 기능

① MES로부터 받은 반송 명령에대해 반송route 설정 및 반송장비 관리
② FAB내 상황 변화에 효과적으로 대처하여 라인 상황에 따른 효율적인 dynamic routing 설정
③ AMHS 장비 및 carrier에 대한 실시간 모니터링 제공
④ 최적의 반송경로 탐색(shortest path) 알고리즘 적용
⑤ interbay and intrabay Control

• MCS 역할

① next station까지 carrier의 시기 적절한 반송
② 작업자(human)에 의한 contamination 및 carrier handling 감소
③ carrier의 miss반송 및 중복된 반송 방지

또한 MCS는 생산system 의존도가 매우 높은데, 그 이유는 예전에 작업자가 판단하던 결정들이 이제는 MES, scheduling/dispatch system, reticle management system등 서로 맞물려 필요한 의사 결정을 내리기 때문이다.

설비에서 loading 요청이 들어오면 mes는 작업지시시스템에서 최적의 lot를 선택하여 MCS에 반송지시를 내려 보낸다. MCS는 목적 설비를 지정하고, 최적의 경로를 선택하여 반송을 실행한다(그림 7-6).

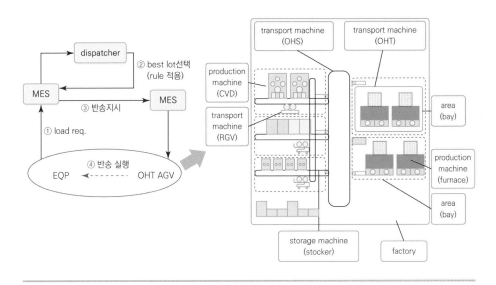

▲ 그림 7 - 6 MCS 흐름도

1) 제어서비스

FIFO 및 priority에 따른 반송 우선순위를 결정하고, 최적 반송 경로를 검색하는 제어서비스는 다음의 역할을 수행한다.

① 기준정보 관리
② 반송 명령 제어
- FIFO 및 priority에 따른 반송 우선순위 결정
- 최적 반송 경로 검색
- 반송 명령에 대한 상태 모니터링
- 예약 반송 지원
- 반송 명령 취소
- 반송 명령에 대한 목적지, priority 변경

③ 반송 명령 queue 관리
  • 반송 명령 queue 조회
  • 반송 우선 순위 변경
  • stocker별 반송 queue 조회

④ 반송 routing 알고리즘
  • 반송시간에 따른 가중치(weight value) 설정
  • 장비상태(node availability)에 따른 반송 유무 결정
  • 반송 예약에 대한 bottleneck 반영
  • 장비별 부하량에 따른 반송경로 자동변경

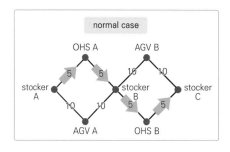 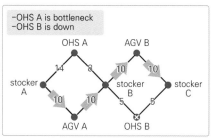

▲ 그림 7-7 반송 routing 알고리즘

stoker와 반송시의 load balancing 제어 서비스는 다음과 같다.

⑤ load balancing
  • stoker load balancing: stocker별 재고량 관리, stoker별 위험수위 설정
    및 재고율 모니터링, stocker별 재고율에 따른 load balancing
  • 반송 load balancing
  • 반송설비에 대한 사용 우선순위(weight value) 설정
  • 반송대기 물량에 따른 우선순위 변경

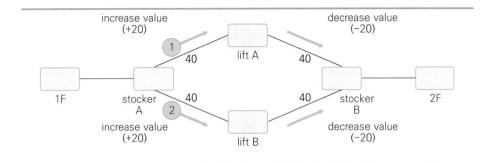

▲ 그림 7 - 8 load balancing 예

예전에는 동일 bay 내에서만 가능했지만, 현재는 OHT 시스템을 FAB 전체에 적용시킴에 따라 중간에 stocker를 통하지 않고, 바로 설비(EQP) to 설비(EQP) 반송이 가능하게 되었다. 그러나 각 장비가 동기화하고 있지 않을 경우 처리 상황을 알 수 없어 반송시간 분산 등의 과제가 생기며, bay내 혹은 근처 가까운 stocker에 일시적으로 대기하다가 장비를 처리할 수 있게 된 시점에 stocker에서 장비로 반송하는 방법이 사용되고 있다.

2) 모니터링 서비스

① FAB 모니터링
- FAB layout 모델링
- Drag & Drop 방식의 직관적 모델링
- 변경layout의 실시간 re - loading

② 실시간 FAB 모니터링
- online 상태 모니터링(vehicle, loading/unloading, traffic...)
- 장비 및 포트 운영 상태 모니터링
- stocker 제공 상태 모니터링
- 모니터링 영역 지정(Area 별, 층별) 및 영역별 모니터링

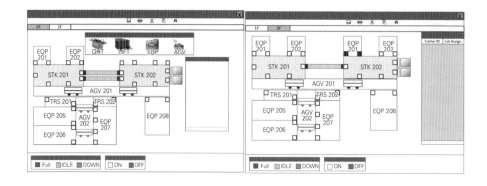

▲ 그림 7 - 9 모니터링 UI

3) 인터페이스 서비스

① MHS 장비 인터페이스

- AMHS(stocker, vehicle, port 등)
- HSMS 메시지 작성을 위한 tool
- 장비 online test tool
- SECS - I/SECS - II 로그(파일, 데이터베이스)

② MES 인터페이스

- MES application
- middleware I/F(TIB/RV, IBM MQ, CORBA)
- 외부시스템 연계 위한 message adapter와 business logic 분리

프로세스 혁신 (1)

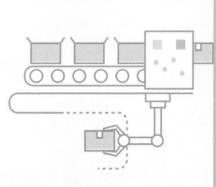

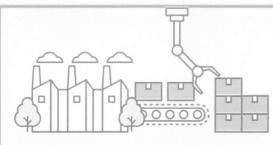

초일류기업을 위한 스마트생산운영

01 프로세스의 중요성

1.1 프로세스란

프로세스(process)라는 단어는 기업에서도 그대로 사용되고 있는 외래어다. 프로세스가 기업에서 중요한 화두로 사용되기 시작한 것은 마이클 해머(Michael Hammer)와 제임스 챔피(James Champy)가 공동 저술한 《리엔지니어링 기업혁명(reengineering corporation)》이란 책에서 '비즈니스 프로세스 재구축(BPR: business process reengineering)'이라는 용어를 사용하면서부터다. 이때부터 기업들은 프로세스가 무엇인지를 분석하고 평가하며 재구성하는 작업을 추진하였다. 기업들은 업무를 수행하는 방법과 절차의 효율성에 대해 고민하기 시작했고 프로세스를 근본적으로 재구축하기 시작했다.

기업은 기업이 갖고 있는 자원을 투입하여 일정한 과정을 거쳐 원하는 산출물을 만들어 내는 것을 목적으로 한다. 이 과정 전체를 프로세스라고 정의할 수 있다. 대부분의 관심은 산출물(output)에 있다. 기업에서 프로세스의 중요성을 말하는 것은 효율적인 프로세스가 지속적으로 좋은 결과를 가져오기 때문이다. 시험에서 좋은 성적을 거두기 위해서는 예상 문제를 잘 선정하여 공부하는 것도 중요하지만, 효율적인 공부방법을 찾는 것이 가장 중요하다. 효율적인 공부방법을 찾은 사람은 지속적으로 좋은 결과를 낼 수 있기 때문이다. 좋은 프로세스는 좋은 결과를 가져올 뿐 아니라 프로세스 자체에 지식이 쌓여 발전한다. 누적된 지식의 프로세스는 그 과정을 담당하는 모든 사람에게 저절로 쉽게 전달된다.

포드 생산시스템과 도요타 생산시스템이 중요해진 것은 기업 내 제조과정에서 중요한 프로세스로 작용하고 있기 때문이다. 자동차 제조업으로서 지속적으로 막대한 수익을 내고 있는 도요타는 매년 어떤 제품, 어떤 모델로 수익을 냈는지를 자랑하지 않는다. 그들은 기업의 메인 프로세스를 자랑한다. 프로세스가 강하기 때문에 도요타는 오래전부터 수익을 냈고, 현재의 수익에 대한 정당성을 제시하고 있으며 앞으로도 이러한 추세가 계속될 것이라고 기대한다.

2004년 사상 최초로 100억 달러의 순이익을 창출한 삼성전자는 반도체와 핸드폰 등 어떤 제품으로 수익을 창출하였는지 설명하고 있다. 기업은 꾸준히 어떤 제품으로 시장의 필요를 채울지 연구하고, 선정되는 제품의 종류는 계속해서 바뀐다.

그러나 '어떠한 제품이 선정되었는가'보다는 '어떻게 선정되었는가'가 더욱 중요하다고 할 수 있다. 왜냐하면 그 다음 선정과정은 동일한 프로세스를 따를 것이기 때문이다. 제품의 선정뿐 아니라 제품의 생산과정은 더욱 중요하다. 현재 삼성전자의 경쟁력은 이러한 프로세스가 중요한 역할을 했다고 할 수 있다. 그러나 그 핵심 프로세스가 무엇인지는 아직 명확하게 밝혀지지 않았다.

도요타는 제조과정, 즉 프로세스의 경쟁력으로 선두를 유지하고 있다. 단순히 적시생산 개념만을 가리키는 것이 아니라, 그들의 생산체계는 꾸준히 변하고 있다. 한국의 많은 기업들이 20년 전부터 지금까지 배우고자 하는 것은 기본 개념의 체계 속에서 꾸준히 변화, 발전하고 있는 프로세스이며, 그 시작은 프로세스의 핵심이 무엇인지 규명하는 것에서 비롯된다. 삼성전자의 프로세스가 도요타의 프로세스보다 비효율적이지는 않을 것이다. 기업의 경영성과가 말해준다. 그러나 도요타가 가지고 있는 프로세스와 같이 그것이 명확하지 않다는 점이 문제다. 물론 기업의 비밀로서 공개되지 않고 있는 것일 수도 있다. 그러나 대기업의 시스템이 한두 명의 비법에 의해 운영되는 것이 아님을 감안해볼 때, 정의되지 않고 공유되지 않은 프로세스는 아직 체계를 갖추지 못한 것이라고 말할 수 있다.

포스코 역시 세계적 철강회사로서 미국과 일본의 철강회사의 생산성을 넘어 높은 경쟁력을 가지고 있다. 그러나 포스코의 어떤 프로세스가 현재의 생산성을 가져왔는지는 잘 알려져 있지 않다. 포스코에 근무하는 작업자와 경영자만 알고 외부인은 모르는 생산체계는 있을 수 없다. 경쟁력 있는 생산방식은 그렇게 복잡하게 설명되지 않는다. 기본 원리가 간단하기 때문이다. 세계적 기업들의 핵심 경쟁력을 설명하는 데는 그리 많은 단어가 필요하지 않다. 복잡하게 설명되어야만 하는 핵심 경쟁력 및 프로세스는 정형화되어 있지 않다는 것을 의미하며, 기업 내 많은 사람이 공유하고 있지 않음을 의미한다. 따라서 어느 날 쉽게 사라질 수도 있다.

우리는 국내의 세계적 기업을 기억할 때 그 기업의 스타를 기억한다. 삼성전자의 오늘이 있기까지를 일구어낸 대표적 인물들을 사람들은 잘 알고 있다. LG전자를 소개할 때도 온 국민이 기억하는 대표적 인물이 있다. 포스코의 오늘이 있게 한 대표적 인물도 온 국민의 스타이다. 안타까운 것은 삼성전자, LG전자, 포스코의 오늘을 가져온 핵심 프로세스를 아는 사람은 별로 없으며, 또한 이에 관심을 가지는 사람도 많지 않다는 것이다.

반대로 우리는 외국의 세계적 기업을 기억할 때 그 기업의 대표적 인물보다는 그 기업의 대표적 경영방식, 프로세스의 형태를 기억한다. 물론 이를 정립한 인물도 기억할 수 있다. 그러나 그들이 기업에서 수행하고 정립한 프로세스가 우선이다. 위대한 성과를 이루어낸 기업과 사람을 기억할 때는 그 방식이 무엇이었고 새롭게 만들어낸 프로세스가 무엇이었는가를 알고 이것으로 그를 기억할 수 있어야 한다. 결과적으로 무엇을 이루었는가보다 어떻게 이루었는가가 명확해야 한다. 일과성으로 끝나는 것은 진정한 결과가 아니기 때문이다.

국내 기업이 세계적 기업이 되기까지의 과정에 스타만 있고 프로세스는 없었다고 볼 수는 없다. 그러나 명확하게 규명되지 않은 프로세스는 진정한 프로세스로 남지 못한다. 프로세스가 더욱 발전하기 위해서도 프로세스의 실체와 방식을 규명해야 한다.

프로세스가 중요한 것은 이것이 한 번 이룬 성공을 지속적으로 이어지게 하는 성공의 열쇠이기 때문이다. 작은 성공을 무조건 축하하기보다 성공을 이루어낸 프로세스를 찾아내고 동일한 과정을 반복하여 이러한 성공이 일상화되도록 만들어야 한다. 반복 속에서 정형화된 프로세스는 발전한다. 이를 이어받은 사람은 처음 이룬 성공과 정상에 있었던 사람의 시행착오를 반복하지 않고, 이를 바탕으로 지속적으로 발전시켜 나가야 한다.

"국가성장의 발전동력이 무엇인가?"라는 질문이 요즘 최대 이슈가 되고 있다. 그동안의 고속성장을 이어갈 만한 산업이 무엇이며 어느 분야에 투자할 것인가는 앞으로 한국의 장래를 결정할 중요한 사항이다. ICT, 4차산업, 바이오, 이차 전지 산업 등이 향후 수십 년간 한국경제를 이끌어갈 산업으로 주목받고 있다. 그동안 한국경제의 성장에 주도적인 역할을 한 대표적인 제조기업으로는 철강에서는 포스코, 자동차에서는 현대, 전자에서는 삼성과 LG 등을 들 수 있다. 이들은 지금 자타가 공인하는 세계적 기업으로 국가의 GDP 및 수출액의 막대한 부분을 담당하고 있다. 철강 산업을 위한 투자, 자동차를 생산하겠다는 경영자의 결단, 기업의 거의 모든 투자역량을 쏟아부은 반도체 투자 등은 역사에 길이 빛날 위대한 결정이었다.

새로운 분야에 대한 선정과 이에 대한 집중 투자는 한국경제의 미래를 위해 필요하다. 그러나 더욱 중요한 것은 우리가 잘하고 있는 분야에 대한 이해와 이를 기반으로 한 발전이다. 네덜란드에 본사를 둔 필립스 회사는 아직도 세계에서 특허 출원을 가장 많이 하는 기업 중 하나다. 그러나 그들이 그 제품들 모두에서 세계적 리더십을 유지하고 있지는 않다. 그들의 강점은 창조이다. 그러나 그동안 우리가 잘해온 분야는 밝혀진 기술을 이용하여 이를 제품화하고 또한 최고의 효율성을 부여하는 운영관리이며 이 분야가 곧 프로세스인 것이다. 이를 분석하고 우리의 최고 강점으로 정착시키는 것 또한 새로운 분야를 찾는 것보다 더욱 중요한 일이다.

반도체 메모리의 역사를 주도해온 한국은 집적도가 높은 메모리 제품을 생산하는 데 탁월한 능력을 보이고 있다. 1990년대 한국의 삼성전자와 현대반도체는 1, 2년이 멀다 하고 1M, 16M, 256M, 1G 등의 메모리 반도체를 세계 최초로 개발하면서 언론의 스포트라이트를 받았고, 지금도 이 분야에서는 변함없이 세계적 리더십을 유지하고 있다. 그러나 사실은 이 역시 진정한 의미의 창조는 아니다.

반도체 집적회로의 개념을 새롭게 제시한 것이 아니기 때문이다. 개발과정 하나하나에는 새로운 수많은 기술이 가미되었고, 개발상의 수많은 과정이 특허로 등록도 되었지만 넓은 범위로 볼 때는 창조라고 볼 수 없다. 이는 포스코의 철강 산업에서나 또는 자동차 산업에서의 현대자동차도 마찬가지다. 세부적인 분야에서 많은 기술들이 창조되고 개발되어 현재의 품질과 브랜드 가치를 만들었지만, 이것들은 운영관리의 영역이라고 볼 수 있다. 즉, 프로세스의 영역인 것이다. 한국 기업의 성공의 많은 부분은 이러한 프로세스에서의 효율성이 있었기 때문이라고 할 수 있다. 이러한 프로세스의 우수함이 새롭게 찾아내는 신규 사업 분야에서도 적용되어야 경쟁력을 가질 수 있으며, 그것이 진정한 성장동력이 될 수 있다.

▌표 8-1 삼성전자 반도체 사업 역사

년도	반도체 개발
1974년	한국 반도체 인수로 반도체 사업 개시
1983년	• 동경선언 '왜 우리는 반도체 사업을 해야 하는가' • 기흥사업장 메모리 반도체 사업 시작 • 美, 日에 이어 3번째로 64K D램 개발
1985년	반도체 수출 1억불 달성
1992년	• 64M D램 세계 최초 개발 • D램 시장 세계 1위 달성
1993년	세계 메모리 반도체 1위 달성
1994년	256M D램 세계 최초 개발
1996년	1G D램 세계 최초 개발
1999년	화성사업장 기공식
2002년	낸드 플래시메모리 세계 1위
2003년	플래시메모리 세계 1위
2011년	세계 최초 20나노급 D램 양산
2012년	세계 최초 10나노급 64G 낸드 양산
2013년	• 세계 최초 3차원 수직구조 1세대 V낸드 양산 • 세계 최초 20나노급 DDR4 D램 모듈 양산
2014년	• 세계 최초 20나노 4G D램 양산 • 중국 시안 낸드플래시 라인 준공
2015년	• 평택단지 기공식 • 세계 최초 3세대 V낸드 양산
2016년	• 세계 최초 10나노급 D램 양산 • 업계 최초 10나노 로직 공정 양산
2017년	평택단지 본격 가동
2020년	• 4세대 10나노급 D램(EUV) 개발 • 평택 2라인 10나노급 D램 양산

자료: 한국형 생산방식

1.2 프로세스 혁신(process innovation)

1) PI 트렌드 변화

'흐르는 물은 썩지 않는다'고 한다. 기업의 모든 프로세스는 '흐르는 물'이 되어야 한다. 어느 한군데가 꽉 막히면 나머지 프로세스조차 제대로 작동되기 힘들다. 경영 전반의 꽉 막힌 하수구를 시원하게 뚫어내는 일, 이것이 바로 PI 활동이다. 최근 이 PI는 R&D에서 SCM까지 전 분야에 걸쳐서 확산되고 있다.

> "기업의 전략에는 대부분 문제가 없다. 전략이 잘못되었다면 이미 파산했을 것이다. 전략적으로 가치가 없는 사업 부문이 PI를 통하여 이익을 창출하고, 높은 수익구조를 가져오는 것을 보았다."
>
> 존 클라크슨 보스턴컬설팅그룹 회장(1985~1997)

'상시적으로 혁신하는 문화'야 말로 장수기업의 첫 번째 조건이다. IBM, GE, 듀폰 등 초우량기업들은 내부역량도 뛰어나지만 외부 충격도 많이 받지 않는다. 상시적으로 변신을 추진하는 시스템을 갖추고 있기 때문이다. GE는 회사차원에서 신사업 전략을 발굴하는 시스템을 운영하고 있고, IBM 역시 15만명의 거대한 조직이지만 전 직원이 참여히는 온라인 컨퍼런스를 통해 신사업 아이디이를 얻는 이노베이션잼 등 혁신 프로세스를 갖추고 있다. 화학업체에서 시작해 주력사업을 버리고 농생명공학 기업으로 거듭나고 있는 듀폰은 변신력의 힘을 보여준다. 또한 R & D에서부터 제품개발까지를 움직이는 '연구개발 파이프라인' 프로세스로 혁신을 이끌고 있다.

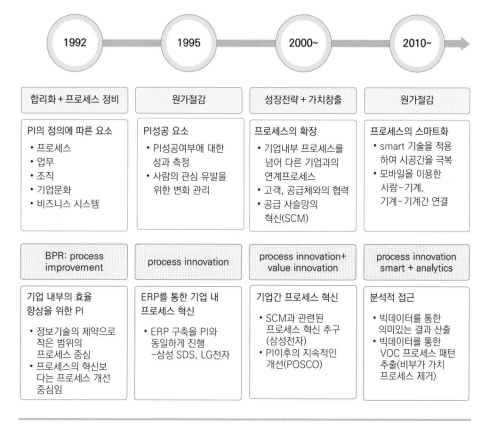

PI도 시대에 따라 트렌드가 변화해왔다. PI의 개념과 활동은 계속돼왔지만, 1993년 마이클 해머가 PI라는 말을 쓰며 본격화하기 시작했다. 해머는 "비용, 서비스, 속도와 같은 현재의 중요한 평가척도의 급진적 향상을 위해 업무 프로세스를 본질적으로 제고하고 근본적인 재설계를 하는 것"이 PI라는 개념을 처음으로 꺼내 들었다. 이후 1995년부터는 주로 원가절감 활동으로 변화하면서 ERP를 통한 기업 내 PI가 본격화됐다. 2000년대 이후부터는 성장전략으로서 PI가 논의되기 시작했고, 프로세스의 확장이 본격화했다. 삼성전자와 같은 기업들은 ERP/SCM과 관련된 PI를 강화해 나가기 시작했다. 2010년부터는 주로 프로세스의 스마트화가 이뤄지기 시작했다. 스마트 기술을 적용하여 프로세스를 변화시

켜 나가고 비부가가치 프로세스를 제거하는 활동이 기업들의 주요 관심사였다.

2) 생존을 결정하는 프로세스 혁신력

기업의 경영요소 중 관리능력, 운영모델, 사업확장, IT역량, 아웃소싱 등은 프로세스와 관련된 영역으로 볼 수 있다. 프로세스는 우리가 미처 생각하지 못했던 기업의 중요한 자산이다. 일하는 방식의 변화 노력과 발전을 통해서 프로세스 자산의 가치를 증대 시킬 수 있다. 프로세스가 지원하는 일은 매우 다양하고 광범위하다. 일반적으로 프로세스는 '고객에게 의미있는 결과(제품/서비스)를 제공하는 절차'라고 정의된다. 그리고 PI는 프로세스의 사상을 새롭게 함으로써 기업의 가치를 향상시키는 작업이다.

그러나 많은 기업에서 큰 기대를 갖고 도입한 PI가 생각만큼 성과를 거두지 못했다. 그 이유는 전사적자원관리시스템(ERP), 공급망관리(SCM) 등 IT 솔루션 구축에만 급급한 나머지 정작 솔루션을 운용할 조직의 변화관리에는 부족했기 때문이다. 즉 IT솔루션을 구축할 때는 현재의 운영 프로세스를 분석하고 정비하여 최적화하는 작업이 선행되어야 한다. 따라서 최근의 PI는 연구개발(R&D)단계에서부터 전략, 고객관리, SCM(공급망관리), ISP, 리사이클까지 폭넓게 이뤄지고 있으며, 다양한 성공사례를 도출해내고 있다.

3) 프로세스의 스마트화

테트로닉스(tektronix)라는 CAD장비를 판매하는 미국 기업이 있다. 이 회사가 취급을 하는 상품은 설계를 위해 사용하는 플로터, 칼라 레이저 프린터와 같은 정교하고 비싼 제품들이다.

이 회사의 아시아태평양 본부는 동북, 동남아시아의 지사를 관장하고 있으며 각 나라에 물류 창고를 갖고 있었다. 하지만 문제는 물류재고를 지니고 있다 보니, 나라별로 충분한 재고를 보유하기 어려웠다. 일단 재고를 유지하기 위한 비용이 문제이고, 그렇다 보니 고객에게 상품과 A/S를 위한 부품공급이 신속하지 않았다. 이 회사의 아시아태평양 본부는 이 문제를 해결하기 위하여 해결방안을 찾기로 했다. 이들이 찾아낸 방법은 지사는 나라별로 운영을 하고, 물류창고는 싱가포르에 통합하여 단일 물류창고로 가는 방법이었다. 이는 CAD 장비의 부품 값이 비싸기 때문에 싱가포르에서 DHL로 발송하는 비용이 큰 문제가 되지 않는다. 그리고 아시아 전역에 배달을 하는데 24시간 이내에 고객에게 서비스가 가능하기 때문이다. 이를 통합물류시스템이라고 한다. 이 회사는 이를 위해 오라클 ERP를 기반으로 자사에 맞도록 시스템을 재설계하고 구축했다. 이를 통해 각국에 있는 물류창고를 폐쇄함으로써 건물임대비용, 인건비 등의 비용을 절감했다. 또한 각 나라별로 재고를 보유하는 것에 비해 싱가포르 통합 물류창고의 재고 비용이 훨씬 저렴했고, 고객들에게 신속한 서비스를 제공할 수 있었다.

이처럼 시스템은 한 나라의 지점과 물류창고라는 좁은 영역에서 다루기보다, 아시아 태평양이라는 20여개 국가 전체로 놓고 볼 때 더욱 큰 그림이 그려지게 되는 것이다. 이러한 큰 그림을 통해 원가절감, 시간절약, 서비스 만족, 품질향

▲ 그림 8-2 프로세스가 지원하는 일 　　　　　　　　　　　　　　　　　　자료: KMAC

상 등이 보다 높은 수준으로 달성 가능하게 되었다.

　많은 기업들이 이처럼 PI를 위해 많은 역량과 에너지를 쏟고 있다. IBM 벨기에 법인에서 만든 보험회사용 프로세스·데이터·DW모델(IAA; insurance application architecture)은 국내 기업에도 많이 적용됐다. 삼성화재를 비롯해 동양화재, 현대해상, 교보생명 등에서도 활용하고 있다. 그러나 베스트 프랙티스를 통해 아이디어를 얻을 수는 있지만, 무조건 받아들인다고 성공할 수 있는 것은 아니다. 우리 기업의 현실과 니즈에 맞게 스스로 만들어내야 한다.

1.3 프로세스 혁신 성공전략

1) 프로세스 성숙도 업그레이드하기

　PI를 혁신하기 위해서는 우선 기업의 프로세스 수준을 명확하게 파악해야 한다. 현재의 프로세스 성숙도 수준을 제대로 파악해야 어떠한 방향으로 나아가야 할지를 알 수 있다.

　프로세스 성숙도 수준이 높은 조직일수록 생산성이 더 높기 때문에 프로세스 성숙도를 높이는 방향으로 기업들의 PI 활동이 이뤄지고 있다. DRK 리서치사에서는 1,500여개 회사의 프로세스 성숙도를 관찰한 결과, 프로세스 성숙도 레벨이 올라갈수록 프로세스 변화관리가 잘 되고, 프로세스 업무가 명확하게 설정돼 있으며 프로세스의 오너가 결정돼 있음을 알 수 있었다.

　프로세스 성숙도는 블록을 쌓을 때와 마찬가지로 맨 아래부터 잘 쌓아야 한다. IT는 나중의 문제이며 실제로는 사람과 프로세스 관리가 우선인 것이다.

　DRK 리서치(사)의 대표이자 '비즈니스 프로세스 성숙도'의 저자인 케빈 맥코맥 박사는 "비즈니스 성숙도가 높을수록 조직간 협업이 잘 되고 고객만족 성과가 높다. 또 회사의 단결력이 높아 공동의 목표를 달성하는데 훨씬 유용하다"고 강조한다.

　프로세스 성숙도란 무엇일까. 성숙해간다는 것은 일정한 단계를 거치면서 더 발전해 나간다는 것을 의미한다.

성숙도의 단계는 임시단계(ad hoc), 규정단계(defined), 연결단계(linked), 통합단계(integ rated), 확장단계(extented)로 구분하고 있다.

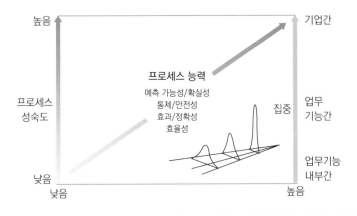

▲ 그림 8-3 프로세스 성숙도 핵심포인트   자료: DRK 리서치

(1) 단계별로 기초를 튼튼히 해야

1단계인 임시단계는 프로세스가 구조화되어 있지 않고, 잘 규정되어 있지 않은 상태다. 프로세스 평가가 존재하지 않고, 업무와 조직적 구조는 수평적 프로세스가 아닌 전통적 업무 기능에 토대를 두고 있다. 조직이 작동하는 것은 개인들의 능력과 시스템상의 어려움을 그럭저럭 극복하기 때문이다.

2단계는 규정단계다. 기초적인 프로세스가 규정되고 기록되는 단계다. 이 단계에서 프로세스를 변경하려면 프로세스 관리의 공식적인 절차들을 거쳐야 한다. 업무와 조직구조는 프로세스의 측면을 반영하긴 하지만 기본적으로는 전통적인 구조를 갖는다. 업무 기능의 대표자들은 업무 조정을 위해 정기적으로 만나지만 오로지 전통적 업무 기능들을 위한 대표자로서 만난다.

3단계는 연결단계(관리단계)다. 비약적 발전을 보이는 단계다. 관리자들은 전략적 의도와 결과를 위해 프로세스 관리를 활용한다. 기업 내 업무기능, 공급자 그리고 고객 사이의 협력은 공통의 프로세스 평가척도와 목표를 공유하는 팀의 형태로 이루어진다.

네 번째, 통합단계다. 기업, 공급자와 고객들은 프로세스 단계에서 협력한다. 조직 구조와 업무는 프로세스에 기반하고, 전통적인 업무기능은 공급망과 연관됨에 따라 점차 사라지기 시작한다. 프로세스 평가와 관리 시스템이 조직에 내재되어 있다.

마지막은 확장단계다. 경쟁이 다수 기업의 공급망에서 이루어진다. 조직 간의 협력은 합법적인 소유 없이도 책임을 이전할 수 있는 최상위의 프로세스 업무 관행이 자리잡는 시점까지 일상화된다. 수평적이고 고객중심적이며 협력적인 문화가 공고하게 구축되어 있다.

프로세스 성숙도를 높이면 1인당 생산성이 높아지고 경영진에 대한 신뢰도 증가한다. 조직의 프로세스 성숙도가 높아질수록 기업은 숨길 것이 없어지기 때문이다. 고객 불만도 줄고 고객의 요구를 처리하는 속도도 빨라진다. 일반적으로 프로세스 성숙도를 단적으로 알 수 있는 방법이 A/S센터에 전화를 했을 때 바로 해결이 되는지 여부를 통해서다.

(2) 회사의 건강상태를 검진하는 도구로 활용

프로세스 성숙도 진단은 회사가 건강한지 아닌지를 진단하는 것으로 건강검진과도 같다. 그만큼 회사의 성과나 생산성에 큰 영향을 미치기 때문이다. 많은 기업들이 ERP 등 IT시스템 구축을 통해 프로세스 성숙도를 끌어올리려는 노력을 하고 있다. 그러나 만약 프로세스 성숙도가 임시단계이거나 규정단계라면 ERP는 시도하지 않는 편이 낫다고 전문가들은 조언한다. 왜냐하면 프로세스에 대한 인식, 권한 부여, 정의, 변화 관리 등이 안 이뤄진 상태에서는 투자를 해도 효과를 거두기 힘들기 때문이다.

또한 프로세스를 성숙시키기 위해서는 수평적 조직을 지향해야 한다. 각각의 수직적 프로세스뿐 아니라 수평적인 프로세스와 잘 연계시켜야 조직 내에서 높은 레벨의 프로세스가 운영될 수 있다.

PI를 위해서는 처음부터 무리한 욕심을 내서 큰 성을 쌓으려 하기보다, 처음부터 차근차근 쌓아나가야 한다. 어떤 혁신활동도 그렇지만, 기본이 탄탄하지 않으면 쉽게 무너질 수밖에 없고, 각 프로세스가 성숙해야 전체 프로세스도 레벨업이 될 수 있기 때문이다.

2) 혁신의 시작은 '프로세스 분석'에서부터

PI를 실제적으로 기업에 적용하고 변화시켜나가기 위해서는 현재의 프로세스를 분석해서 주요 이슈를 도출해내는 방법을 학습해야 한다. 무엇이 문제인지를 파악한 후 자사나 시장의 상황에 맞게 이를 개선해나가는 과정이 프로세스 이노베이션이다.

프로세스 분석은 목표 프로세스를 중심으로 전후 관점에서 관련 프로세스를 다운 스트림, 업 스트림으로 정의해 타 프로세스와의 연관관계를 확인하고, 여기에 관련된 근본원인들을 정의해 도출하는 것이다. 프로세스를 분석하면 다양한 이점이 있다. 먼저 공장이나 사업부, 팀 등 조직 간의 원활한 의사소통이 가능하다. 부서 내 이해관계에 얽매이기보다 고객의 관심사로 전환시킬 수 있기 때문이다. 또한 전체 프로세스를 유기적으로 보게 하는 능력이 생긴다.

(1) 핵심 프로세스 개선으로 전체 최적화

국내 한 대학병원에서는 물류 프로세스 분석을 통해 재고율을 줄이고, 수익을 높일 수 있었다. 병원정보시스템은 한국이 세계 최고의 수준이라고 할 수 있지만 예산의 절반을 차지하는 물류 프로세스는 엉망인 곳이 많다. 예를 들어, 병원에는 MRI 등 첨단 설비를 수십억씩 들여가며 경쟁적으로 도입을 한다. 하지만 독일어로 적힌 매뉴얼을 병원직원들은 읽을 방법이 없다. 설비가 고장이 나면 독일에서 엔지니어가 오기까지 1~2개월은 기다려야 한다. 그렇다면 고가 설비의 가동율이 떨어지게 되며, 이는 병원 경영에 악영향을 주게 된다. 또한 물품의 재고 프로세스도 엉망이다. 재고를 제대로 파악할 방법이 없다.

최근 미국 등지의 선진병원에서는 병원물류의 통합정보시스템을 도입하고 있다. 각 병동에서 물품을 사용할 때에 바코드를 스캐닝함으로써, 현장에서 발생시점에 재고를 털어버리는 것이다.

이렇게 새로운 체계를 도입함으로써, 모든 로케이션의 물품 재고정보를 한눈에 볼 수 있게 됐다. 자동으로 집계된 소요량을 바탕으로 공급업체에 중복 없이 구매요청을 할 수 있었다.

실제로 이 시스템을 병원에 도입을 해보니 놀라운 효과가 있었다. 약품재고의 감소 효과가 나타난 것이다. 적용 후 60일이 지나자 60% 이하로 재고 유지가 가능하게 되었다. 물품의 평균 보충시간은 173분에서 31분으로 줄어들었다. 지불업무 담당자 1인이 처리하는 업무는 월 평균 1,532건에서 3,000건으로 증가되었다.

이처럼 업무 프로세스를 분석해 부가가치 창출을 저해하는 요소를 개선하고, 전체적인 관점에서 혁신을 한다면 작은 부분의 PI만으로도 큰 성과를 기대할 수 있다.

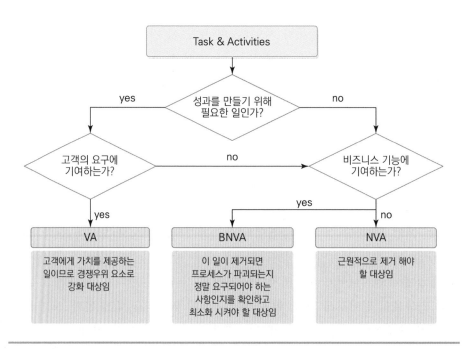

▲ 그림 8 - 4 부가가치 분석 　　　　　　　　　　　　　　　　　　　　자료: KMAC

(2) 비부가가치 작업을 파악하라

프로세스 분석은 이처럼 복잡한 프로세스를 단순 명료하게 파악하고 가시화시켜 개선의 기회와 가능성을 발견해내는 작업이다. 무엇보다 고객의 가치창출에 있어 불필요한 일, 즉 비부가가치(non-value added) 작업을 파악하는데 도움을 준다. 결국 프로세스 분석을 통해 불필요한 프로세스나 로스를 찾아 개선함으로써 기업의 이익이나 성과를 극대화시킬 수 있다. 이를 위해서는 무엇보다 고객의 핵심가치를 이해해야 한다. 무엇이 고객에게 가치를 제공하는 일인지를 중심으로 경쟁우위 요소를 강화해야 하는데, 이를 위한 중요한 과정이다.

이 활동은 고객이 요구한 것인가?, 이 활동에 대해 고객이 대가를 지불하는가?, 선행활동이 변경되면 제거될 수 있는 활동인가?, 이 활동을 제거함으로써 위험은 무엇인가?, 이 활동을 제거하기 위한 기술이 존재하는가?, 이 활동이 제거되면 우리의 제품이나 서비스의 질에 영향을 주게 되는가?, 이 활동은 외부의 규제사항을 만족시키기 위해 필요한 활동인가? 등을 고려해 프로세스 개선사항, 이슈를 도출한다.

프로세스 상에서 부가가치를 내지 못하는 일이라면, 재작업이나 리콜을 비롯해 감독자가 다른 감독자를 관리하는 것으로 일컬어지는 내부 프로세스 검토단계 등이 포함된다. 또한 작업 대기나 대기행렬 저장, 병목현상 등에 따른 지연, 프로세스 활동을 원활하게 하기 위한 준비단계나 설치작업 등이다.

이러한 과정을 통해서 프로세스 개선을 하려면 먼저 혁신이 가능하고, 빠르게 이뤄질 수 있는 부분부터 개선작업에 들어간다. 단기적인 응급처치를 원한다면 신속하게 구현하기 쉽고, 비용이 많이 들지 않으며, 팀과 관리자의 권한 아래 프로세스가 있는 것부터 시작해야 한다.

(3) 규칙을 정하고 지침을 만들기

개선 사항을 지속적으로 조직에 뿌리를 내리게 하기 위해서는 운영규칙과 지침을 만들어야 한다. 맥킨지에서는 '중요한 것은 기업이 전 직원에게 의무화하고 있는 규칙이 적어야 한다는 것이다'고 강조한다. 규칙이 많으면 구성원들에게 심리적인 압박감을 주고 창의력을 제한해 최대의 역량을 이끌어내는데 방해를 줄 수 있다. 또 구성원들을 수동적으로 행동하게 할 수 있으므로 최소한의 규칙을 두되, 엄격하게 지켜지도록 해야 한다.

프로세스 분석을 통해 개선점과 방향을 정립했다면 전체 프로세스에서 세부 활동에 이르기까지 각 프로세스는 운영기준의 영향을 받아 수행돼야 한다. 운영 기준은 프로세스의 목적에 맞게 설정돼 있어야 하고, 프로세스가 효율적으로 운 영될 수 있도록 수립돼 있어야 한다.

또 각 프로세스마다 누가, 언제, 어디서, 어떻게 해야 하는지가 명확하게 제 시돼야 한다. 정책(policy)은 보다 좋은 결과나 성과를 만들어내는 데 중점을 둬 야 한다. 구성원들이 옳고 그른, 또는 기업에 도움이 되고 도움이 되지 않는 것 에 대해 스스로 판단을 내리고 이를 수행하도록 뒷받침해야 한다. 각각의 구성 원들에게 이러한 지침이나 준거로서의 역할을 제공하는 것이 바로 정책(policy) 이다.

▍표 8-2 RASCI chart 분석

기호	유형	의미
R	Responsible(실행)	업무를 실제로 수행하는 담당자
A	Approval(승인)	업무 수행에 대한 승인자
S	Supporting(지원)	업무 수행에 대한 지원자
C	Consulting(자문)	기술, 행정, 법률 등 제 영역의 자문에 응하는 전문가
I	Information(통보)	업무 내용 및 진척 상황 등에 대해 통보 받는 자

자료: KMAC

위의 표에서 제시하는 RASCI chart 분석을 활용한다면 누가 어떤 업무에 대 해 어떤 일을 하는지 명시해서, 개별 조직이나 구성원별 역할과 책임이 중복되 거나 누락되었는지 파악할 수 있다.

프로세스의 핵심성과를 측정하는 일은 매우 중요하다. 제대로 설정되지 않은 KPI는 조직 간에 혼선을 주고, 신속한 문제해결을 저해하는 요소이기 때문이다. PI 측면에서 성과측정은 해당 프로세스의 수준만을 측정하는 것이 아니라 전반 적인 최적화를 달성하기 위한 수단으로 활용돼야 한다.

3) 추진사례: 뚝심과 열정으로 '프로세스 혁신'

PI는 CEO나 조직이 바뀐다고 해서 그만둘 수 있는 것이 아니다. PI를 통해 성공적인 변화를 이끌어낸 기업들은 단기간에 성과를 이끌어낸 것이 아니라 뚝심과 열정으로 변화를 추진하고 이끌어왔다. 그리고 조직의 DNA 속에 PI를 심어놓았다. 다음은 포스코 건설의 PI 혁신사례를 살펴보기로 하자.

(1) 포스코건설, 'PI' 10년의 역사

2003년 10월. 1박2일 동안 기흥의 기술연구소에서 당시 포스코건설 부사장과 포스데이타 부사장 등 임직원 80여 명이 함께 한 가운데 '업무 프로세스 혁신을 위한 킥오프 미팅'을 실시했다. 포스코건설의 PI를 향한 신호탄이었다.

포스코건설은 PI를 추진하기에 앞서 이미 2002년 8월부터 준비반을 구성해서 2003년 1월까지 업무 프로세스 진단을 실시했다. 사업영역별 현상을 분석하고 개선방향을 도출한 자체 진단 보고서를 작성했다. 이어 2003년 5월부터는 전문 컨설팅사와 함께 PI추진 마스터 플랜을 수립했다.

무엇보다 PI의 효율적인 추진을 위해 본부별로 현업 조직을 따로 구성했다. 추진과제별로 메가 프로세스 오너를 두고 본부별 개선책임 및 변화관리를 주도하게 했다. 임원으로 구성된 프로세스 오너들과 각 부서의 대표급 130여 명으로 구성된 파워 유저들을 통해 PI 추진에 힘이 실릴 수 있도록 했다. 이후 10년 동안 포스코건설은 지속적으로 프로세스를 혁신해왔다. 매해 끊임없이 묵은 옷장을 정리해나가듯 묵묵히 혁신활동을 지속해왔다.

(2) 변신을 통한 성장의 원동력 'PI'

PI에 대한 포스코건설의 의지와 열정은 대단하다. 10년이 흐른 지금 포스코건설은 한 차원 높은 PI활동을 하고 있다. PI추진반은 지난 2년 간 세계 최고 수준의 프로젝트 생애주기(PLC) 관리 플랫폼 구축을 목표로 핵심 업무시스템에 대한 대대적인 개선작업을 수행해 왔다. 이를 통해 포스코건설은 프로젝트 관리, 설계협업, 견적지원, 수주·영업지원, 구매 등 건설업에 최적화된 사업수행 시스템과 오라클 ERP(전사적자원관리) 기반의 글로벌 표준 프로세스가 적용된 경영지원 시스템을 보유할 수 있었다.

새로 도입된 수주·영업지원 시스템으로 수주 추진 현황을 실시간으로 확인할 수 있게 되었고, 사업관리 시스템으로는 모든 프로젝트의 완료예정원가 이익률 변동사항을 실시간으로 모니터링할 수 있다. 그리고 이를 통해서 예산관리의 투명성과 예측성이 획기적으로 개선됐다.

사용자 편의성 측면에서는 이어카운팅(e-accounting) 시스템을 도입해 계정과목을 알지 못해도 전표 처리가 가능하도록 구현했다. 여기에 모든 시스템에서 도움말 버튼을 통해 온라인으로 해당화면의 매뉴얼을 조회할 수 있도록 지원했다. 지난 10년 간의 뚝심있는 PI는 포스코건설을 위기에도 꿋꿋하게 견딜 수 있는 변신력을 갖출 수 있도록 만들어줬다.

최근 포스코건설은 '만화로 보는 포스코건설 PI'라는 책자를 발간해 전사에 배포하기도 했다. 결국 전 사원의 적극적인 참여와 관심만이 혁신을 성공으로 이끌 수 있기 때문이다.

자료: 혁신을 디자인하라

02 생산 프로세스

기업에서 제품을 생산할 때 어떤 프로세스를 선택할지는 제품을 구매하는 소비자와 제품을 만드는 작업환경을 모두 고려하여 결정해야 한다.

소비자는 전 세계에 걸쳐 있을 수 있으며 그들은 더 좋은 성능과 신뢰도를 가진 다양한 제품을 요구한다. 따라서 제품을 생산할 때는 소비자의 요구와 작업환경을 모두 고려하여 결정되어야 한다.

본절에서는 생산패러다임의 변화와 제품을 제조하기 위한 생산 프로세스에 대하여 살펴보기로 한다.

2.1 생산 패러다임의 변화

제조업이 경제활동의 가장 중요한 부분으로 자리매김한 20세기에 생산성 향상의 견인차 역할을 담당한 포드 생산시스템과, 현재 가장 우수한 생산방식으로 인정되고 있는 도요타 생산시스템은 이를 창안해낸 미국과 일본 제조시스템의 대명사가 되었다. 이들은 적어도 현재까지는 제조업 부문에서 세계 최고의 강자로 군림하고 있다. 인터넷과 정보기술이라는 새로운 요인으로 기업과 시장 환경이 급변하고 있어도 제조업이 가져다주는 중요성과 파급효과는 전혀 변함이 없다. 단기간 내에 세계적인 기업으로 성장하는 회사도 있을 것이고, 획기적인 발명품을 만들어내는 기업도 있을 것이다. 그러나 제조의 프로세스는 계속 필요하고 이의 효율성은 지속적으로 경쟁 상황 속에 있을 것이다.

제조업의 생산시스템이 제대로 자리를 잡기 위해서는 종합적인 안목에서 바라보는 시각이 필요하다. 훌륭한 생산시스템은 기업들이 속한 나라의 대부분의 기업에 영향을 준 생산체계로 성장했고, 그 나라의 경제력을 창출하였다. 그리고 현재도 그것을 탄생시킨 국가 내에서 가장 번성하고 있고 가장 앞서가고 있다.

포드 생산시스템은 1910년대에 탄생하여 이를 기반으로 성장하여 1950년대부터 세계의 경제력을 리드하게 되었으며, 도요타 생산시스템도 1950년대에 탄생하여 1980년대에 꽃을 피웠다. 어느 기간이 도움닫기였는지는 굳이 따질 필요가 없지만 이러한 시스템이 완성되기까지 긴 기간이 필요했음은 분명하다. 어느경우든 처음부터 의도적으로 생산체계로 기획한 것은 아니며 산업과 사회의 구조가 이를 가능하도록 유도하였을 것이다.

포드 생산시스템과 도요타 생산시스템은 다분히 미국과 일본의 국민성과도연관이 있다. 정해진 규칙과 주어진 범위 내에서 자기의 책임을 다하는 계약사회의 특성 속에서 포드의 컨베이어 자동화 업무 분담체계가 고안되었고, 이 또한 작업자의 정서와 부합되어 발전할 수 있었을 것이다. 합리적이고 과학적인사회구조에 가장 적합한 체계였는지도 모른다. 일본의 국민성에 대한 의견은 다양하겠지만 이웃과의 관계를 중요시하고, 또한 개인보다는 전체를 중요시하는성향이 간반이라는 도구를 창안해내고 적시생산체계를 운용하는 데 필요한 서로의 노력을 당연시하도록 도왔을 것이다. 무엇보다도 부족한 자원 속에서 낭비를 제거하고 무서우리 만큼 깨끗하게 정리 정돈하는 그들의 생활방식이 생산 현장 속으로 침투한 것이다.

새로운 제도나 방식은 이를 운영하는 사람들의 일반적인 성향과 부합되지 않으면 반드시 문제가 발생하고, 발전하지도 않는다. 이를 자신의 것으로 만드는체화(體化)의 과정에는 많은 시간과 노력이 필요하다. 새로운 방식을 창안한 그룹이 발전 및 개선에도 앞설 수밖에 없는 것은 그들의 성향에서 비롯된 것이었기에 자연스럽고 익숙하기 때문이다.

포드 생산시스템과 도요타 생산시스템에서 공통적으로 발견되는 점은 정보의 전달체계가 핵심적인 내용이었다는 것이다. 포드 생산시스템이 탄생하게 된원인 중의 하나도 수공업 형태와 이동조립의 체계 속에서 누가 무슨 작업을 어디서 해야 하는가에 대한 지시와 주문이 복잡할 수밖에 없었기 때문이다. 포드생산시스템에서는 이러한 종류의 전달 자체가 필요 없게 되었다. 제품의 이동자체가 생산에 관련된 정보의 전달 통로가 된 것이다. 도요타 생산체계에는 간반이라는 도구가 사용된다. 포드 생산체계에서는 다양성의 한계로 불필요했던 생산 주문의 정보가 도요타 생산체계에서는 다양한 형태로 필요해졌으며 이는 간반이라는 보조 도구의 탄생으로 이어졌다. 생산체계는 이러한 정보의 전달이 원활하게 이루어질 수 있는 체계가 내재하도록 구성되었다.

그러나 정보기술의 발달로 이제 정보는 다른 형태로 전달되고 있다. 생산체계와는 별도로 최근의 ERP(enterprise resource planning) 및 MES(manufacturing execution system) 등으로 생산라인 내에 모든 정보가 손쉽게 전달되고 있다. 생산시스템을 구성하는 주요 구성이 다른 형태로 해결된 셈이다. 아직은 ERP와 MES가 모든 제조업의 인프라로 구성되어 있지 않지만, 점차 제조업체의 규모에 적합한 형태로 발전하여 생산라인의 기본 요소가 되고 있기 때문에 포드와 도요타가 고민하던 주요 구성요소 하나는 해결된 셈이다.

아는 만큼 보인다는 말이 있다. 이 말은 과학과 기술에만 적용되는 것이 아니라 생산시스템에도 동일하게 적용될 수 있다. 미국식 생산시스템의 중요성을 인식한 일본은 그들만의 대응전략인 도요타 생산 시스템을 창안해냈고, 일본이 이를 무기로 미국을 위협할 때 이 위력을 알아차린 미국 역시 국가 차원에서 이를 연구하고 핵심요인을 찾아내려 했던 것이다. 그리고 경쟁자가 만들어낸 방식 중에서 좋은 것을 바로 그들 자신의 것으로 만들어 적용하고 있다.

1980년대 일본이 승승장구하고 있을 때에도 우리는 일본의 생산성의 핵심이 무엇인지 몰랐으며, 또한 어느 정도의 위력이 있는지도 알지 못했다. 생산시스템의 중요성을 알고 있는 미국만이 그 위력을 깨닫고 연구했다. 많은 기업들이 도요타 생산시스템을 배우기 위해 동분서주했던 것도 그 위력을 깨달았기 때문이라기보다는 미국과 일본에서 핫이슈가 되고 있기 때문은 아닌지 모르겠다.

아직 많은 기업들이 우리만의 생산시스템을 가져야 한다는 사실을 잘 알지 못하고 외국의 것을 받아들여 사용하면 된다고 믿는 듯하다. 그러나 이제는 생산시스템이 국가적으로 끼치는 영향력을 인지하고 이에 대한 연구와 정형화가 필요한 때다. 미국과 일본의 생산시스템을 배우는 것보다, 그들이 생산시스템을 정형화한 이유와 과정을 배워야 할 때다.

국내의 삼성전자, LG전자, 포스코 등 글로벌 경쟁력을 갖고 있는 대기업들도 나름대로의 정형화된 생산시스템을 갖고 있다. 글로벌 경쟁력을 갖는 국내 기업들의 생산시스템은 외부로 드러나지 않았을 뿐, 최고의 경쟁력을 갖고 있다고 할 수 있다. 예를 들어 스마트 팩토리에 대한 개념은 독일의 지멘스에서 가장 먼저 도입하여 적용하였다고 알려져 있다. 그러나 그 내용을 들여다보면 삼성전자에서는 이미 2000년대 초에 반도체 라인에 full automation(무인 자동화) 라인을 가장 먼저 구현하여 적용하였다.

따라서 미국의 포드 생산시스템, 일본의 도요타 생산시스템과 같이 국내 글로벌 기업의 생산방식, 생산시스템에 대하여도 체계적인 연구가 필요하고 이를 정형화하고 발전시키는 노력이 절실히 필요하다고 할 수 있다.

자료: 한국형 생산방식

2.2 단속프로세스

단속프로세스(intermittent processes)는 유사한 기능을 수행하는 기계 또는 작업장을 함께 그룹화하는 직능별 배치를 취한다. 직능별로 배치하는 것은 다양한 고객의 욕구를 충족시키고자 하는 것이다. 그래서 단속프로세스에서는 기업의 모든 자원을 어떤 특정의 제품이나 서비스에 집중시키지 못한다. 그러므로 다양한 제품을 소량 또는 중량으로 생산하고자 하는 기업에서는 단속프로세스가 적합하다. 단속프로세스에서는 똑같은 제품을 연속적으로 생산하지 않고 로트(lot) 또는 배치(batch)의 형태로 생산한다. 그래서 단속프로세스에서의 프로세스 기사는 각 부품과 조립품들에 대한 경제적인 로트나 배치의 크기를 결정하여야 한다.

단속프로세스에서는 이렇게 다양한 제품을 소량 또는 중량으로 생산하기 때문에 개개 작업에 대한 프로세스의 흐름이 각각 다르다. 또 제품들이 다양한 경로를 거치기 때문에 프로세스가 자주 중단된다. 이것은 단속프로세스에서 제품 생산시간을 길게 하는 주요 원인이 된다. 일반적으로 단속프로세스에 있어서 제품의 제조시간은 생산시간보다 비생산시간이 더 많다. 이것은 다시 많은 재공품을 만들어 낸다. 그래서 단속프로세스에서는 다음에서 설명하는 라인 프로세스에 비해 재공품재고가 상당히 많다.

단속프로세스는 제품이 아닌 프로세스를 중심으로 설계되어 있다. 그래서 단속프로세스를 프로세스지향적(process focused)이라 한다. 단속프로세스에서는 기계도 특수기계(전용기계)를 사용하지 않고, 다양한 제품을 생산하는 범용기계(general-purpose machines)를 사용한다. 그러므로 작업자의 기술수준도 대체적으로 높다. 이렇게 볼 때, 단속프로세스를 통해 생산되는 제품의 생산원가도 대체적으로 높은 편이다. 그러나 제품과 생산량을 변경하는 유연성은 상당히 높다.

그러므로 단속프로세스는 표준화가 안 되어 있고, 생산량이 적은 다품종소량생산에 알맞은 프로세스형태이다. 또 단속프로세스는 제품수명주기의 초기단계에 적합하며, 또 고객의 특별한 수요를 충족시키고자 하는 주문생산에 적합한 프로세스형태이다.

이러한 단속프로세스는 다시 생산량의 규모에 따라서 소량규모를 생산하는 잡숍(job shop)과 중량생산을 하는 배치숍(batch shop)으로 분류된다. 잡숍과 배치숍은 대개 고객의 주문에 의해서 제품을 생산한다. 그러나 배치숍에 비해 잡숍에서의 생산량이 월등히 적다. 그래서 잡숍에서는 고객이 하나, 둘, 또는 몇 개 정도의 제품을 주문하는 것이 보통이다. 반면에 배치숍에서는 잡숍보다 많은 양의 제품을 생산하지만, 잡숍보다는 적은 품목의 제품을 생산한다. 잡숍과 배치숍은 재고보다는 주문에 의해서 생산하기 때문에 고객으로부터 주문을 받은 다음, 그 제품에 적합한 원자재와 부품 또는 조립품을 구매하여 제품을 생산한다. 잡숍의 예로는 자동차정비소, 병원, 치과, 수리소를, 그리고 배치숍의 예로는 출판사, 다양한 식단을 지닌 식당, 제과점 등을 들 수 있다.

대체적으로 이러한 단속프로세스는 제조업체보다는 서비스분야에 많다. 왜냐하면 서비스산업에서는 고객의 욕구가 매우 다양하고, 고객이 생산과정에 직접 참여하여 서비스제공자와 상호작용을 하는 경우가 대부분이기 때문이다.

2.3 라인프로세스

라인프로세스(line process)는 기계 또는 작업장을 어떤 특정제품을 생산하는 프로세스경로의 흐름에 맞춰 배치한 프로세스형태이다. 그러므로 라인프로세스를 흐름프로세스(flow processes)라고도 한다. 라인프로세스는 미리 결정된 생산계획에 따라 제품을 계속적으로 생산한다. 따라서 제품을 생산하는 순서가 고정되어 있고, 생산의 흐름이 끊기지 않고 연속적으로 행해진다. 라인프로세스는 표준화된 제품을 대량으로 생산하기에 적합한 프로세스형태이다. 또 라인프로세스에 있어서 각각의 작업은 서로 긴밀하게 연결되어 있다. 따라서 각 작업을 수행하는 작업장 간의 균형이 상당히 중요하다. 이것은 작업장이 균형을 이루어야 다른 작업장의 속도를 지연시키지 않기 때문이다. 라인프로세스는 이렇게 상당히 능률적이나 또 상당히 비탄력적이다. 왜냐하면 라인프로세스는 다양한 제품을 생산할 수 없기 때문이다. 그리고 라인프로세스에 있어서 작업자들의 기술수준은 비교적 낮다. 왜냐하면 작업의 방법이 고도로 표준화되어 있고, 획일적이고, 고도의 분업화가 이루어지기 때문이다.

라인프로세스의 높은 능률성은 노동에 대한 자본의 대체와 작업방법의 표준화 때문이다. 또 높은 능률은 상당한 양의 생산을 요구한다. 이런 대량생산으로 라인프로세스에서 생산되는 제품의 비용은 비교적 낮다. 라인프로세스는 생산하는 제품의 특성에 따라 다시 반복프로세스와 연속프로세스로 분류된다.

1) 연속프로세스

연속프로세스(continuous processes)란 일반적으로 장치산업을 의미한다. 연속적이라는 것은 제품의 생산이 도중에 중단되지 않고 지속적으로 계속 이루어지는 것을 말한다. 그래서 도중에 재공품을 저장하는 곳이 없다.

연속프로세스는 프로세스의 흐름이 프로세스중심으로 되어 있지 않고 제품중심으로 되어 있다. 즉, 제품을 중심으로 기계나 설비가 배치되어 있다. 그래서 연속프로세스를 제품지향적(product focused)인 프로세스라 한다. 연속프로세스는 초기에 막대한 자본을 필요로 하기 때문에 시설의 이용률을 보증하여야 한다. 그리고 연속프로세스인 장치산업은 수많은 컨베이어와 파이프, 탱크, 밸브 등으로 구성되어 있어 처음에 배치를 잘 하여야 한다.

연속프로세스는 막대한 자본에 의해서 이루어지기 때문에 연속프로세스에서

인건비가 차지하는 비율이 상당히 낮다. 또 작업자의 수도 무척 제한되어 있다. 연속프로세스는 또 프로세스의 유형 중에서 자본의 집중도가 제일 높은 프로세스형태이다. 연속프로세스는 고정비용이 높기 때문에 한번 가동하면 상당한 기간 동안 생산을 계속하여야 한다. 예를 들면 병유리를 제조하는 데 있어서 용해로에 한번 불을 붙이면 3년간 불을 끌 수 없다. 그러므로 연속프로세스는 하루 24시간씩 쉬지 않고 가동을 한다.

연속프로세스는 생산이 말 그대로 연속적으로 이루어지기 때문에 투입물을 항상 보유하고 있어야 한다. 연속프로세스는 또 조립라인처럼 생산이 미리 정해진 순서를 따르지만, 프로세스는 거의 자동화되어 있다. 그리고 설비와 기계도 거의 특수설비와 특수기계이다. 그래서 통제도 거의 자동화, 정보화되어 있다. 연속프로세스는 또 일반적으로 프로세스에 대한 선택의 폭이 좁다. 이것은 연속프로세스가 어떤 하나의 자동화된 거대한 기계에 의해 프로세스가 이루어지기 때문이다. 이렇게 볼 때, 연속프로세스는 고도로 표준화된 단일 또는 소품종의 제품을 대량으로 생산하는 프로세스에 가장 적합한 프로세스의 형태이다. 화학, 제지, 맥주, 철강, 유리, 전구, 전기, 전화, 석유, 제분, 시멘트, 고무, 페인트, 우유, 제약, 플라스틱, 가스, 설탕 등이 연속프로세스에 속하는 분야이다.

2) 반복프로세스

반복프로세스(repetitive processes)는 라인 프로세스에 속하지만, 엄밀하게 말하면 단속프로세스와 연속프로세스의 중간형태를 취하는 라인프로세스의 일종이라고 볼 수 있다. 반복프로세스는 일반적으로 조립라인 형태의 프로세스를 의미하며, 대량생산(mass production)을 한다. 그래서 반복프로세스를 조립프로세스라고 부른다. 반복프로세스에서는 생산속도를 균일하게 하기 위해 연속적으로 움직이는 이동컨베이어(moving conveyor)를 사용한다.

반복프로세스는 모듈을 사용한다. 자동차, 라디오, TV, 냉장고, 오토바이, 장난감, 컴퓨터, 전자계산기, 완구, 카메라, 카페테리아, 패스트 푸드(fast food) 식당 등의 조립생산이 반복프로세스에 속한다.

반복프로세스는 유사한 제품군을 생산하기 위해서 필요한 작업장을 작업순서에 맞게 배치하며, 제품은 미리 정한 통제된 비율로 일련의 프로세스단계를 거친다. 개별 작업은 상세히 기술되어 있고, 한 개 작업장의 지연은 전 라인을 지연시키게 된다. 이러한 반복프로세스는 대부분의 경우, 긴 생산활동의 마지막 단계로써 이용된다. 반복프로세스의 하나의 변형으로써 혼합형 조립라인(mixed model assembly line)이 있는데, 이것은 동시에 어떤 제품의 몇 가지 변형을 생산할 수 있는 조립라인이다.

조립라인에 있어서 관리자의 주요한 임무는 작업의 속도를 원활히 유지하는 것이다. 이것은 각 작업의 상호연관성 때문에 발생한다. 개개 작업의 사이클 타임을 감소하는 것도 중요하지만, 전체적인 균형을 이루는 것이 보다 중요하다. 이러한 임무를 효과적으로 달성하기 위해서는 다음과 같은 계획을 필요로 한다. 어떤 제품을 어떤 순서에 의해서 만들어야 되는가? 원자재 및 부품을 언제 어디서 투입할 것인가? 그리고 설비를 어떻게 관리할 것인가? 등과 같은 계획이 필수적으로 갖추어져 있어야 한다.

2.4 프로젝트

일반적으로 프로젝트(project)는 대규모 작업이므로 작업자나 설비 또는 기계를 직접적으로 생산하는 장소로 이동시켜 작업한다. 그래서 프로젝트는 고정위치프로세스(fixed-position process)라고도 한다. 소규모 제품을 소량생산하는 단속프로세스와는 달리 프로젝트는 규모가 큰 단일제품을 대부분 하나만 생산하는 주문생산이다. 주문생산이기 때문에 프로젝트에는 재고가 없다. 물론 어떤 경우에는 하나의 제품만 생산하지 않고, 비행기처럼 여러 개의 제품을 생산하기도 한다. 그러나 이런 경우에도 무조건 재고를 만들지 않고, 반드시 주문에 의하여 제품을 생산한다. 프로젝트는 이렇게 대규모의 단일제품을 생산하기 때문에 생산경로 및 생산방법이 각각의 프로젝트마다 동일하지 않고 다르다. 또 프로젝트를 수행하는 데 걸리는 시간이 비교적 길고 산출물은 고가이다.

프로젝트는 다른 프로세스와 달리 특히 독창성을 중요시한다. 그리고 프로젝트는 정해진 기간 내에 정해진 비용으로 완수되어야 하기 때문에 시간을 상당히 중요시한다. 또 프로젝트는 정해진 우선순위에 의해 단계별로 프로세스가 진행되어야 하기 때문에 스케줄링(scheduling)이 상당히 중요하다. PERT/CPM은 프로젝트의 스케줄링을 다루는 중요한 기법이다.

프로젝트는 다량의 제품이나 서비스를 판매하는 것이 아니라, 독창성 있는 제품이나 서비스를 고객에게 판매하는 프로세스다. 그래서 교량, 건물, 영화, 항공기, 콘서트, 미사일, 선박, 건축물뿐만 아니라 시장조사, 이벤트계획, 여론조사, 소프트웨어개발과 같은 서비스도 모두 프로젝트라고 할 수 있다.

03 유연한 생산방식

3.1 유연 생산방식의 필요성

산업이 발전하여 제조업에도 복잡성이 증가하면서 정형화 또는 체계화보다는 유연함 또는 융통성이 더욱 필요한 시대가 되었다. 단순제조업에서는 규칙과 법칙이 효과를 발휘하고 이러한 측면에서 앞선 문화를 가지고 있었던 서구인 또는 일본인들이 우위를 점했지만 극도로 복잡해진 전자 산업이나 생명공학 분야에서는 우리의 유연함이 경쟁력이 될 수도 있다.

우리가 구성해야 할 한국형 생산방식에는 유연함을 살릴 수 있는 구조가 포함되어야 한다. 아무리 훌륭한 생산방식이라도 이를 운영하는 과정에는 적합한 조직체계가 반드시 필요하다. 생산방식은 작업자에게 여러 가지 형태로 작업을 지시하고 있다. 우리와 비슷한 성향을 가진 일본이 개발했다고 하여 국내의 많은 기업들이 도요타 생산시스템을 벤치마킹 채택하고 적용하여 효과를 거둔 측면도 있으나, 우리의 생산방식으로 완전히 정착했다는 보고는 아직 없다.

정해진 규정대로 단순 반복적인 작업이 이루어지는 형태의 생산방식은 현장에서 필요로 하는 유연성을 살리기 어렵고, 작업자의 동기유발이나 고객의 변화에 대한 따른 대응이 불가능하다.

반도체 제조업은 대량생산을 필요로 하는 업종이면서도 제조공정의 구성이 매우 다양하여 최고의 유연성을 필요로 하는 분야다. 특히 반도체 fabrication 공정은 비슷한 일련의 공정이 반복되지만 최종 제품의 종류에 따라 진행되는 과정이 매우 다르다. 1990년대 삼성반도체와 하이닉스반도체는 생산라인의 자동화의 수준을 결정하는 문제로 심각한 고민에 빠졌다.

하지만 실제로 생산라인의 레이아웃은 양 사가 신기하리만큼 동일하다. 반도체 생산라인은 온갖 고가 장비로 구성되어 있고, 최고의 청정도를 유지해야 하기 때문에 초기 셋업 당시의 레이아웃을 바꾸는 일이 거의 없다. 라인 내에서 베이(bay)라고 부르는 조그만 방(room)에 비슷한 공정을 담당하는 설비들이 모여 있고, 공정에 따라 작업이 진행되는 웨이퍼는 베이를 옮겨 다닌다. 베이 간 이동은 짧은 거리의 이동을 제외하고는 라인의 천장에 달려 있는 물류 자동반송장치를 이용한다. 또한 자동반송장치를 이용하기 위하여 라인 곳곳에 설치되어 있는 로트(lot)의 보관장소인 스토커(stocker)가 사용된다.

한 베이 내에서 웨이퍼(wafer) 박스(lot)를 이동하고 웨이퍼를 설비에 로딩 또는 작업 후에 들어내는 작업을 로봇이나 자동이동차량에 의존할 것인지, 현장에서 작업하는 작업자를 통하여 할 것인지에 따라 자동화의 수준이 결정된다. 당시 숙련된 작업자를 확보하고 교육시키는 것도 인력 확보의 측면에서 쉽지 않은 상황이었다.

그러나 지금은 생산성과 효율을 높이기 위하여 웨이퍼의 구경이 200mm에서 300mm로 증가하면서 작업자에 의한 수작업은 불가능해졌다.

자동화의 수준을 높일수록 작업자들의 작업이 수월해지며 웨이퍼의 이동, 설치 및 분리 등의 단순작업으로부터 해방되어 더욱 가치 있는 일을 할 수 있다. 실제로 작업이 완료된 상태에서 일손이 모자라 다음 설비로 이동하지 못하는 대기시간 손실이 종종 발생하기도 했다.

하이닉스반도체를 방문하면 fabrication 생산라인 하나를 견학할 수 있는데, 라인의 한 면 전체가 유리로 되어 있어 복도를 따라가면서 라인 전체를 볼 수 있다. 라인 안쪽은 청정도가 매우 높기 때문에 일반 공간과는 철저히 분리되어 있다. 그들이 이렇게 생산라인을 공개할 수 있었던 것은 자동화의 최첨단 수준을 자신 있게 보여줄 수 있었기 때문이다. 자동 로봇과 이송장치가 작업자의 도움을 전혀 받지 않고 웨이퍼 박스를 이동하고 설비에 로딩하여 무인 형태로 작업이 진행되고 있었다.

반대로 삼성반도체는 상대적으로 현장 견학을 원하는 인원이 많았음에도 불구하고 공정 내부를 볼 수 있는 곳은 라인 전체에 1, 2미터 내외의 조그만 창이 전부였다. 초기에 자동화의 수준을 고민하던 담당임원은 자동화가 적합하지 않다고 판단했다. 반자동화 또는 오히려 수동 형태의 베이 내 운영을 고집했고, 따라서 운영 형태는 외형상으로는 전혀 첨단 공장처럼 보이지 않았다. 실제로 작업자가 웨이퍼 박스를 손으로 들어 이동하다가 떨어뜨리는 사고도 있었다.

자동화를 수행하기 위해서는 이를 지원하는 체계가 매우 유연해야 한다. 반도체 공정에서 생산하는 제품의 종류는 매우 다양하다. 1G D램도 처음 설계되었을 때와 달리 지속적으로 설계가 개선되어 압축(shrink)되면서 새로운 버전이 계속 개발된다. 동일한 제품이라도 한 장의 웨이퍼에서 생산될 수 있는 칩(chip)의 수가 다양하다. 그때마다 설비에서 진행되는 작업의 종류도 달라진다. 시장에서 요구하는 제품의 라이프사이클이 짧아지면서 라인 내 구성이 빠른 속도로 바뀌고 있다. 따라서 이를 운용하는 각종 자동화 시스템 역시 생산환경의 변화에 따라 지속적으로 업그레이드(upgrade)되어야 한다.

3.2 셀(cell)생산 방식

1990년대 공장의 새로운 생산방식의 개념으로 등장하여 많은 기업에서 채택하고 운영하던 셀 생산방식이라는 것이 있다. 지금도 많은 기업이 생산라인을 셀 방식으로 바꾸고 효율성 측면에서 많은 성과를 거두고 있다. 셀 생산방식은 대량 분업의 상징물로 여겨지고 있는 컨베이어 라인이 없이 처음 공정부터 최종 공정까지를 작업자가 책임지고 업무를 수행하는 자기완결형 생산방식이다. 셀 생산방식을 고안하게 된 이유는 우선 작업자가 특정 공정만을 수행하던 설비 중심의 생산방식에서, 숙련된 작업자가 셀 내부에서 전체 공정을 책임지고 완성하는 사람 중심의 자율 생산방식으로 변화해야 할 필요성에 직면했기 때문이다. 이는 다품종 소량생산을 요구하는 시장의 변화에 대응하기 위한 방식으로, 특히 첨단 기술 및 다양한 디자인을 요하는 가전, 정보기기, 전자부품(모듈, 세트), 정밀기기 등의 산업에서 생산라인의 다양성과 융통성을 실현하기 위한 방식이다.

1990년대 초 미국의 컴팩(Compaq)사가 시작한 이 방식은 많게는 6명, 적게는 3명으로 구성된 소작업 단위를 셀이라고 칭하고 이를 중심으로 일정한 범위의 작업을 진행한다. 컨베이어 시스템에서는 부품 조립에서 포장까지의 작업을 완성하기 위하여 40~50명의 인원이 배치되지만, 셀 생산방식에서는 하나의 셀, 즉 3~6명이 이 모든 작업을 수행한다. 작업에 적합한 작은 작업대와 부품 놓는 곳, 운반차 등을 비교적 작은 공간에 배치하고, 한 명 또는 몇 사람이 공동으로 작업을 수행한다. 한 사람은 셀 중앙에서 최종 조립자 2명에게 부품을 공급한다. 나머지 2명은 각각 PCB 기판, 하드디스크 구동장치, 플로피디스크 구동장치 등 PC 조립의 처음 공정에서 최종 공정까지를 책임지고 작업한다. 제품의 품질과 원가에서 괄목할 만한 개선이 이루어졌다. 무엇보다도 작업자들의 만족감과 성취감이 증대되어 생산라인의 분위기는 전과 비교할 수 없을 정도로 생기가 흐르게 되었다.

생산라인의 길이가 평균 200미터에 이르기 때문에 한 번 가동하면 일정한 물량 이상을 생산할 수밖에 없는 컨베이어 시스템의 낭비를 배제하고, 인간을 활용하여 변화에 대한 유연성을 높이는 생산라인 구조인 것이다.

LG전자의 구미 TV공장에 설치된 셀 라인은 17미터에 불과하며 라인마다 서로 다른 모델을 생산하고 있다. 또한 셀 생산방식 하에서는 제품의 전환이 매우 용이하여 시장의 다양한 요구에 쉽게 대응할 수 있다.

또한 예전 대우전자의 구미 TV공장은 셀 생산방식으로 전환하여 4.4일 걸리던 조립공정을 1.2일로 단축시켰고, 생산라인 내의 재공은 일일 평균 2만 5,000개이던 것이 8,000개로 줄었다고 발표하였다.

3.3 U자형 생산라인

셀 생산방식과 함께 컨베이어 시스템을 대체하는 것이 U자형 라인이다. 생산라인을 일자형이 아닌 U자형으로 만들어 소수의 인원이 길이가 짧은 라인에서 일한다는 점은 셀 생산방식의 발전 또는 변형이라고 할 수 있다. U자형으로 굽어진 라인에서 많이 이동하지 않고 손쉽게 여러 가지의 공정의 작업을 할 수 있도록 고안된 것이다.

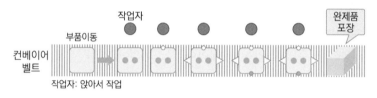

<기존의 라인>

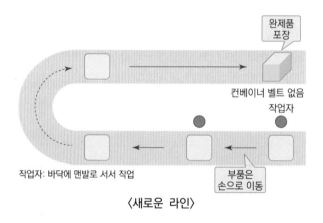

<새로운 라인>

▲ 그림 8-5 U자형 생산라인의 모형   자료: 한국형 생산방식

LG필립스 디스플레이 북경 공장은 조립라인에서 물류흐름의 불균형 현상을 조정하기가 매우 힘들고, 조립품 운반인원만 8명이 필요하던 상태에서 U자형 라인으로 개조하여 단 1명의 조립품 운반인원으로도 작업이 가능하도록 만들었다. 라인의 조립 재고는 40박스에서 8박스로, 10여 미터 이상 되던 운반거리는 아예 없어졌으며 필요한 작업 공간도 반 이상 줄였다.

아직 전체적인 모형이 명쾌하게 정리된 것은 아니지만, 셀 생산방식이나 U자형 라인은 도요타 생산 시스템의 변형 또는 생산제품이나 고객 수요의 형태에 따른 적응형 방식으로 볼 수 있다. 즉, 도요타 생산 시스템의 핵심인 적시생산의 개념을 적용하여 생산라인이 가지고 있는 이동물량의 최소화를 달성하며, 생산라인 자체를 직선의 개념에서 클러스터(cluster)의 개념으로 그룹화하여 이동물량의 총량을 최소화했다고 할 수 있다. 그러한 측면에서 이들은 모두 린 생산방식이라고 불리기도 한다.

셀 생산방식은 라인의 생산성이 라인 전체를 구성하는 체계, 즉 포드식 자동화라인의 구성형태에 의해 좌우되던 것을 사람이 창조해낼 수 있는 무한한 능력에 의해 향상될 수 있도록 구조화했다는 데 그 의미가 있다. 포드식 생산에서는 각 개인의 능력이 향상된다 해도 이것이 바로 라인 전체의 생산성으로 나타나는 데 한계가 있었다. 또한 이러한 한계로 인해 작업자는 업무의 개선이나 향상과 같은 목표를 가질 수 없었다.

그러나 사람은 업무를 배우고 개선하며 새로운 아이디어를 창조해내는 존재다. 셀 생산방식의 위력은 여기에 있다. 또한 기능과 지식의 향상속도도 사람마다 차이가 있으므로 이를 작업에 반영할 수 있어야 하고 이러한 차이가 더욱 생산성을 향상시키도록 유도하는 것이다.

셀 방식이나 U자형 라인과 같은 구조를 기본으로 하여 우리의 유연함을 살릴 수 있는 구조의 발전을 기대해볼 수 있다. 도요타 생산시스템이 간반이라는 조그만 생산지시 카드에서 출발한 것과 같이, 유연함을 전제로 제시되고 일부 운영되고 있는 셀 방식은 우리의 생산방식을 정형화하는 데 기초를 제공할 수도 있다.

각 분야의 최고가 되기위해서는 현재의 경쟁력도 중요하지만, 향후 지속적인 경쟁우위를 누가 확보 할 수 있으냐가 핵심이라고 할 수 있다.

그러기 위해서는 삼성, LG, 포스코 등 현재 글로벌 경쟁력을 갖춘 기업이 갖고있는 생산방식을 체계적으로 정리하고 연구하는 작업이 우선적으로 선행되어야 한다. 기업에서는 그동안 축적된 정보들을 공유해주고, 학교에서는 이 분야의 전문인력 육성 그리고 정형화된 생산방식의 체계를 만드는 작업에 좀 더 많은 노력을 기울여야 한다.

2장에서 초일류기업의 동기화 생산방식에 대하여 기술하였다. 국내외 반도체 기업에서 적용한 생산방식에 대하여 사례를 중심으로 정리하였고, 향후에 이를 바탕을 더욱 발전하고 체계화 되리라는 것을 믿어 의심치 않는다.

그 바탕위에서 현재 생산방식의 강점과 약점, 그리고 고객의 니즈와 기술 트랜드를 분석하여 빠르게 진화해 나가야 지속가능한 경쟁우위를 확보해 나갈 수 있을 것이다.

자료: 한국형 생산방식

04 | 프로세스 혁신 사례

이러한 최적의 프로세스를 정립하기 위하여 초기에 많은 기업들이 전사적자원관리시스템(ERP)을 도입하였다. ERP시스템에는 제조 강국인 독일 기업의 각 부문별 최적화된 프로세스가 적용되어, 시스템상에서 전체 업무가 진행되도록 구현하였다.

특히 인사관리, 재무/회계, 생산관리, 품질관리, 구매/자재 등의 12개 모듈은 현재에도 국내외 많은 기업에서 사용되고 있다.

ERP 도입이 기업의 일하는 방법을 바꾸고 경쟁력을 한 단계 끌어올리는 계기가 되었다는 것을 부인할 수 없고, 아직까지도 국내외 많은 기업에서 독일 SAP(사)의 ERP 시스템을 사용하고 있다. 이것은 프로세스 혁신은 일하는 방법을 바꿔서 경영 프로세스를 선진화하고, 선진화된 프로세스를 시스템에 적용하여 모든 업무가 시스템에 의해서 작업이 이루어지도록 하지 않는다면 혁신의 의미가 없다는 뜻이기도 하다.

그러나 고도화된 제품과 다양한 기능 및 미세화된 공정을 현장에서 관리하기 위해서는 ERP시스템에서 제공하는 생산실행, 생산계획, 품질관리, 설비관리 등 제조 관련된 기능은 현장의 빠른 요구(needs)를 충족시키지 못하고 사용에 많은 제약이 발생하게 되었다. 따라서 현장의 수요에 빠르게 대응할 수 있는 생산계획, 생산실행, 설비관리, 품질관리 등 제조 업무에 특화된 제품(시스템)들이 많이 개발되어 현장에서 사용되고 있다.

국내의 많은 대기업에서도 경영관리 부문은 ERP시스템을 사용하고, 제조현장을 운영하는 생산시스템은 생산하는 제품에 맞추어 자체개발(inhouse)하거나 상용화된 제품(package)을 도입하여 사용하고 있다.

4.1 삼성전자 사례

1) G-ERP 추진목적

삼성전자는 국내기업 중 가장 먼저 1980년대부터 전사적자원관리시스템(G-ERP) 구축하는 프로젝트를 전사적으로 추진하였다. 그 목적은 기업의 전체 프로세스를 재정비하여 고객 관점의 최적화된 프로세스를 만들고, 통합적으로 연계하여 전사의 성과 관리를 강화할 수 있는 기반 마련 및 전사적 정보의 실시간 공유를 통해 경영혁신의 토대를 마련하는데 있다.

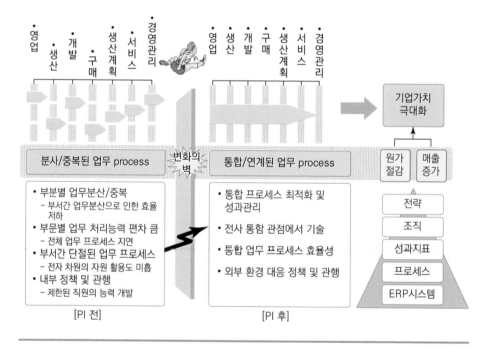

▲ 그림 8-6 PI 전/후 프로세스의 비교

PI 전의 프로세스를 보면 각 부문별로 유사 업무가 분산돼있거나 또는 부서별로 중복된 업무가 존재하였다. 반면에 시장과 고객의 변화에 따라 새로운 업무가 발생하고, 또 단절된 업무가 존재하여 업무의 사각지대가 존재하였다. 이는 업무의 핵심/비핵심, 부서 이기주의, 기업의 문화 등 다양한 요인에 기인하여 발생한다고 볼 수 있다.

또한 부서별로 관리자/담당자 등 개인의 역량과 해당 부서의 문화에 따라서 업무처리 능력의 편차가 발생하고, 이에 따라 전체 업무 프로세스가 지연되는 문제가 자주 발생하게 된다.

PI후에는 프로세스혁신(PI) 활동을 통하여 고객의 관점에서 전체 프로세스를 분석하여 재설계(reengineering) 함으로서, 중복된 업무는 줄이고 단절된 업무는 연계시키는 전체 최적화된 프로세스로 재설계 된다. 그리고 각 부문별 최적화된 프로세스를 정보시스템에 구현하여 시스템 상에서 모든 업무처리가 이루어지도록 함으로서 전체 업무의 상향 평준화 되는 중요한 계기가 마련되었다.

2) business architecture

삼성전자에서는 아래 (그림 8 - 7)과 같이 전사의 업무를 경영관리, 개발관리(R&D), 공급관리, 고객관리의 4대 메가 프로세스로 정의하였다. 그리고 정보화 체계는 functional level과 application level로 나누고, functional level은 경영 workplace, 개발workplace, 공급workplace, 고객workplace, 구매/물류workplace, 제조workplace로 구분하였다. 아래 (그림 8 - 7)에서 정의한 4대 메가 프로세스의 공급관리에서 구매/물류 및 제조를 별도의 모듈로 분리하여 6대 프로세스로 세분화 하였다. 구매/물류와 제조가 기업의 경쟁력 관점에서 중요한 기능이지만 프로세스가 상이하여 별도의 영역으로 분리하여 프로세스를 새롭게 재정립하였다.

또한 이와 같이 업무영역을 새롭게 정의하고 주요 기능별로 workplace(작업공간)라는 포탈(portal)을 만든 것은, 프로세스혁신(PI)을 통하여 재정립된 업무를 workplace내에 구현함으로서 그 안에서 모든 업무가 정해진 절차에 따라 처리될 수 있도록 한 것이다.

사원들은 누구나 작업공간 내에서 업무진행 현황을 확인할 수 있고, 업무를 직접 처리하며 공유할 수 있는 시스템으로 발전되었다.

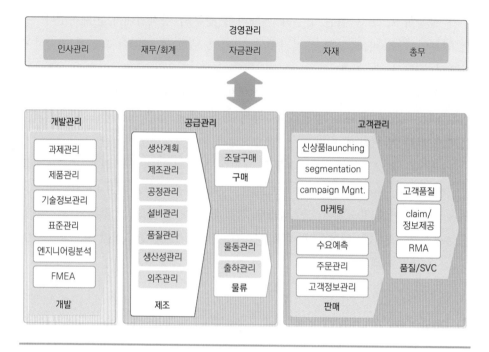

▲ 그림 8 - 7 business architecture

3) 기대효과

삼성전자에서는 기업의 1등 경쟁력의 원천을 업무프로세스의 선진화와 이를 뒷받침하는 정보시스템이라고 설명하고 있다. 특히 전사적자원관리시스템(G - ERP), 공급망관리시스템(APS), 제조실행시스템(G - MES)을 가장 대표적인 시스템으로 내세우고 있다.

앞에서 전사적인 프로세스 혁신을 통하여 전체 비즈니스를 6대 프로세스로 나누고, 각 분야별로 기능을 세분화하여 업무를 새롭게 정의하고 각 업무별로 프로세스를 재정립 하였다. 이들 프로세스는 고객 관점에서 시작하여 필요한 제품과 서비스를 만들어 제공하는 가장 최적화된 프로세스로 설계되었다.

물론 각 분야별로 최고의 기업을 벤치마킹하여 최적의 업무 프로세스를 도출하였음은 두말할 필요가 없다. 그리고 이렇게 최적화된 업무프로세스를 모두 시스템화하여 각 부문별 구축된 workplace 내에서 모든 업무가 진행되도록 구현하였다.

가장 대표적인 사례로 경영관리 부문은 각 사업부별로 서로 다른 결재단계(6~7단계)를 3단계 결재로 모두 통일하였다. 즉 종전에는 입안(담당자) – 주무(대리) – 과장 – 차장 – 부장 – 팀장 – 사업부장 등으로 연결되는 결재 단계를 입안(담당자) – 심사(파트장) – 결정(그룹장/팀장)으로 대폭 간소화 하였다. 그리고 이러한 업무들은 사내전산망 마이싱글이라는 그룹내 인트라넷 상에서 진행되도록 시스템화 하였다. 또한 초기에는 단계별로 결재가 지연되는 문제를 개선하기 위하여, 심사/결정단계는 반드시 24시간 이내 결재(승인 또는 반려)하도록 제도화 하였다. 물론 마이싱글은 각 부문별 workplace와 연계하여 해당 업무가 진행된다.

또한 제조부문은 앞에서 언급한 스마트팩토리를 대표적인 사례로 들 수 있다.

삼성전자에서는 2000년 초반부터 전세계에서 가장 먼저 제조라인에 스마트팩토리 구축을 추진하였고, 시스템에 의한 생산이 가능한 무인자동화(full automation) 라인을 구현하였다.

한 예로 반도체 미국법인 오스틴공장(메모리, 비메모리 제품 생산)에서는 무인자동화 라인을 구현하여 모든 작업을 시스템에 의하여 수행되도록 자동화함으로서, 그에 따른 현장인력(operator)은 약 1/10로 감소하였다.

삼성전자에서는 글로벌 경쟁력의 원천을 가장 최적화된 업무프로세스, 그리고 정보시스템이 중요한 요인이라고 애기하고 있다. 물론 이외에도 사원들의 열정, 적기투자 등 많은 요인들이 있겠지만, 가장 중요한 이 두 가지가 선행되지 않는다면 의미가 없다는 뜻이다.

이는 곧 최고의 제품, 최고의 품질, 최고의 서비스로 기업의 성과가 연동되어 나타나게 된다.

이에 저자는 본 교재에서 다루는 내용들이 우리가 4차 산업혁명을 앞장서서 선도해나가고, 세계 최고의 제조경쟁력을 갖는 제조 강국으로서의 지속적인 경쟁력 우위를 확보하기 위해서는 필수적인 요소라고 믿어 의심하지 않는다.

4.2 현대위아 사례

현대위아는 2012년 중장기적인 프로세스 혁신과 정보화 전략을 수립해 글로벌 초우량기업으로 성장하기 위한 초석을 다지는 계기가 되었다.

프로젝트 시작 전 현대위아는 그동안 PI를 나름대로 추진해왔지만, ERP 시스템 활용이 제대로 이뤄지지 않고 또한 명확한 정보의 중재자 역할을 하는 조직이 없었다. 따라서 데이터의 소통과 프로세스 조정이 제대로 이뤄지지 않았다. 또한 정보의 양적인 생성과 수집에 집중하다 보니 유사 업무 프로세스와 데이터임에도 불구하고 각기 다른 정보로 판단해 취합되는 등 데이터는 많지만 활용성이 떨어졌다. 이대로는 현대위아가 목표로 한 '2020년 국내 20대, 20조, TOP제품 10개 보유 초우량기업 진입'이 힘들다는 판단 아래 PI 활동을 시작했다.

1) ERP 활용 극대화로 프로세스 개선

먼저, ERP가 제대로 활용되지 못하고 있는 문제에 대한 해결방안을 모색했다. ERP 활용을 극대화하기 위해 프로세스 측면과, 시스템 측면의 차이에 대한 개선을 통해 ERP기능 및 운영방안을 개선해 나갔다. 또 실시간 관리 기능을 강화해 스피드 경영의 기반을 확보했으며 시스템 중심의 업무처리를 통한 생산성 향상도 기대하고 있다.

전사 프로세스 소통과 통합을 위한 팀 스피리트 활동을 시작했다. PI 활동을 통한 업무 프로세스 단절 부문에 대한 개선과 함께 IT의 합리적인 접목방안을 수립해 핵심프로세스 기능을 강화하기 시작했다. 특히, 신기술을 접목해 차세대 IT 발전 방향을 수립했으며, 글로벌 단일 체계 전개를 위해 전사 표준화 작업을 전개하였다. 즉, 업무 프로세스, 시스템, 모니터링 체계를 전체적으로 표준화했다.

효율적인 경영체계 기반을 확보하기 위해 시스템과 실행 프로세스 일체화를 통한 잠재적 히든 코스트 제로화를 추구하고, 이러한 PI활동을 통해 궁극적으로 '시스템 경영' 체계를 구축한다는 목표로 추진하였다. 빠르게 협업이 이뤄지면서도 전산 관리로 투명한 원가 산정이 가능토록 하는 것이다. 프로세스를 표준화하고 사업 특성별 부품 구매가 이뤄질 수 있도록 하는 것 등이 혁신 활동의 핵심 목표다.

PI활동 이후에 많은 변화가 일어났는데, 먼저 구매부서가 제품설계 초기 단계에서부터 참여한다. 이는 역량 있는 개발업체 선정을 비롯해 목표로 한 원가관리를 위한 방법으로 구매부서와 선행부서(연구소, 제작관리), 협력사 간 삼각 공조체계를 강화했다. 부품 원가 산정 체계도 새롭게 마련하고 협력업체 관리를 위한 시스템도 개발해 동종 소싱 그룹별로 전략적 관리도 가능하도록 했다. 이 같은 혁신 활동의 결과물로 협력사 관리부터 업체선정, 개발 정보와 가격관리, 협력사 포털과 원가 산정까지 가능한 통합구매시스템 'AONE'을 구축할 수 있었다. 또한 강점인 가공기술과 제조관련 소프트웨어를 기반으로 한 "스마트 제조·물류 솔루션을 개발하여 현대차 그룹의 싱가포르 혁신센터(HMGICS)에 적용했다.

2) 기대효과

현대위아는 이러한 혁신활동 이후 매출액이 2009년 3,118억원에서 2011년 6,293억원으로 두배 이상 상승했고, 2020년에는 6조 5,000억으로 10배 이상 증가하였다. 단기순이익도 2009년 77억원에서 2011년 241억원으로, 2020년에는 530억원으로 상승하는 괄목할 만한 성과를 거둘 수 있었다.

자료: 혁신리더

프로세스 혁신 (2)

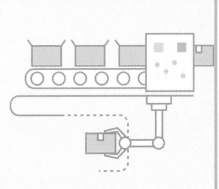

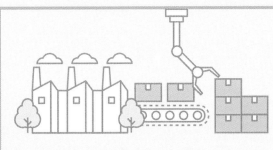

01 | MBNQA

1.1 MBNQA 개요

말콤 볼드리지(Malcom Baldridge)는 레이건 대통령 시절 미국 상무성 장관으로, 로데오 경기를 하다가 말에서 떨어져 사망한 기인(奇人)이다. 당시 미국은 일본의 거센 경제적 공세에 시달리다 새로운 모델을 만들고자 국가품질대상이라는 시상제도를 마련하고 죽은 상무성 장관을 기리기 위해 말콤 볼드리지 국가품질상(MBNQA)라고 명명했다. 1987년 8월에 관련 법규가 상원을 통과하면서 매년 수상 기업이 발표되고 대통령이 참석한 가운데 시상식이 거행된다. 하나의 시상제도가 범국가적으로 끼친 영향은 대단했다.

MBNQA의 심사기준은 경영의 품질 시스템을 점검하는 최고 지침서로 알려져 있다. 이 상에 심사를 신청하는 기업들은 일차적으로 민간 부문에서 선발된 400여 명의 심사위원들로부터 300시간에서 1,000시간에 걸쳐 엄격한 심사를 받는다. 심사 후에 기업에 대한 강·약점과 개선전략에 대한 보고서를 받으며 수상업체는 그들의 품질경영 전략을 다른 기업들이나 조직들에게 알려줄 의무를 지니게 된다. 이러한 과정은 품질경영의 중요성을 미국 기업들에게 인식시켜 미국의 경쟁력을 향상시키는 데 일조하고 있다.

MBNQA의 명성을 알고 있는 많은 기업들은 해마다 이 상에 도전한다. 기업의 현재 상태를 점검하기 위해 도전하기도 하고 단순히 심사기준을 활용하는 기업들도 많다. 수상업체의 연 평균 주가 상승률은 미국 증시의 다우존스 지수의 평균 상승률의 4~5배에 이르고 있어 이 상의 객관적 가치를 말해준다.

사실 이 상의 모태는 일본이다. 일본의 품질관리 발전에 기여한 공로를 기리기 위해 1951년에 제정된 데밍상(demming prize)과, 데밍상의 효과를 더욱 확대 발전시키기 위해 1970년에 창설된 일본품질대상이 일본 기업에 미친 영향을 미국은 주시하고 있었다. 이에 1980년대 초부터 미국적인 품질경영 시상제도의 필요성이 제기되어 왔고 의회와 정부에 의해 논의되다가 빛을 본 것이다.

MBNQA 제도는 유럽으로도 파급되어 비슷한 형태의 EQA(euripean quality award) 시상제도가 1991년 제정되어 운영되고 있다. 그 후 일본과 한국에서도 관련 시상제도를 정비하여 MBNQA와 유사한 경영품질 시상제도를 운영하고 있다. 한국표준협회가 주관하는 한국품질경영상과 한국생산성본부가 주관하는 한국경영생산성 대상이 대표적이다.

국가별로 다른 형태로 운영되고 있으나 가장 기본이 되는 모형은 말콤 볼드리지 제도이다. 심사기준은 평가의 잣대이기 이전에 기업의 상태를 평가하는 구조적 모형으로서 의미가 크다. 사실 기업의 경영관리 분야를 모형화할 수 있다는 생각 자체가 파격적이다. 기업의 경영관리 형태는 생산하는 제품과 서비스마다 다양하기 때문에 시장의 구조, 유통망, 구성된 인력구조, 마케팅 방법 등을 같은 기준에서 평가한다는 것 자체가 무리일 수 있다.

1.2 MBNQA 모델

기업의 경영 프로세스를 7가지 영역으로 나누고 경쟁력을 가진 기업이 갖춰야 할 모형을 만들어 냈다. 이 기준은 기업의 업종, 규모, 형태에 관계없이 거의 유사하게 적용된다. 그리고 미국의 많은 기업들이 이 모형을 따라 경영관리 체계를 갖추고자 노력한다.

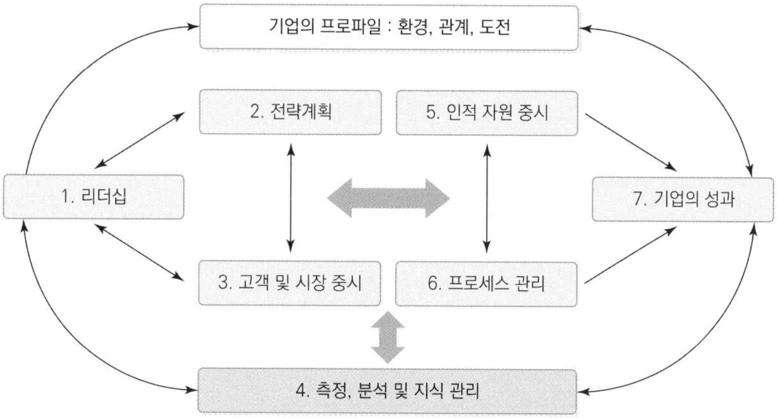
기업의 프로파일 : 환경, 관계, 도전
2. 전략계획
5. 인적 자원 중시
1. 리더십
7. 기업의 성과
3. 고객 및 시장 중시
6. 프로세스 관리
4. 측정, 분석 및 지식 관리

▲ **그림 9-1 MBNQA의 모형** 자료: 한국형 생산방식

미국의 AT&T 내에는 사내 비즈니스 스쿨이 있다. MBNQA제도 초기 시절, AT&T의 한 사업부가 수상하면서 AT&T의 모든 사업부 및 직원이 이 모형을 따라 업무를 수행하도록 교육하는 곳이다. 정형화에 대한 이러한 시도와 과정, 그리고 지속적으로 이를 준수하고 운영하는 능력은 미국인 및 서구인들이 가진 매우 탁월한 재능이라고 판단된다.

미국과 일본의 강점은 지칠 줄 모르고 배운다는 점과 배운 것을 정형화하여 꾸준히 전파하는 능력이다. 기업이 가치를 창출하는 가장 핵심적인 과정을 생산이라고 한다면, 이를 전후방으로 연결하는 기업의 기능과, 이를 지원하는 모든 기능을 정형화한 것이 MBNQA라고 할 수 있다. 즉 업종에 관계없이 적용할 수 있는 생산방식 모형을 만들고 적용한 것이다. MBNQA의 모델이 꾸준히 연구되고 정규 교육 과정의 한 파트로서 산업공학과 경영학에서 가르쳐지고 있는 이유도 여기에 있다.

▌표 9-1 MBNQA의 역대 수상 기업(제조업 대기업 부문)

시기	기업
1995년	• 암스트롱 사(armstrong world industries, Inc.): 건축자재 제조업체 • 코닝 사(corning inc.) 통신 부문: 통신제품 제조업체
1996년	ADAC 라보러토리(ADAC laboratories): 첨단 건강의료기 제조업체
1997년	• 3M 사 덴탈 부문: 치과의료 관련 제품 제조업체 • 솔렉트론 사(solectron corporation): 전자설계 및 제조서비스업체
1998년	• 보잉 에어리프트 사(boeing airlift and tanker programs): 비행기 관련 장비 제조업체 • 솔라터빈 사(solar turbines Inc.): 가스터빈 제조업체
1999년	ST마이크로일레트로닉스(STMicroelectronis, Inc.): 반도체회로기판 제조업체
2000년	• 다나 사(dana corporation): 자동차부품 제조업체 • 칼리 사(KARLEE company, Inc.): 전자부품 제조업체
2001년	클라크 체크 사(clarke american checks, Inc.): 금융업, 소모품 제조업체
2002년	모토롤라(motorola): 전자통신제품 제조업체
2003년	메드라드 사(medrad, Inc.): 의료기구 제조업체
2004년	바마 사(the bama companies, Inc.): 식료품 제조업체

자료: 한국형 생산방식

02 6시그마

2.1 6시그마 개요

정형화 능력을 단적으로 보여주는 또 한 가지 사례는 식스시그마 운동이라고
할 수 있다. 미국에서 탄생하여 일본과 한국뿐 아니라 전 세계적으로 새로운 경
영방식으로 자리 잡은 식스시그마는 가히 열풍이라고 해도 과언이 아니었다. 제
조업뿐 아니라 서비스 업종에서도 식스시그마 혁신운동을 통하여 기업의 체질
을 바꾸고 경쟁력을 향상시키기 위한 경영노력이 활발하게 전개되었다.

식스시그마 운동은 1987년 모토롤라(motorola Inc.)에서 MBNQA를 받기 위해
기업의 노력을 체계화하고 조직화하는 하나의 수단으로 추진되었다. 모토롤라는
이듬해 식스시그마 덕택에 첫 번째로 MBNQA를 수상하였다. 1989년 IBM의 임
원들이 식스시그마를 배우기 위해 모토롤라를 방문하였고 1년 후인 1990년 미
네소타주의 IBM의 ABSD(application business systems division)는 MBNQA를 수
상하였다.

모토롤라의 마이클 해리(Mikel Harry) 박사가 처음 사용한 식스시그마는 통계
용어로, 99.99966%의 양질의 품질을 의미한다. 식스시그마에서 목표로 하고 있
는 것은 단순히 고도의 품질만은 아니다. 식스시그마의 진정한 파워는 이를 달
성하기 위한 혁신전략이다. 단순히 통계적 수치를 달성하는 것으로 끝나는 것이
아니라 이를 달성하기 위하여 핵심 프로세스와 문제를 파악하고, 이에 대한 측
정, 분석, 이를 개선하기 위한 최적화 과정, 이를 표준화하고 통합하는 제도화
과정 등이 일련의 프로세스로 진행되는 것이다. 즉, 기업 경영의 전반을 다루는
경영 체계로의 발전을 의미한다.

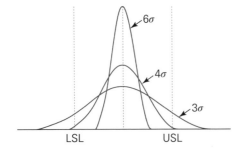

시그마 수준	품질 수준	PPM
3sigma	93%	66,807
4sigma	99.4%	6,210
6sigma	99.99966%	3.4

▲ 그림 9 - 2 식스시그마의 프레임워크

사실 식스시그마 이론 자체는 통계에서 가져온 것이다. 통계의 가장 기초적인 내용을 용어로 만들어 이를 큰 개념으로 확산시키는 모형이라는 점에서 위대하다고 할 수 있다. 표준편차를 의미하는 시그마라는 용어는 과거부터 있었기에 1950년에 식스시그마를 언급했다면 나름대로 그 의미를 이해할 수 있었을 것이다. 그러나 근대의 식스시그마가 의미하는 바는 완전히 다르다. 식스시그마 혁신전략은 그동안 통계를 이용한 품질관리 이론과 품질개선기법 등의 모든 내용을 포함한다. 이론과 방법론을 통합하여 하나의 프로그램으로 정형화한 것이다.

이 안에는 동양 무도(武道)에서 사용되던 검은 띠(black belt), 초록 띠(green belt), 하얀 띠(white belt)와 같은 계급을 설정하고 차상위 레벨로의 진급을 유도한다. 식스시그마에 적용되는 기법은 DMAIC의 5단계로 정형화되는데 정의(define), 측정(measurement), 분석(analysis), 개선(improvement) 및 통제(control)를 의미한다. 문제 정의 단계에서는 품질혁신이 필요한 문제를 파악한다. 측정단계에서는 현재의 품질수준(y)을 파악하고 여기에 영향을 미치는 잠재적 요인변수(x)를 찾는다. 분석단계에서는 수집된 데이터를 분석하여 문제의 원인이 되는 핵심인자를 찾는다. 개선단계에서는 프로세스 개선안과 문제 해결책을 찾아 시행하고, 관리단계에서는 문서화 및 지속적인 피드백을 해나간다. 보기에 따라서는 당연한 과정을 절차화하여 식스시그마에 참여하는 모든 사람들이 표준화된 단계에 따라 수행하도록 했다. 단순해 보이는 이러한 과정이 정형화이며 식스시그마가 하나의 개념이 아니라 방법론으로 적용되고 꾸준히 발전, 진화하게 하는 원동력이라고 할 수 있다.

2.2 6시그마 적용사례

삼성전자의 한 임원 회의실에는 식스시그마 전문가임을 인증하는 벨트 수여자들의 인증서가 빼곡히 전시되어 있다. 회의실을 드나들 때마다 임원들은 그 의미를 다시 새길 것이다. 각종 인사 시스템에 인증서가 의무로 되어 있고, 각종 세미나 및 교육에 많은 시간이 투자되었다. 식스시그마에 관련된 내용이 사내 홍보물과 자료에 빠지지 않았으며 관련 연구회가 활성화되어 운영되고 있었다. 과거에 품질 분임조 활동 때문에 힘들어서 퇴사하겠다는 말이 나돌았었고, 또 식스시그마 때문에 회사 다니기 힘들다는 말이 나올 정도이었다. 본 저자도 2003년 6시그마 Black Belt 자격을 취득하기 위하여 실제 현장데이터를 사용하여 DMAIC 단계를 합숙교육을 하며 분석하고 시험을 치러야 했던 기억들이 생생하다. LG와 포스코도 기업 홈페이지의 주요 내용을 식스시그마로 장식하였고, 한동안 식스시그마는 기업에 경쟁력을 가져다주는 중요한 해법이자, 기업의 미래를 보장하는 혁신기법으로 자리 잡고 있었다.

사실 식스시그마의 위력은 적용과 동시에 오래지 않아 대부분 기업의 수익 측면에 뚜렷한 성과가 나타난다는 점이다. 모토롤라는 식스시그마를 도입한 지 10년 만에 불량품 99.7%가 감소, 제품 단위당 품질비용 84% 감소, 생산성 매년 20% 향상, 매출 매년 17% 증가, 주가는 6.6배로 향상되었다. 그러한 결과가 더욱 기업들로 하여금 강력하게 추진하도록 유도하고 있다.

그러나 이러한 혁신 프로그램에도 우려되는 측면이 없는 것은 아니다. 제도를 직접 만들고 개선시켜 본 기업들은 기업의 상황에 맞게 적절한 형태로 다듬고 발전시킬 능력이 있으나, 외국 모형을 도입하여 우리의 기업 상황에 적용하며 효과를 얻는 일에 집중하는 기업은 이를 진정으로 자기 것으로 만들지 못할 수 있다는 것이다.

미국과 일본은 제조업의 기반이 되는 생산방식을 모형화하여 그들만의 세계를 구축하고 세계적인 경쟁력을 갖춘 후 기업 전체의 경영관리 및 혁신에 대한 모형을 만들어 운영하고 있다. 반면 한국의 기업은 수많은 방법론을 단편적으로 수입하여 어느 기간 적용하다가 효과를 보면 이와 같은 패턴으로 새롭게 제시되는 또 다른 모형을 수입하여 적용하고 있는 실정이다. 단기적으로는 효과가 있는 듯 하고 어느 정도 정착되고 있는 듯 보이기도 하지만 과연 우리 고유의 정형화 방식으로 정착시킬 수 있을지는 의문이다. 이러한 모델을 우리의 것으로 만들어본 경험이 많지 않고 그렇게 할 필요성을 느끼지 못하고 있기 때문이다. 오늘도 많은 기업들이 새로운 방법론을 찾아다니며 지금 진행하고 있는 프로젝트보다 우수해 보이는 또 다른 식스시그마를 찾고 있는 것은 아닌지 생각해볼 일이다.

03 | TPM

3.1 TPM이란

TPM(total productive maintenance)은 생산시스템의 효율을 극대화하기 위한 전사적 설비보전 활동으로 최고경영자부터 현장의 일선작업자까지 참여하는 경영혁신운동이다. TPM이 설비관리의 모든 것을 포함하고 있지 않다는 단점에도 불구하고, 설비종합효율 향상을 통한 생산성 향상을 전사적인 관점으로 이슈화하고 실제 제조현장에서 보전효율을 향상시킬 수 있다는 강점으로 아직까지도 그 중요성을 인정받고 있다. TPM은 1951년부터 태동한 미국식 예방보전(PM)사고 및 방법론을 기반으로 하고 있는데, 1971년에는 JIPE[JIPM(japan institute of plant maintenance, 일본설비관리협회)의 전신]에서 더욱 정비된 TPM 체계를 바탕으로 '생산보전(plant maintenance) 우수 사업장상'을 수상해 활성화가 시작되었다. 또한 도요타의 부품회사인 니폰덴소가 PM상을 수상함으로써 TPM 모델이 처음 제시되기도 했다.

초기에는 현장의 작업자와 설비보전 관리자의 사고전환 필요성 때문에 설비효율을 높이고자 생산부문에서 TPM을 시작했다. 현재는 생산시스템 라이프사이클 전체를 대상으로 고장제로, 불량제로, 재해제로화를 목표로 해 개발, 영업, 관리 등 전 부문에 걸쳐 모든 로스를 미연에 방지하는 체계를 전사적으로 확대·적용하고 있다.

| 표 9 - 2 품질분임조 활동과 TPM 소집단 비교

구분	품질분임조	TPM의 소집단
조직 형태	• 정규조직과 관계없는 공식 조직 • 수평적	• 정규조직과 관계있는 공식 조직 • 혼합적 수직
개념	QC를 위한 조직	학습조직, 문제 해결
목적	현장의 문제점 개선	낭비요소 발견 및 개선
팀장	분임원 가운데서 선정	현장의 책임자

자료: 나승훈 외(2015).

전사적 TPM의 정의는 다음과 같다(https://www.jipm.or.jp/en).

• 생산시스템 효율화를 추구하는 기업체질 구축을 목표로 사람의 생각이나 사고방식을 개선
• 생산시스템의 생명주기 전체를 대상으로 재해, 불량, 고장 등을 없애 모든 낭비요소를 사전에 방지하는 체제를 구축하는 예방철학
• 생산부문을 기초로 사무·관리 간접부문(개발, 영업, 관리) 활동을 포함
• 최고경영자에서 현장 실무작업자에 이르기까지 전원 참가를 통한 상승효과가 목표
• 중복 소집단 활동을 통해 낭비요소를 완전히 배제

TQC가 QC 기법 등을 활용한 아웃풋(output) 중심의 품질이 관리대상인 반면 TPM은 설비기술, 보전기능 등의 고유기술을 활용해 인풋(input) 중심의 설비를 관리대상으로 한다.

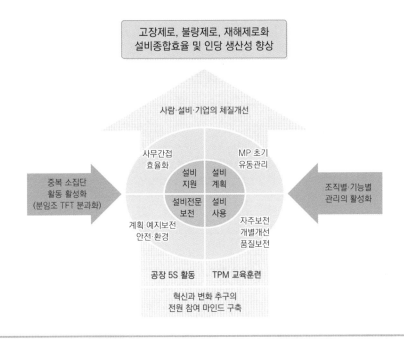

▲ 그림 9-3 TPM의 기본 사고   자료: 한국표준협회(2015).

3.2 TPM 활동

1) TPM이 왜 필요한가

(그림 9-4)는 시장 동향에 따라 발생하는 needs와 반도체 메이커의 과제를 위주로 더 세분하여 제조라인의 과제를 정리한 것이다. 제조라인의 최대 과제는 우선 그림으로 나타낸 6대 로스를 삭감하는 것이다. 그리고 이 6대 로스에 대처하기 위해 TPM 5대 활동이라 부르는 기법이 개발되어 있다. 반도체 전 공정의 설비 상황과 TPM 5대 활동과의 관계를 (그림 9-5)에 나타냈다.

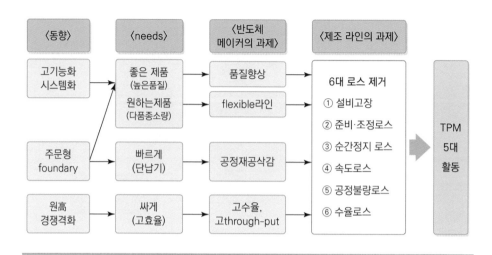

▲ 그림 9 - 4 사회의 구체적 needs와 TPM 운동

2) TPM 활동

TPM의 주요 내용으로 개별개선, 계획·예지 보전, 자주보전, 교육·훈련, MP·
초기유동관리(early warning system), 안전환경보전, 품질보전, 사무간접부문의 효
율화 등을 들 수 있다.

① **개별개선**: 현장 불합리 및 생산효율화를 저해하는 각종 로스를 제거하기
   위한 소개선 및 테마 활동
② **계획·예지 보전**: 보전부문을 중심으로 한 활동, 계획보전체계를 구축하기
   위한 활동
③ **자주보전**: 설비 오퍼레이터 자신이 정한 기준에 따라 설비의 유지·관리를
   실시할 수 있는 체제의 구축활동
④ **교육·훈련**: TPM 활동을 실시하기 위해 필요한 지식, 기능, 태도를 습득하
   기 위한 활동
⑤ **MP·초기유동관리**: 생산기술부문을 중심으로 한 활동, 제품설계에 요구되
   는 품질 특성을 100% 달성하는 설비투자비용과 운전유지비용의 최소화

설계, 설비 도입 시기에 초기 트러블의 발생을 방지하는 활동

⑥ **안전환경보전**: 안전 위해 요소, 환경오염 유발 요소의 제거 및 안전환경 시스템의 구축

⑦ **품질보전**: 만성불량 zero를 지향해 불량을 만들지 않는 조건설정 및 조건관리를 하는 활동

⑧ **사무간접부문의 효율화**: 관리·사무·지원 부문의 사무효율화 개선과 사무환경 개선을 추진하는 활동 실시

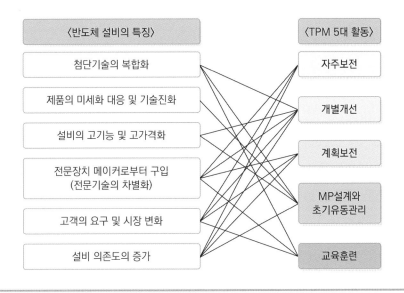

▲ 그림 9-5 반도체 설비의 특징과 TPM과의 관련

3) TPM 활동의 특색

설비의 PM 활동은 다음과 같은 4단계를 거쳐서 발전해왔다.

제1단계: 「사후보전시대」

제2단계: 「예방보전시대」

제3단계: 「생산보전시대」

제4단계: 「TPM 시대」

　여기서 TPM의 특징은 제1~제3단계에 포함되는 모든 활동 즉, BM, PM, CM, MP 등을 포함할 뿐 아니라 소집단 활동에서의 bottom up도 보태어 전 공장, 전원 참가의 PM 활동이라고 할 수 있다.

　TPM 활동은 다음과 같이 정의한다.

　① 설비효율을 극대화하는 것(종합효율화)을 목표로 하여

　② 설비의 전기간을 대상으로 한 PM의 total system을 확립하고,

　③ 설비의 계획부문, 사용부문, 보전부문 등 모든 부문에 걸쳐 추진하며,

　④ TOP에서 일선 작업자에 이르는 전원이 참가하여

　⑤ 동기관리 즉, 소집단 활동에 의한 PM을 추진하는 것이다.

　한번 더 반복하면 종래의 PM 활동은 보전원, 생산기술자, 프로세스 기술자나 라인 관리자 등 간접업무에 종사하는 사람이 대부분이었다. TPM은 여기에 직접 작업자를 추가하여 문자 그대로 전원참가로 되었다. 또 작업자에게 이상 감지가 가능하도록 교육훈련을 실시한다. 이 점에서 종래보다 훨씬 밀도가 높고, 장치의 상황 파악이 가능하게 되어 대폭적인 개선으로 연결되고 있다. 이와 같이 TPM 활동이 반도체 산업에 광범위하게 받아들여지고 있는 이유가 보다 명료해질 것이다.

　미국식 예방보전(PM)이 설비관리의 범위를 보전엔지니어의 활동으로 파악한 반면, TPM에서는 생산체제에 대한 설비의 역할을 강조하고, 설비가 생산체제의 효율화에 미치는 영향을 정량화했다. (표 9-3)은 이러한 보전방식의 특징을 보여준다.

	보전작업 유형	보전활동 방법
유지 활동	사후보전(BM: breakdown maintenance)	고장난 후에 수리하는 보전활동 방법
	예방보전(PM: preventive maintenance)	정기적인 점검과 수리로 고장을 미연에 방지해 설비의 수명을 연장하는 등 보전 활동을 하는 정기보전(TBM)
	예지보전(PdM: predictive maintenance)	설비의 상태에 따라 보전활동을 하는 상태보전(CBM)
개선 활동	계량보전(CM: corrective maintenance)	설비의 체질을 개선해 처음부터 고장이 잘 일어나지 않도록 하거나 보전 및 수리 가 쉽도록 하는 방법
	보전예방(MP: maintenance prevention)	설비의 신뢰성과 보전성을 높여 처음부터 보전이 필요하지 않도록 설계하는 방법
	종합생산보전(TPM: total productive maintenance)	• 최고의 설비효율을 목표로 해 전체 설비의 라이프사이클을 대상으로 한 생산보 전의 토털 시스템을 확인하는 방법 • 설비의 도입부터 사용 · 보전에 걸쳐 최고 관리자부터 현장 엔지니어에 이르기 까지 전원이 참여하는 자주보전 활동으로, 생산보전을 추진하는 보전활동 방법

- 설비효율화를 위한 개별개선 활동: 가공 · 조립 산업의 6대 로스와 장치 산업의 8대 로스 관리
- 작업자의 자주보전 체제 구축
- 설비엔지니어(보전부문)의 계획보전 체제 구축
- 운전과 보전의 스킬업을 위한 교육 · 훈련
- MP(maintenance prevention) 설계와 초기 유동관리 체제의 확립

자주보전이란 제조부문의 작업자 한 사람 한 사람이 '자신의 설비는 자신이 지킨다'는 사명을 가지고 설비에 대한 일상점검, 보충, 부품교환, 수리, 설비이상 의 조기 발견, 정도의 체크 등을 행하는 보전활동이다. 그 전까지는 제품을 만드 는 사람과 설비를 담당하는 사람은 별개라는 생각으로 작업자는 작업, 검사자는 검사만 하고 설비의 보충이나 정비 등은 보전담당에게 맡기는 것을 당연하게 생 각하는 경우가 많았다. 그러나 작업자는 설비의 이상 상태나 이상 징후를 가장 먼저 파악할 수 있기 때문에 작업자로부터 이상 정보를 전달받는 것이 고장을

방지하는 가장 좋은 방법이다. 따라서 설비효율의 핵심은 자주보전의 필요성이라고 할 수 있다. 자주보전 활동을 위해서는 작업자가 단순한 설비운전자를 넘어서 종래 설비보전자의 역할까지 수행을 해야 한다. 이를 위해서는 설비의 이상을 발견할 수 있는 능력과 빠른 시간에 조치·회복시킬 수 있는 능력 및 설비를 유지·관리할 수 있는 능력이 요구된다. TPM은 운전자의 보전기능화 등 기존 조직의 역할 변화와 짧지 않은 시간 소요, 형식적인 활동 수행 등으로 최근에는 그 의의가 반감되기도 했지만 설비뿐만 아니라 생산공정의 손실과 낭비 제거 측면에서 봤을 때 여전히 유효한 기법 중 하나이다.

3.3 로스개선 활동

설비종합효율은 설비 전체의 손실을 계산해 설비의 가동상태가 얼마만큼 유효하게 사용되고 있는지를 판단하는 지표이다. 설비효율화를 위한 개별 개선 활동은 로스 관리를 통해 이루어지는데, 가공·조립 산업에는 고장 로스, 준비작업 로스, 속도/CAPA 로스, 순간정지 로스, 공정불량 로스, 초기수율저하 로스 등 6대 로스가 있다. 다음 표는 반도체 FAB 공정의 6대 로스 및 구체적 사례를 설명한 것이다.

▎표 9-4 반도체 공정의 6대 로스

		구체적인 예
6대 loss	① 고장에 의한 정지로스	• sputter 장치: wafer elevator align miss에 의한 반송 불량 • ion implantor 장치: leakage에 의한 투입 불능 • 도포·현상장치: 전기회로 접촉불량에 의한 오동작
	② 준비·조정에 의한 정지로스	• AL증착장치: 정기 cleaning • 표면연마장치: 연마석 높이 조정 • 감광장치: 품종교체·매스크 교환 • 확산장치: dummy 선 진행 • 선별장치: 품종교체·board 교환

		구체적인 예
6대 loss	③ 속도/capa 로스	• ION IMP 장치: 진공 배기 속도 저하 • 도포·현상장치: bake내 wafer 중첩으로 설정시간 연장 • 확산장치: 100매/batch 가능을 90매로 투입
	④ 순간정지로스	• 도포·현상장치: 반송부 단차에 의한 wafer걸림 • 감광장치: alignment(신호검출계) error • 선별장치: 반송 rail 위치 이탈로 제품 적체
	⑤ 공정불량 로스	• 확산 두께 편차에 의한 특성 불량 • 선별·외관검사 mark miss, crack 불량 • 감광 패턴 어긋남, 이물질 부착에 의한 재생불량
	⑥ 초기수율저하 로스	• 프로세스 조건 불안정에 의한 특성불량, 오판정 • 신제품의 초기 양산 시점부터 생산이 안정화 될 때까지의 수율 로스

① **고장 로스**: 설비가 규정된 기능을 상실하는 것을 고장이라 하며 고장 모드(failure mode)나 고장 메커니즘(failure mechanism)과 구별된다. 고장 모드는 고장 상태의 형태에 따른 분류방식으로 단선, 열화, 파괴 등이 있으며, 고장 메커니즘은 고장을 일으키는 구조로서 물리적·화학적·전기적·기계적 요인에 의한 마모나 부식 등이 해당된다.

② **준비작업 로스**: 교환도, 조정도 아닌 곳은 모두 준비작업이라고 한다. 교환은 금형, 지그, 절삭공구 등을 기계로부터 분리하거나 세팅하는 작업을 뜻하며, 조정은 위치결정, 시험가공, 검사, 측정, 수정 등의 작업을 의미한다.

③ **속도/CAPA 로스**: 설계 당시의 이론 사이클 타임과 실제 사이클 타임의 차이에 의한 로스이다.

④ **순간정지 로스**: 부품의 교환, 수리는 일어나지 않고 기능 부품의 제거나 간단한 S/W 리셋으로 보통 5분 이내에 회복되는 작업이다.

⑤ **공정불량 로스**: 폐기에 의한 수량 로스나 양품으로 수리하기까지 걸리는 시간 로스이다.

⑥ **초기수율저하 로스**: 가공조건의 불안정, 치공구와 금형의 정비불량 등 생산개시 시점부터 생산이 안정화될 때까지의 초기 가동에 의한 수율 로스이다.

조립·가공 산업의 6대 로스와 설비 종합 효율은 다음과 같다(그림 9-6).

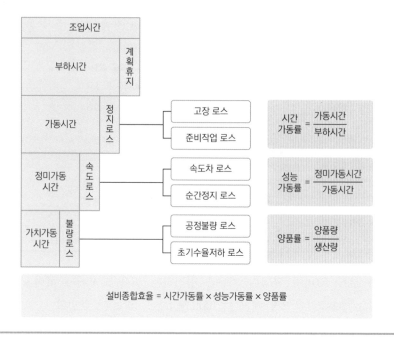

▲ 그림 9-6 가공·조립 산업 6대 로스와 설비종합효율   자료: 최진욱 외(2010).

또한 장치 산업에서는 SD 로스, 생산조정, 설비고장, 프로세스 고장, 정상생산 로스, 비정상생산 로스, 품질불량, 재가공 등 8대 로스로 구분하여 관리하고 있다.

① SD(shut down) 로스: 연간 보전계획에 의한 SD 공사 및 정기정비 등에 의한 휴지시간 로스(예 down 공사, 정기정비, 법정검사, 자주검사, 일반보수공사 등)
② 생산조정: 수급관계에 의한 생산계획상의 조정시간(예 생산조정 정지, 재고조정 정지 등)
③ 설비고장 로스: 설비·기기가 규정의 성능을 잃고 돌발적으로 정지하는 로스의 시간(예 펌프 고장, 모터의 소손, 베어링 피손, 축 소손 등)
④ 프로세스 고장: 공정 내 취급 물질의 화학적·물리적 물성 변화 및 기타 조업 미스나 외부충격 등으로 플랜트가 정지하는 로스(예 누수, 먼지, 막힘, 부식, 분진 비산, 조작 미스 등)
⑤ 정상생산 로스: 플랜트의 시작, 정지 및 교체 때문에 발생하는 로스(예 시작 후의

첫 동작, 정지 전의 멈춤 동작, 품질교체에 따른 정지율 등)

⑥ **비정상생산 로스**: 플랜트의 불량, 이상 때문에 생산율을 저하시키는 성능 로스 (**예** 저부하 운전, 속도 운전, 기준생산율 이하로 운전하는 경우)

⑦ **품질불량 로스**: 불량품질을 만들어내고 있는 로스와 폐기품의 물적 로스(**예** 품질 표준에서 벗어난 제품을 만들어내는 것에 따른 물량·시간 로스)

⑧ **재가공 로스**: 공정 재가공에 따른 리사이클 로스(**예** 최종 공정에서의 불량품을 원류 공정에 리사이클해 합격품으로 재가공)

장치 산업의 8대 로스와 설비 종합 효율은 다음과 같다.

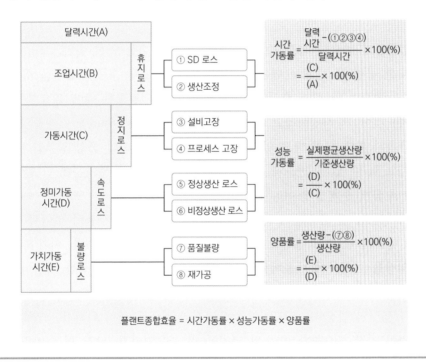

▲ 그림 9-7 장치 산업 8대 로스와 설비종합효율　　　　　자료: 한국표준협회(2015).

04 공정관리

4.1 공정관리 개요

1) 공정관리 =「고객의 공정관리」

기업활동의 중요한 목적 중의 하나는「사회에 대한 공헌」이다. 그리고「사회에 대한 공헌」은 반도체 메이커의 경우에는, 반도체 제품의 공급을 통해 이루어지고 있으며, 사회가 요구하는「필요한 제품을 필요한 때에 필요한 양을」 공급하는 것이 그 사명이라고 할 수 있다. 특히 근래에 foundary 제품의 중요성이 급속히 확대 되어 가고 있지만 이들 제품은 사용자의 공정 일부를 담당하고 있다고 할 수 있다. 반도체 메이커측에서 보면 전체 수주가운데 단 한건, 기껏해야 수십개 수백개 뿐이라 하더라도 고객이 생산하는 set 또는 system에서는 없어서는 안 될 중요한 부품이 될 것이다. 단 한 개의 부품이 없어서 set 메이커의 매출이 안 되고 경영에 차질을 주는 일이 일어날 수 있다. 이와 같이 고객의 입장을 이해하여 대응하는 것이 부품 메이커로써의 사회적 사명이라 할 수 있을 것이다.

또한 영업의 입장에서 보면, 영업이 고객의 신뢰를 얻기 위해서는 약속을 지키는 것이 가장 중요하다. 약속된 납기를 철저히 지키고, 납기 회신 기간을 잘 지키는 등 신뢰를 쌓아갈 필요가 있고, 신뢰를 얻는 데는 오랜 시간의 노력이 필요하다. 특히 해외에서 영업활동을 하고 있는 경우에는 문화적인 차이가 있어 신용을 얻는 것이 사활이 될 수도 있다. 이처럼 영업담당자 또는 고객을 이해하는 것이 공정관리, 생산관리에 종사하는 사람의 가장 기본적인 요건이라고 생각할 수 있다. 다시 말하면 반도체 메이커의 공정관리는 그 메이커의 사회적인 존재가치를 좌우할 정도로 중요한 기능이라 할 수 있는 것이다.

본 장에서는 이와 같이 라인관리의 중요한 기능인 공정관리에 대해 다루고자
한다.

2) 수주, 생산, 출하의 업무 흐름

(그림 9-8)은 수주~생산~출하의 업무 흐름을 나타낸다. 먼저 고객으로부터
발주 전표를 받은 확정 수주와 장래의 수요예측을 합해 제품 재고를 파악하여
입고 계획이 세워진다. 이 입고 계획을 기본으로 해서 공정능력이나 공정재고를
감안하여 생산계획이 세워진다. 이 생산계획을 토대로 재료, 치공구들이 수배되
고, 인원 계획과 설비의 부하 배분도 검토된다. 이와 같은 생산계획으로 실제 생
산에 들어갔을 때에는 계획대로 생산이 진행될 수 있도록 진도관리가 이루어진
다. 진도관리의 베이스는 실적파악이다. 실적 data를 베이스로 지연 대책, 불량
대책, 긴급품 처리 등이 진행되고, 부문간의 조정이나 외주관리도 실시된다. 이
렇게 완성된 제품은 입고, 불출, 출하되어 매출로 계상된다.

이상의 흐름을 그림과 같이 크게 둘로 구분하여 외적인 고객·영업 측면의
생산관리와, 내적인 공장 측면의 공정관리로 구분할 수 있다. 또 공정관리를 넓
은 의미에서 생산관리의 일환으로 파악할 수 있다.

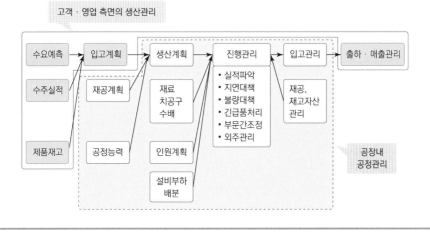

▲ 그림 9-8 수주~생산~출하의 업무 흐름

위의 흐름을 보면 알 수 있듯이 공정관리는 인원이나 재료, 치공구의 수배 등 제조원가에 직결되는 것이다. 또 공정능력 파악이나 능력 계획은 설비투자 계획의 기초 자료가 된다. 외주계획, 외주관리 등도 공장 경영의 중요한 일부분이다. 재공계획, 재공관리는 재고자산회전율 등 중요한 경영 지표를 결정하는 요소가 된다. 그리고 월별 생산에 의해 당월의 출하, 매출액이 결정된다. 이와 같이 생각하면 공정관리는 공장의 관리·운영에 대해 매우 중요한 위치를 점하고 있음을 알 수 있다. 공정관리를 담당하는 그룹에 대해 그 중요성을 다음과 같이 표현하고 있다.

'공정관리 그룹은 top의 분신이며 공장의 control tower다.'

3) 제품과 생산형태

아래 그림은 제품과 생산형태에 관해 정리한 그림이다. 제품을 고객용과 표준제품으로 구분하면, 고객용은 주로 주문생산이다. 이에 대해 표준제품인 경우에는 예측, 비축생산으로 될 것이다. 이 가운데 예측생산은 수주예측에 따라 생산하는 것이며, 비축생산은 공장 측의 판매·생산계획에 따라 생산하는 것이다. 이 둘은 생산측면에서 보면 다품종소량 생산에서 중량생산, 소품종다량생산 등 몇 개의 단계로 구분할 수 있고, 업무의 흐름에서 보면 개별 생산(수주, 안건별 생산), lot 생산, 연속생산으로 나눌 수 있다.

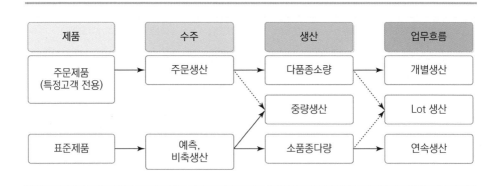

▲ 그림 9-9 제품의 생산형태

위의 내용은 제품과 생산형태에 대해 단순화하여 그 범위를 나타낸 것이나, 실제로는 중간적인 제품이나 형태가 존재하고 보다 복잡한 구성도가 될 수 있다. 여기서 중요한 것은 제품에 따라 생산 형태도 변할 수 있다는 것이고, 따라서 생산 형태에 따라 최적의 생산관리나 공정관리시스템도 달라져야 된다는 것이다. 관리방식을 제품에 따라 적합하게 한다는 것은 그와 같은 시스템 개발 능력의 필요성을 시사하고 있으며, 특히 반도체 라인의 공정관리나 생산관리에 종사하는 사람은 일상업무에 파묻히는 일이 없이 스스로 담당하는 업무를 개선하고 혁신하여 보다 적합한 시스템을 만들어 나가는 것이 무엇보다 중요하다고 할 수 있다.

공정관리의 정의를 살펴보면 다음과 같다.

'공정관리(production control)란 일정 품질과 수량의 제품을 정해진 기일까지 생산하기 위해 공장의 자원 즉, 인적자원, 기계설비, 재료 등을 경제적으로 운용함을 목적으로 공장의 생산 활동을 총괄하여 통제하는 것이다.'

4.2 공정관리 목표

1) 달성지표

공정관리의 지표는 크게 달성지표, 효율지표, 공정관리 효율지표로 나눌 수 있다. 여기서 달성지표란 월별 생산에서 반드시 달성해야 할 최종적인 목표로, 대고객 약속납기 준수율, 생산달성율은 기본적으로 달성해야 할 목표라고 할 수 있다.

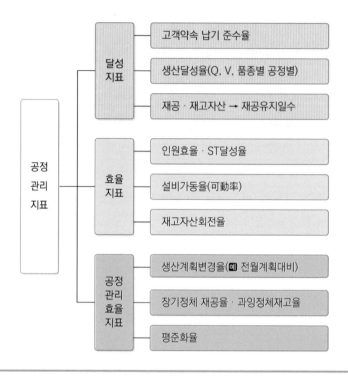

▲ 그림 9 – 10 공정 관리 지표

달성지표 중 재공유지일수는 처음부터 끝까지 전공정을 통해 각 공정의 재공량을 일일당 투입량으로 나눈 것을 모두 합하여 전체의 재공유지일수로 한 것이다. 여기서 공기란 리드타임과 같은 형태로, 공기 일수, 표준공기로 사용하기도 한다.

$$재공유지일수(일) = \sum \frac{각\ 공정\ 재공량}{당\ 공정\ 일일\ 투입수량} \qquad\qquad (9.1)$$

예를 들어, 어떤 공정에 재공 10 lot가 있다고 하자. 만약 일일 투입량이 20 lot라 하면, 선입선출의 평준생산을 전제로 한 경우 이 공정을 통과하는 데는 0.5일간을 필요로 하게 된다. 이것을 전공정에 걸쳐 합산한 것이 재공유지일수다. 그러므로 재공유지일수는 전공정, 전투입 lot의 평균적 공기를 나타내는 것이 된다. 개별 lot의 투입일부터 완성일까지를 추적하고 개별 lot 공기를 누적하여 평균치를 구하는 방법도 생각할 수 있지만 macro적으로는 단순화된 재공유지일수를 관리하는 것이 효과적이라고 생각된다.

그러면 왜 공기를 달성지표로 설정하였는가는, 고객의 단납기 요구에 즉각 대처하기 위해서는 공기단축이 필수적이기 때문이다. 즉 제품 재고를 산처럼 쌓아 놓고, 고객의 즉납 요구에 대응하는 방법도 있겠지만, foundary 제품에서는 불가능하다. 최소한의 재고로 단납기에 대응하기 위해서는 공기단축, 공정재공 삭감이 필수적이고, 향후에도 가장 중요한 달성지표로 될 것이다.

2) 효율지표

(그림 9-10)에서는 효율지표로써 세 가지 항목을 들었다. 공정관리에 직접 관련되고, 라인의 효율에 영향을 주는 다른 지표도 많이 있겠지만 그중에서도 중요도가 높다고 판단되는 것을 선정하였다.

① **인원효율·ST 달성율**: 생산계획, 투입계획에 의해 규정되는 작업량과 투입 인원, 잔업, 휴일근무시간 등이 포함된 총조업시간에 의해 결정된다. 따라서 투입계획에 대응하는 인원계획은 신중한 파악이 요구되며, 라인관리자와 밀접한 접촉이 요구된다.

② **설비가동율(可動率)**:
가동율(availability) = 1 - 고장율 ··· (9.2)

가동율(可動率, availability)의 향상은 고장율을 줄이는 것이다. 평소보다 설비보전을 충분히 실시해서 설비개선에 의한 고장 빈도의 감소라든지 고장 수리 시간을 단축하는 노력을 하면, 만일 풀가동이 필요한 경우에도 쉽게 대응할 수 있을 것이다. 또 이같은 장치 및 보전체제의 개선은 품질, 수율향상에 좋은 결과를 가져다 주고, 또 인당 설비담당대수 증가에 의한 공수절감효과도 기대할 수 있다. 따라서 가동율(可動率) 관리를 하는 것이 효율향상 목적에 보다 적합하다고 할 수 있다.

③ **재고자산회전율**: 자금의 효율을 파악하기 위한 지수다.

$$재고자산회전율 = \frac{연간매출액}{재고자산평균잔고} \quad \cdots\cdots\cdots\cdots\cdots\cdots\cdots\cdots\cdots\cdots (9.3)$$

재고 자산으로서는 공정 재공 금액과 제품 재고 금액이 주종을 이룬다. 공정 재공을 삭감하고 앞에서 말한 것처럼 단납기체제의 확립이 가능하면 제품 재고는 같이 줄어든다. 극단적으로 공기가 1일이면 재고 zero에서도 즉납 체제가 가능하게 된다. 이와 같이 하여 공정 재공과 제품 재고를 삭감하고, 전체적으로 재고 자산을 감소시킬 수 있으면 재고자산회전율도 향상되고, 기업의 자금효율이 좋아지게 된다.

3) 공정관리효율 지표

공정관리효율 지표는 공정관리 그룹의 계획, 실행, 분석 업무가 순조롭게 진행되고 있는지를 나타내고 있는 지표다. 각각의 내용에 관해 간단히 설명을 보탠다.

① 생산계획 변동율

예를 들면, 전월의 차월생산계획에 대하여 당월의 생산 지시가 어느 정도 변동되었는가 하는 비율이다. 변경 지시가 당월 투입 시점에 맞으면 급히 서둘러 투입 품종의 교체가 가능하겠으나, 이미 투입된 경우는 그대로 진행시켜 제품재고로 하든지 공정 도중에 중단시켜 공정 재공으로 하든지 둘 중 하나일 것이다. 공정 재공으로 하게 되면 더 이상의 부가가치 증가는 막을 수 있으나, 재공 증가에 따른 재공유지일수가 길어지게 되는 바람직하지 못한 일이 생긴다. 또 별도로 공정내 동결조치를 취하든가 또는 어딘가에 보관해야 하는 문제가 발생한다.

이런 이유로 생산계획의 변동은 라인의 혼란을 초래하게 되므로 지표로써 관리하는 것이 가장 바람직하다.

② 장기정체재공율 · 과잉정체재고율

생산계획의 변동으로 공정내 발생한 장기 정체 재공이나 완성품으로 입고되어 과잉 정체 재고로 남아 있는 제품의 금액을 관리하고자 하는 것으로, 팔리지 않는 것, 팔릴 전망이 전혀 없는 제품은 폐기 등의 조치가 필요하다.

③ 평준화율

생산 · 투입지시의 편차를 평균치로 나눈 것이다. 이것을 전체수량 베이스로 카운트하는 경우도 있고, 품종별 수량을 보는 경우도 있다. 또 특정한 공정에 대한 부하의 변동을 평균 부하로 나눈 것을 사용하는 경우도 있을 것이다. 통상적으로 매일의 투입 수량이 전체적으로 큰 폭으로 변하는 일은 적다고 해도, 품종의 편중 등으로 인해 특정 공정이나 설비에 대한 부하의 변동이 커지게 된다. 때문에 자재 대기나 자재 폭증이 뒤섞여 설비 능력분의 생산이 불가능해 진다. 따라서 평준화율을 관리할 때에는 neck 공정이나 neck 설비에 대한 부하 변동을 통제하는 것이 매우 중요하다.

4) 공정관리 지표의 상호 관련

라인 운영에 있어서 일상업무의 우선순위 판단기준은 다음과 같다.

S(안전) > Q(품질) > D(납기) > C(원가) > F(체질개선)

여기서 안전이나 품질이 확보됐다고 전제하면 delivery(=납기)가 다음으로 최우선 항목이 된다. (그림 9 - 10)에서 달성지표로 든 3항목 즉, 약속납기준수율, 생산달성율, 재공유지일수 등은 모두 납기를 확보하기 위한 기본적인 요소다.

다음은 효율지표로 위에서 기술한 3항목, 인원효율, ST달성율, 설비가동율(可動率), 재고자산회전율 등은 크게 보면, cost(=원가)에 관련된 항목이다. 그리고 마지막으로 나타낸 공정관리효율 지표는 fundamentals(=체질개선)으로 카운트

할 수 있는 내용이다.

그러므로 일상의 운영업무를 수행하는 매크로적으로는 다음과 같은 우선 순위로 관리하는 것이 바람직하다고 할 수 있다.

달성지표 > 효율지표 > 공정관리효율 지표

4.3 공정관리시스템

1) 공정관리시스템 기능

(1) 반도체 제품의 동향과 공정관리

공정관리시스템에 요구되는 목표 기능을 검토할 때는 가장 먼저 관련된 제품의 최근 기술 동향을 살펴보아야 한다. 반도체 제품을 생산하는 라인인 경우에는 다음과 같은 내용들이 검토되어야 한다.

① 제품의 고미세화, 고기능 · 고직접화

신제품을 조기에 양산하기 위해서는 개발 machine의 확인(양산라인), 프로세스 안정화 등에 의한 수율의 향상 및 공정의 안정화가 절대적으로 필요하다. 이를 위해서는 회전을 빨리하여 단기간 내에 디버깅을 종료해야 되고, 따라서 공기 단축은 필수적이다.

② 파운드리 제품의 확대

custom, semi custom을 포함한 foundary 분야의 확대로 다품종소량 생산 분야가 급속도로 증가하고 있다. 이들은 표준제품이 아니며, 어디에선가 사서 맞추면 되는 것이 아니므로, 생산수량이나 납기의 확실성이 요구되며 확실한 납기 회신도 요구된다.

③ 제품 수명의 단축

완제품의 수명 단축과 함께 반도체 제품의 수명도 점점 짧아지고 있다. 또한 수요의 변동폭도 커지고 있으므로 공정 재공을 적게하여 과잉재공의 발생을 방지함과 함께 공기 단축으로 시장의 수요 급증에 대처해 나가야 한다.

④ 설비상각비 부담의 상승

제품의 고도화에 따라서 매출액에 대한 상각비율이 점차 증가하고 있으며, 제품 원가에도 큰 영향을 미치고 있다. 따라서 라인 through-put을 극한까지 상승시켜 그 부분의 투자를 최대한 억제하는 것이 필요하다. 라인 through-put을 올리는 데는 라인 밸런스 개선에 의해 neck 공정을 만들지 않도록 하고, 또 생산의 평준화 등으로 무부하의 발생을 방지하는 것이 필요하다.

(2) 공정관리시스템의 목표 기능

① 라인 전체의 재공 삭감 · 공기 단축

특정 제품 · 특정 lot 뿐만 아니라 라인 전체의 평균적인 공기(리드 타임) 단축이 절대적으로 필요하며, 관리 지표로써는 앞에서 설명한 재공유지일수가 가장 적합하다. 재공유지일수의 단축을 위해서는 각 공정의 재공을 평준화하고 줄여 나가야 한다. 공기와 재공량은 1:1의 비례 관계에 있으며 재공을 줄이는 노력이 중요하다.

② 공기 예측 정도 향상

먼저 공정 재공을 실시간(real time)으로 파악할 수 있어야 한다. 또 lot의 진척 상황과 완성 스케줄을 예측할 수 있고, 또 예측 정도가 충분한 신뢰도를 가질 것이 요구된다. 재공의 real time 파악을 위해서는 입력 방법이 간단한 것으로 사용하고, 가능하면 자동 입력이 가장 바람직하다. 그와 같은 목적에서 bar code reader, 자동인식 등의 방법을 이용할 수 있다. 여기서 파악된 특정 lot의 진행 예측에는 공정마다의 표준 공기 등이 쓰일 수 있지만, 재공량이나 공기의 차이가 크면 공기 예측뿐 아니라 공정 중에서의 bottle neck이나 자재대기 등의 발생 예측도 불확실하게 된다. 또 각 공정의 재공이 기준 재공을 넘지 않도록 하는 재공관리와 철저한 선입선출로 공기 편차 감소가 모든 관리의 base로 중요하다고 할 수 있다.

③ 긴급, 초긴급 공기 대응

주문 제품의 생산을 담당하는 경우, 그 공정관리시스템은 긴급한 공기에 대한 대응을 할 수 없으면 안 된다. 고객의 라인이 정지되는 등, 긴급한 상황이 발생할 때는 top으로부터 정신차릴 틈도 없이 지시가 떨어지므로 그와 같은 초긴급 공기에서도 큰 문제없이 제 기능을 할 수 있는 시스템이 필수적으로 필요하다. 여기서 라인에서 초긴급생산의 의미를 이해하기 위해 통상의 생산에서 초긴급에 이르는 스텝을 설명한다.

- 통상생산(normal): 선입선출
- 긴급생산(urgent): 재공품 중에서 우선 투입(선입선출의 rule을 예외적용)
- 초긴급생산(superurgent): 우선 투입 lot를 handling하며, 시간스케줄에 따른 후공정의 대기 등이 발생함

이와 같은 긴급 대응으로 룰을 깨면 당연히 공기의 편차는 증대하게 된다. 그러나 그 경우에도 가능한 선입선출을 지켜 통상과 긴급으로 공기 분포를 2개의 축으로 구분할 수 있고, 각각이 샤프한 형태가 되도록 관리해 나가야 한다.

④ through-put 최대

제품의 수명 주기에서 성숙기가 되면 총수요가 점차 라인의 능력을 초과하는 현상이 발생함으로 최대한의 output이 요구된다. 전 라인의 through-put을 최대로 하기 위해서는 bottle neck 공정의 output을 최대한으로 올려야 한다. 그 공정이 정지되지 않도록 재공량의 증가를 받아 들이지 않으면 안 되는 일도 있다. 그러나 그러한 경우에도 전공정이 느슨해지지 않는 시스템의 운영이 필요하다.

⑤ neck 공정에 대한 조정 기능

neck 공정이 stepper나 predeposition implantor 장치와 같은 경우 동일 lot이

다른 공정에서 몇 번이고 그 장치를 통과하게 된다. 동일공정의 재공을 한 lane으로 한 경우 서로 다른 lane 간에서도 선입선출을 적용하는 문제는 원칙적으로 선입선출을 적용해야 하나, neck 공정의 run down을 막기 위해 우선투입 lane이 생길 수 밖에 없다. 이런 경우 lane 내에서는 선입선출을, lane 간에는 CPU에 의한 우선투입지시에 의하는 것으로 하는 것이 바람직하다. 특히 공정전체의 재공량을 적게 콘트롤하는 경우에는 이런 세심한 배려가 더욱 필요해진다.

⑥ 작업성이 좋은 시스템일 것

작업자의 입장에서, 조작하기 쉬운 시스템이어야 한다. 컴퓨터에 의한 투입 lot 지시도, 때로는 지시된 lot을 찾는 데 시간이 걸리는 경우가 발생하므로 주의해야 한다. 그것에 대해 선입선출이나 lamp 등에 의한 우선 투입 lane의 지시는 알기 쉬운 룰이다.

작업자에게 있어서의 또 하나의 과제는 입력하는 수고를 줄이는 것이다. 키보드가 많이 사용되고 있지만 역시 bar code reader기, 터치판넬 또는 자동인식 등을 사용하는 것이 바람직하다.

⑦ 제품, 프로세스의 변경 등에 대한 flexibility

라인은 생명체이다. 프로세스 개선이나 변경은 일상 다반사이지만 수요 동향에 따라서는 DRAM ↔ nonDRAM, memory ↔ SYS.LSI라는 제품군까지 변하는 일이 발생할 수 있다. 또 동일한 제품군에서도 미세화의 진전에 따라 nega process에서 posi process로 바뀌는 경우도 있고, 감광·노광 횟수나 implantor 작업의 횟수가 변하는 경우도 있을 것이다. 생산관리시스템도 생산시스템 자체와 마찬가지로 flexible한 대응이 가능하도록 운영되어야 한다.

⑧ 라인의 체질 개선을 구축

생산관리시스템을 아무리 완벽히 구축해도 라인에 문제가 많아서는 좋은 결과를 얻을 수 없다. 예를 들면, 설비의 돌발고장이 잦다거나 수리 복구 시간이 길고, 품종 교체에 긴 시간이 소요되고 작업자가 단능공이라 한 사람만 결근해도 라인 운영에 차질을 빚는 등의 경우를 들 수 있다.

따라서 라인의 체질개선과 생산관리시스템은 쌍방이 순조로운 작동을 해야 한다. 생산관리시스템 중에 이러한 라인의 체질개선을 촉진하고 가속화 시킬 수 있도록 구축되는 것이 매우 바람직하다 할 수 있다.

2) 라인 형태

다음은 공정관리시스템의 대상이 되는 라인 형태에 대해서 살펴보기로 한다.

(1) job shop vs flow shop

flow shop라인이란 컨베어 라인과 같은 것이다. 제품이 흐르는 경로에 따라 설비를 배치하고, 제품은 뒤로 되돌아 가지 않고 일정한 방향으로 흘러 가게 된다. 이에 비해 job shop 방식의 경우에는 현장은 기능 구분에 의해 편성되어 있고, 예를 들면 반도체라인인 경우 확산공정, 노광공정, CVD공정 등으로 구분으로 되어 있다. 따라서 제품은 공정간을 공정순서에 따라 순환하면서 반복하여 진행하게 된다.

특히 반도체 FAB라인의 경우에는 공정수가 많고, 그 밖에도 기본이 되는 프로세스의 반복이 많은 점, 또 현재나 장래의 다양한 프로세스의 제품에 대응하지 않으면 안되는 등, job shop 방식이 기본으로 사용되고 있다. 또한 일부 공정을 몇개의 블록으로 구분하고, 블록내는 job shop, 블록간은 flow shop 방식으로 하는 절충안도 시도되고 있다.

(2) 전용라인 vs 비전용라인

DRAM과 같은 표준제품을 대량생산하는 것은 전용라인을 구축하는 것이 가능하다. 그러나 시장의 수요 변화에 따라 가동율이 낮아질 수 있고, 또 차세대 제품으로 전환하는 경우에는 프로세스의 변경으로 고생하게 된다. 이러한 여러 가지 경우에 대비해 차선책을 취하려면, 역시 비전용라인을 지향하게 된다. 여기서 범용라인이라는 말을 사용하지 않는 것은 어떤 범위에서 멀티 프로세스 대응이 가능하면 충분한 것으로 반드시 범용일 필요는 없다는 것을 의미한다.

(3) 소품종다량생산 vs 다품종소량생산

동일 프로세스의 제품에서도 다품종으로 구분되고, 다품종소량생산의 방향으로 향해가고 있다고 할 수 있다. 이에 대응하려면 라인으로서는 보다 플렉시빌리티가 높은 비전용라인을 지향하지 않으면 안 된다.

(4) 수작업라인 vs 자동화라인

제조공정에서 생산시스템은 대부분 작업자, 설비엔지니어, 공정엔지니어 등 인간이 포함되며, 공정에 인간이 개입되는 수준에 따라 수작업라인(manual), 반자동라인(semiauto), 자동화라인(fullauto)으로 나누어진다.

① 수작업라인

설비의 가동 및 제품·자재의 운반 등 모든 작업이 사람에 의하여 이루어지며, 인간의 힘과 기술로 조작되는 공구를 사용한다. 하나 이상의 작업을 수행하는 한명 또는 그 이상의 작업자로 구성된 시스템이다. 자재나 반제품을 고정해주는 지그 등이 사용될 수 있으며, 조립라인에서 각자의 공구를 가지고 작업하는 경우가 해당된다.

② 반자동라인

작업자가 동력으로 구동되는 기계를 조작하는 것으로 생산라인에서 가장 널리 사용되는 방식이다. 주문받은 제품을 가공하기 위해 선반을 조작하거나 컨베이어에 의해 작업물이 이동되고, 각 작업장에서 전동공구로 조립작업을 수행하는 작업자로 구성된 조립라인이 이에 해당한다.

③ 자동화라인

작업자나 사람의 직접적인 개입없이 설비 및 시스템에 의해서 모든 작업이 수행되는 시스템을 말한다. 제어기와 결합된 프로그램을 사용하여 자동화가 이루어지며, 모든 작업은 사람의 개입없이 자동으로 진행되어 진다. 완전자동화의 예로는 반도체 공장이나 석유화학 공장, 원자력 발전소 등을 들 수 있는데, 작업자들은 실시간 모니터링을 통하여 설비나 공정에 이상이 발생했을 때 조치하는 업무를 담당한다.

반도체 라인의 경우 예를 들어서 설명하면, 라인내 제품(lot, foup)은 생산계획에 따라 자동으로 투입 및 작업경로(route)가 결정되며, 이동은 모두 자동반송 장치에 의하여 이송되고 목적지(destination)까지 운반된다. 생산설비의 로딩/언로딩은 설비에서 자동으로 실행되며, 설비의 작업조건(recipe)은 제품(lot, foup)의 정보를 인식하여 자동으로 내려주고(download) 작업이 실행된다. 공정 중간에 대기가 필요한 경우에는 작업할 설비의 가장 가까운 곳에 위치한 저장창고(stocker) 저장된다. 공정 중간의 검사공정인 경우 자동으로 검사/계측을 수행하며, 정상인 경우에는 다음 공정으로 진행하고, 비정상인 경우에는 작업자 또는 엔지니어를 호출하여 필요한 조치를 받고 진행한다.

최근에는 위에서 언급한 공정관리 업무의 프로세스가 제품이나 라인의 특성에 맞추어 표준화되고 정형화되고 있으며, 공정관리의 중요한 업무들이 모두 반영되어 스마트팩토리 또는 스마트매뉴팩처링 시스템으로 진화하고 있다.

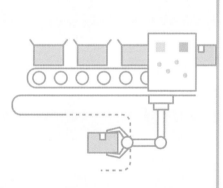

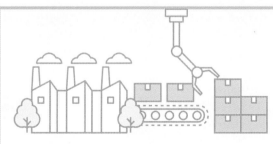

초일류기업을 위한 스마트생산운영

1.1 추진개요

1) 추진 배경

A사는 반도체 라인의 wafer 대구경화(200mm → 300mm)에 따른 full automation 의 필요에 의하여 생산시스템을 구축을 새롭게 추진하게 되었다. 절대 우위 경쟁력을 확보하기 위한 생산성 극대화를 위해 wafer 대구경화를 추진하였고, 수작업에 의한 wafer handling이 불가능하여 보다 정밀하고 복잡한 제품 생산과 진보된 엔지니어링 활동을 지원하기 위한 물류·생산·공정이 연계된 완전자동

비즈니스 환경의 급격한 변화	• 제품의 대구경화(300mm)로 작업자에 의한 운반 불가 • 집적도 증대/공정 복잡화/다품종 소량생산 • 분석 기법의 다양화 및 복잡화로 기술정보 증가
user requirements 의 다양화	• 수작업이 배제된 시스템 기반 생산제어 필요 • wafer level의 tracking 및 분석 필요 • 생산/기술/품질 data간 실시간 연계 필요 • 기준정보의 일원화 및 단일화 • 통합 UI 환경
IT 기술의 발전	• architecture 체계화 및 module/component 化 • 정보의 통합화 및 개인화 • 개발/운영 solution 전문화 • system 보안 기술 강화 • H/W 처리 능력 고도화 및 안정화

생산제어 / 공정제어 / 물류제어
engineering system based manufacturing & MES

물류/생산/공정제어
full automation 구축 필요

▲ 그림 10 - 1 full automation의 필요성

화 시스템의 필요성이 더욱 부각되었다.

2) 추진 목표

추진목표는 무인자동화 기반의 초일류 제조 경쟁력 확보에 있다.

무인자동화 시스템 구축을 통하여 유연하게 환경 변화에 대응하여 생산제어 분야의 기술 우위를 선점하고, 이를 바탕으로 강화된 운영우월성 기반의 초일류 제조 경쟁력을 확보하였다.

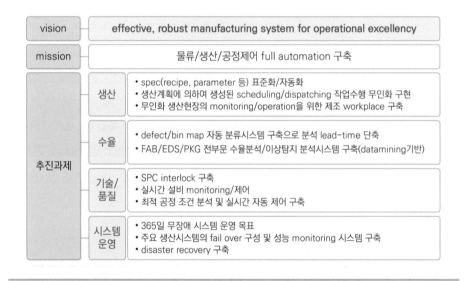

vision	effective, robust manufacturing system for operational excellency
mission	물류/생산/공정제어 full automation 구축

추진과제	생산	• spec(recipe, parameter 등) 표준화/자동화 • 생산계획에 의하여 생성된 scheduling/dispatching 작업수행 무인화 구현 • 무인화 생산현장의 monitoring/operation을 위한 제조 workplace 구축
	수율	• defect/bin map 자동 분류시스템 구축으로 분석 lead-time 단축 • FAB/EDS/PKG 전부문 수율분석/이상탐지 분석시스템 구축(datamining기반)
	기술/ 품질	• SPC interlock 구축 • 실시간 설비 monitoring/제어 • 최적 공정 조건 분석 및 실시간 자동 제어 구축
	시스템 운영	• 365일 무장애 시스템 운영 목표 • 주요 생산시스템의 fail over 구성 및 성능 monitoring 시스템 구축 • disaster recovery 구축

▲ 그림 10 - 2 full 자동화 추진목표

3) 추진 전략

• 경영 환경 변화에 앞선 IT기술 개발로 경쟁력 제고

반도체 부문의 물류/생산/공정제어 자동화 시스템인 Z-MES는 메모리 신성 장론에 입각한 business 환경 변화에 대비, IT기술 개발을 위하여 아래와 같은 technical roadmap 전략을 수립하여 지금까지 시행하였으며, 이에 맞추어 생산

시스템을 발전시켜 왔다.

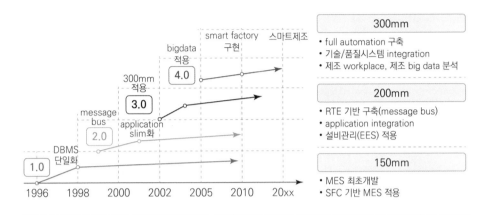

▲ 그림 10-3 반도체 라인의 MES 발전단계

1.2 MES 구축

1) Z-MES 개념

Z-MES는 반도체 생산 현장을 실시간으로 제어하기 위한 자동화시스템으로서 물류/생산 설비의 자동제어 및 작업공정의 자동화, 품질예방/수율향상을 위한 분석자동화, 그리고 모든 정보를 실시간으로 수집/분석하여 효율적인 생산이 가능하도록 365일 무정지 시스템으로 운영되는 제품 생산의 핵심 구성요소이다 (그림 10-4).

▲ 그림 10 - 4 Z-MES 구성요소

2) Z-MES 구성도

MES는 제조 프로세스의 최적화를 수행하는 제조정보관리 및 제어솔루션으로, 생산성을 향상시키고 제조안정성을 확보하기 위해 아래(그림 10 - 5)와 같이 각 계층별로 다양한 기능을 수행한다.

layer - Ⅰ (설비제어)은 제조 및 물류설비 자동화를 담당하며, 물류제어(MCS), 설비제어(TC) 모듈로 구성된다.

layer - Ⅱ (생산제어)는 생산을 제어하고 실행하는 업무를 담당하며, 작업지시, 생산실행, 설비엔지니어링 모듈로 구성된다. 생산실행은 MES 모듈 중 가장 중요한 모듈이기도 하고, 어떤 형태의 MES를 구현하더라도 반드시 필요한 모듈이다. 생산실행에서 다루는 주요 정보로는 로트, 캐리어, 설비, 라인, 에리어(area), 베이(bay), 프로세스(process), 룰(rule), 사양(specification), 파라미터 정보들이며, 이를 기반으로 biz rule 관리, tracking, operation 기능을 수행한다. 생산실행은 작업지시 모듈에서 발행된 work order를 기반으로 생산을 통제하고, 이 정보를 물류제어, 설비제어에 전달한다. 그리고 실행 결과 및 데이터를 입수하여 이를

필요로 하는 설비엔지니어링, 생산분석, 품질분석에 전달하고, 이들 모듈의 결과
물들을 다시 생산에 반영하는 역할을 수행한다.

　layer-Ⅲ(생산정보 관리)는 제품의 품질 및 생산성 향상을 목적으로 하며, 생
산분석, 품질분석 모듈이 있다.

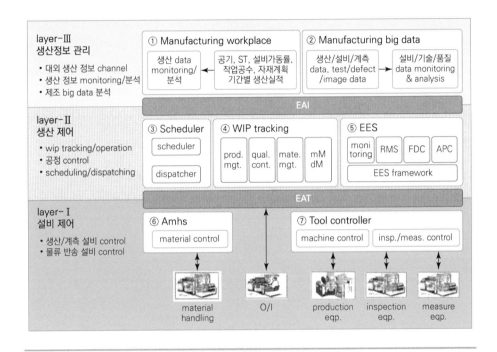

▲ 그림 10-5 layer별 주요기능

1.3 MES 전략과제

1) e-SPEC(표준화)

무인자동화(full automation) 라인을 구현하기 위해서는 수작업으로 관리되던 생산/공정의 표준을 자동화하여야 한다. e-spec은 기존의 복잡한 업무프로세스 및 각기 별도의 시스템에서 관리되던 문서 기반의 표준 관련된 프로세스를 단순화하고 통합하여, 자동으로 관리되도록 구현하였다. 엔지니어링(engineering) 업무와 관련된 변경사항 발생시 해당공정 및 생산의 표준이 자동으로 개정되도록 구현함으로서, 리드타임(lead-time)의 단축 및 사고를 사전에 예방하게 되었다.

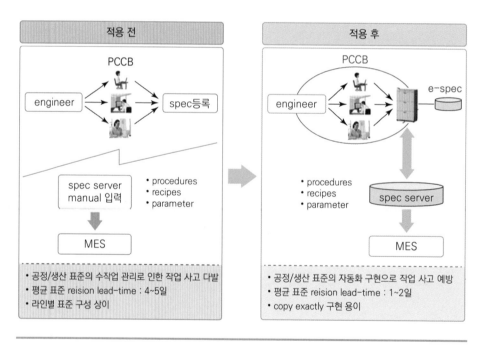

▲ 그림 10-6 기준정보 표준화

2) 무인자동화(full automation)

Z‑MES 기반의 무인자동화(full automation) 라인은 시스템에 의한 생산계획 및 작업진행 결정, 자동반송으로 완전 자동화된 생산방식을 의미하며, 라인 내 무인화 환경 및 rule에 의한 계획 생산으로 혁신적인 생산성 향상과 생산 lead‑time 단축을 달성하였다.

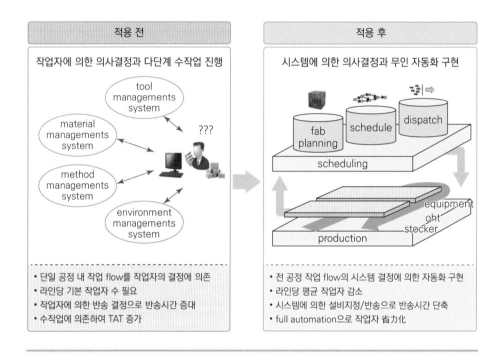

▲ 그림 10‑7 무인자동화(full automation)

3) SPC interlock

설비에서 발생하는 데이터는 크기가 방대하고 복잡하여, 단순히 제품의 규격 (spec)만을 check 하거나 작업자의 경험에 의존하는 품질관리를 하였다. 이러한 데이터 관리 방식에서 반도체 공정 특성에 맞도록 데이터 유형별 SPC 개념을 도입하고 이상 검출방법을 정의하여, 시스템에 의한 실시간 관리를 함으로서 사고 방지에 기여하고 있다.

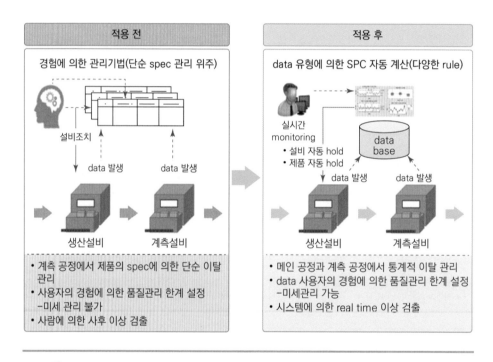

▲ 그림 10 - 8 SPC interlock

4) 실시간 설비 모니터링

process 진행 완료 후에 발생하는 설비의 요약된 데이터만을 이용하여 설비 및 공정을 관리하는 방식을 개선하여, process 진행 중에 발생하는 데이터를 수집하고 실시간 분석 결과를 산출해 낸다. 사전에 설비/공정의 이상 변동을 감지, 예측, 분석, 제어할 수 있도록 시스템화 함으로서 사고 방지와 생산성 향상에 기여한다.

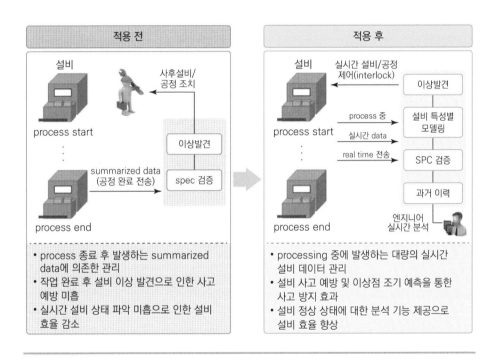

▲ 그림 10 - 9 Real Time 설비 모니터링

5) 선진공정제어

선진공정제어는 현재 lot에 대한 이전 공정에서의 계측 데이터나 동일한 설비에서 진행된 이전 lot들의 공정조건 및 계측 data를 이용하여 통계적인 제어 logic으로 현재 lot에 대한 최적 공정조건을 제시, 최적 생산조건을 유지하는 선진 공정제어 기법이다.

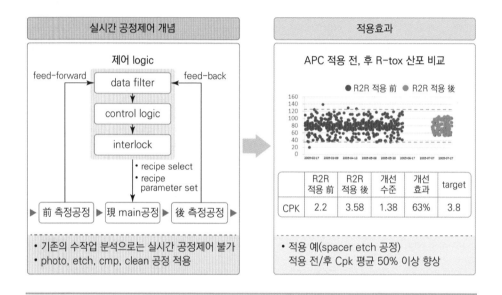

▲ 그림 10 - 10 advanced process control(APC)

6) 불량 원인탐색 자동화

 wafer defect/bin 결과 이상 lot이 발행한 혐의설비나 공정을 파악하기 위해서는 관련된 데이터를 추출하고 분석하는데 약 7일~15일이 소요되고 결과도 정확하지 않았으나, 프로세스와 분석 logic이 자동화된 혐의설비 탐지시스템을 통하여 수분내로 혐의설비를 정확하게 분석할 수 있게 되었다.

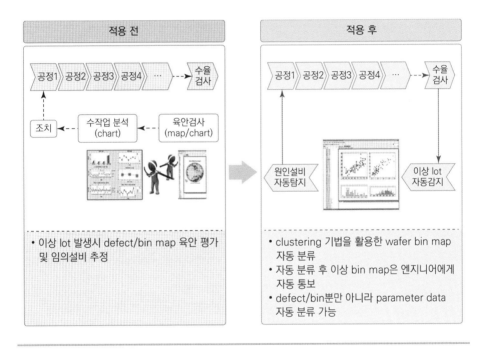

▲ 그림 10 - 11 defect data analysis

7) 시스템 무정지(non-down) 운영

무정지 생산환경 구축에 필요한 각 H/W의 이중화 및 backup과 재난 방지를 위한 원격지 DR(disaster recovery)서버 구축, 시스템운영에 영향을 줄 수 있는 요인에 대한 모니터링 및 장애분석, 운영업무 process 관리를 통합, 장애에 신속하게 대처할 수 있는 환경을 구축하였다.

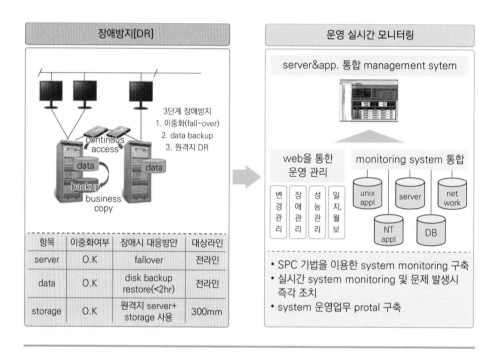

항목	이중화여부	장애시 대응방안	대상라인
server	O.K	fallover	전라인
data	O.K	disk backup restore(<2hr)	전라인
storage	O.K	원격지 server+ storage 사용	300mm

- SPC 기법을 이용한 system monitoring 구축
- 실시간 system monitoring 및 문제 발생시 즉각 조치
- system 운영업무 protal 구축

▲ 그림 10-12 실시간 시스템운영 모니터링

1.4 적용효과 및 성공요인

1) 유형 효과

Z-MES의 기대 효과로는 작업자의 성역화로 인한 인건비 절감, 생산성 향상으로 인한 설비투자 절감, TAT 단축으로 인한 재공비용 절감, 사고 예방으로 인한 손실 방지를 대표적으로 들 수 있으며, 그 외에도 공정제어로 인한 품질 및 가동률 향상까지 포함하면 더욱 큰 효과를 기대할 수 있다.

▌표 10-1 MES 적용효과

적용 효과	주요 내용	비 고
인건비 절감	자동화 구축으로 인건비 절감	인건비 기존대비 200% 이상 절감
설비투자 절감	설비당 생산량(양품) 증가로 설비투자 감소	설비투자 비용 기존대비 20% 이상 감소
재공비용 절감	TAT 단축으로 평균재공 감소	재공비용 기존대비 300% 이상 절감
사고예방	분석lead-time 감소 및 사고예방	기존대비 30% 이상 감소
수율향상	주요 제품의 수율 향상(1~10%)	적용 후 제품별로 1~10% 수율 향상

2) 무형 효과

Z-MES의 정량적인 기대효과 외에 시스템에 의한 작업 구현으로 신입사원 등 인력 변동에 의한 생산 변동이 감소하고, 작업이 단순해져 작업자 실수에 의한 사고 예방이 가능하며, 라인 증설시 정확하게 복사(copy exactly)하여 사용이 가능하다.

① 작업자의 작업 방법을 단순화하여 작업자 이동(퇴사, 전배)에 따른 생산성 변화 억제 및 신입 인력의 조기 라인 투입 가능
② 작업자의 작업 방법의 단순화로 제품품질 균일화
③ 시스템에 의한 생산방식 제어로 다품종소량생산 가능

④ map 분석자동화로 엔지니어 업무의 효율화

⑤ 기술분석자동화로 신입 엔지니어도 10년 근무한 엔지니어처럼 고급분석 수행 가능하고, 축적된 분석 logic은 회사의 knowledgebase로 활용 가능

⑥ database 및 시스템의 통합 모니터링으로 장애 감소

⑦ 신규라인 setup시, 물류/생산/공정제어 시스템 조기 구축으로 공기 단축 가능

3) 핵심 성공요소

단순한 시스템의 개발이 아니라 생산 현장에 밀착하여 문제를 함께 파악하고, 이에 대한 해결 방안을 제시하는데 앞장서 토탈 솔루션 프로바이더(total solution provider)의 역할을 수행하여 세계 최고의 일류 기업으로 거듭나는 원동력이 되었다.

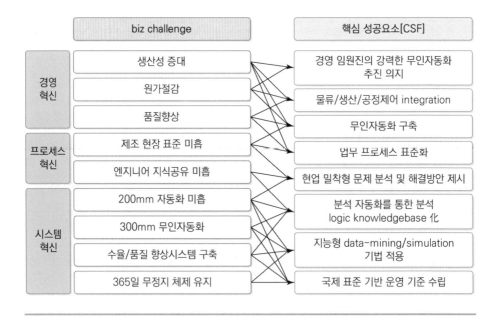

▲ 그림 10 - 13 핵심 성공요소

02 | 생산시스템 사례연구

    본 장에서는 글로벌 반도체 제조기업들의 생산시스템 구축사례를 비교하여 살펴보고자 한다. 공장전체의 운영(operation)에 필요한 생산자동화(MES포함), 물류자동화, 품질관리 및 수율관리, 개발관리 측면에서 각사의 강점(strong) 및 약점(weakness)을 살펴보았다.

    본 자료는 2000년대 초 announced된 자료를 바탕으로 작성되었으며, 현재의 시점에서 보면 많은 진화가 되었으리라 의심치 않는다. 저자는 비록 과거의 자료이지만 이러한 비교분석을 통하여 글로벌 기업들의 강점과 약점, 장단점을 파악해보고 나아갈 방향을 설정하는데 많은 도움이 되리라 생각한다. 또한 본 사례연구를 통하여 기업의 제조경쟁력을 한단계 끌어올리고, 지속적 경쟁우위를 확보하는 밑거름이 될 것으로 기대한다.

2.1 현황

    글로벌 반도체 제조기업인 A사와 B사의 자동화 현황은 다음과 같다.

▌표 10 - 2 B사 & A사의 자동화 현황

주요 기능	B사	A사
SPC	MES(A사)	in house
APC	EPT(B사)	in house
FDC	triant	in house
scheduling	adexa	ILOG
middle ware	tibco RV	tibco RV
RTD	brooks	brooks

CHAPTER 10 생산시스템 구축사례   387

A사는 생산·품질·수율 관련시스템은 자체개발(in‒house)이 많으며, B사는 개발을 대부분 out sourcing에 의존하고 있는 것으로 보여진다.

2.2 생산자동화

┃표 10‒3 생산자동화 업무 비교

검토 항목	B사	A사
생산제어 MES 부분	• A사는 자동화 단계별 서로 다른 MES 도입으로 이기종 MES 혼재함 ‒ 운영, 유지, 확산시 어려움	전체 국내외 fab에 자체 MES 구축으로 단일 MES 체계 운영함 • 운영, 유지, 확산시 용이함
신규라인 확산 부분	• HQ에서 Eng'r 및 작업자까지 파견 • 기존 라인의 정예 설비 전문인력 파견 • 자동화 시스템관련 인력은 사전 TF 운영	• 전담 TF를 구성하여 대응 • 설비 도입/자동화구축/양산 적용기간 단축
설비 engineering 업무	• R2R: photo와 CMP 등 부분 도입 적용 • RMM: fab wide 확산은 아니고 특정설비군에 적용, 사후 모니터링 체계 • 설비 단위의 성능분석체계(EPT) 적용	• EES 전체 5 module의 300mm라인 확산적용 • RMM: 설비작업 진행 전 interlock 적용 ‒ 사전예방 및 사후 모니터링 체계 • 설비 효율관리 및 분석(EPT/MCC) 적용

생산(capa, 운영) 부분	• 라인 최대 16만매 생산관련
	  ‒ 라인 + end fab, send fab capa 활용
	• 300mm라인인 경우 생산계획 2배 재공
	  ‒ fab TAT는 약 40~50여일
		• fab TAT는 약 30~40여일
		• 라인별 DRAM/NonDRAM 혼재하여 생산

① 생산제어 MES 부분

B사는 이기종 MES시스템 적용으로 라인간 생산정보 공유에 문제가 발생할 수도 있다고 보여진다.

② 신규라인 확산 부분

B사는 자동화·설비자동화 등 시스템 구축시, 현업·자동화·외주 등 단일 TF를 구성하여 추진하고 있다.

③ 설비engineering 업무

• B사는 설비전문가 양성 및 개선활동 실행 체계가 우수하다고 보여진다.

• FDC자격 인증제도 및 BP사례 공유를 제도적으로 운영하고 있다.

④ 생산(capa, 운영) 부분

최대 16만매 생산을 달성하기 위하여 end fab, send fab capa를 최대한 활용하고 있으며, 생산자동화·물류자동화 부분을 활용하여 생산효율을 극대화하도록 시도하였다.

2.3 물류자동화

▌표 10-4 물류자동화 업무 비교

검토 항목	B사(k라인 기준)	A사(j라인 기준)
물류시스템 구성 (300mm)	• H/W: D사 　- unified OHT 　- STB(약 1,900개) 　- stocker(약 11대)	• H/W: D사 　- unified OHT + OHS 　- STB(약 800개) 　- stocker(약 13대)
신규라인 setup	• 일괄투자 　- 생산설비 약 90% 도입, 물류 약 100% 도입 • k라인은 약 4.0개월 정도 소요	• phase별 구분 투자 　- 생산설비의 capa.분 만큼 물류투자 　- 회사의 비용절감 원칙에 따라 향후 증설투자 • j라인 경우 약 4.0개월 정도 소요
물류 운영	• 신규라인 추진시 물류 setup 인원과 운영인력이 투입되고, setup완료 후에는 전원이 운영 담당함 • 라인 shift 근무는 B사 직원이 담당함 　(D사 Eng'r는 on call service 함)	• 신규라인 추진시 물류setup 인원을 투입하여, 일부가 운영을 담당하고, 나머지 인원은 차기 신규라인 추진함 • 라인 shift 근무는 D사 국내지사에서 out sourcing 함
라인간 물류연결	• 단일층 구조로 되어 있고 건물이 인접해서 연결 용이함(stocker 사용) • 이격된 건물간 이동은 manual 반송함	• 2개라인이 복층 구조를 이룸 • 건물간 연결은 초기시 고려되지 않아 연결시 물류, 건축 개조비용 과다발생

① 물류시스템 구성(300mm 대응)
- j라인의 경우 생산 증가에 대비하여 OHS를 도입하였다.
- 물류제어 업무는 자동반송업체에 모두 일임한 방식으로 관리의 편의를 도모하고 있다고 보여진다.

② 신규라인 setup
- B사는 물류시스템을 일괄 도입함으로써 setup 인력과 단계별 투자에 따른 기회손실을 최소화하였다고 할 수 있다.
- j라인은 생산phase별로 나누어 투자를 진행하였다.

③ 물류 운영

- B사의 경우 현장 불합리 파악 및 대응이 빠르다고 볼 수 있다.
- j라인의 경우 자체 인력은 최소화하고, 물류운영 업무를 전문업체에 out sourcing을 하고 있다.

④ 라인간 물류연결

- 기획 단계에서 라인간, 건물간 연결 여부를 의사 결정하고, 사전 준비작업이 필요하다.
- over bridge 등 설치를 고려해서 건물 층별 높이에 대한 표준화가 필요하다고 보여진다.

2.4 품질관리

▌표 10 - 5 품질관리 업무 비교

검토 항목	B사	A사
interlock 신뢰성	advanced alarm control 기능 개발 • 진성alarm만 Eng'r가 trace함으로써 업무 효율 향상됨	진/가성alarm 구분 입력 가능 • 진성alarm만 Eng'r trace함
FDC vs. 수율 상관분석	중점 추진 과제로 선정 진행 • 분석시스템 간 integration 완성	• 알고리즘 검증 완료 • 가상계측시스템 개발
현장 교육 및 업무지원	• 교육: FDC전문업체 활용, 내부강사 양성 및 advanced 교육체계 운영 • site 간 FDC 활용 사례를 공유 및 재활용함으로써 현장 활성화 유도함 • 업무지원: fab Eng'r idea 반영위한 FDC 전문업체 활용 　- 고객 요구사항의 적기 반영	• 교육: 신규라인 전체 교육 및 정기과정개설 진행 • FDC 추진위원회(라인FDC 대표자)를 진행하고, 결과는 월간 리포트를 발행하여 공유함 • 운영팀 내 전문가 활용
현장 엔지니어 대응 자세	모든 Eng'r가 FDC를 필수시스템으로 인식, 현장 업무에 적극 활용함(사전예방 목적)	모든 Eng'r가 FDC를 필수시스템으로 인식
전문가 양성	각 fab 별 FDC 전문가를 양성하여, 해당 fab 및 신규라인 setup시 이들이 중심이 되어 추진함	운영팀에서 주도적으로 진행하며, fab 별로 FDC 전문가 양성함

① interlock 신뢰성

B사는 진성alarm만 엔지니어가 trace함으로서 업무효율이 향상된다고 할 수 있다.

② FDC vs 수율 상관분석

- FDC와 수율·품질 간의 상관관계를 도출하여 활용하고 있다.
- B사는 분석시스템 간 integration을 완료하였고, A사는 알고리즘을 개발하여 적용하고 있다.

③ 현장교육 및 업무지원

- A사는 설비전문가 양성 및 체계적인 지원이 필요한 것으로 보여진다.
- B사는 FDC 전문업체를 활용하여 전문가를 양성하고, 라인 간 사례를 공유하여 시너지 효과를 극대화하였다.
- 양사 모두 시스템상 관리항목이 너무 많아서 관리항목을 줄이는 활동이 필요한 것으로 보여진다.

④ 현장 엔지니어 자세

- B사는 모든 엔지니어가 FDC를 필수시스템으로 인식하여 엔지니어링 활동에 적극 활용하고 있다.
- 많은 시스템의 사용으로 관리해야 하는 항목이 많고, 필수항목 선별 및 라인간 표준화 추진이 필요하다고 할 수 있다.

⑤ 공통부문

공정·설비별로 전문인력을 양성하고, 전담업무로 지정하여 설비별 핵심인자를 찾고 관리하는 활동이 필요한 것으로 보여진다.

2.5 개발관리

┃표 10 - 6 개발관리 업무 비교

검토 항목	B사	A사
개발 - 양산 process	연구소 → 양산(2 단계) • 양산개발 업무는 각 50:50 분담	연구소 → 양산개발 → 양산(3 단계) • 준qual.로 양산개발 기간단축

전사 프로세스
혁신 프로그램
	• RTIP(real time interactive parallel) 혁신활동 추진
	  - 대표이사 주관, 초일류 반도체 생산기업 부상 및
	    최고의 가치 창조 활동
	[5대 혁신 과제]
	• 전략적 경영관리시스템 구축
	• workflow기반 정보공유 체계
	• 고객중심 design - in 체계
	• 통합기준정보관리시스템 구축
	• 협력업체 평가/육성체계
		• 개발혁신1기(PDM), 개발혁신2기(PLM)에
		  이어, 3대 혁신 과제 추진 중
		
		[3대 혁신 과제]
		• 준qual
		• DFM 정착화
		• 라인 간 표준화

IT 인프라(PLM)	• CPI(collaborative product innovation)가 core 시
	  스템이라고 할 수 있음
	• tool: windchill
	• next: target costing
		• 개발 workplace를 중심으로 관련시스템
		  통합 구축/운영함
		• tool: teamcenter(BPM 기반 in - house
		  로 전환)

IT 인프라(BPM)	• 도입 추진중(project mgmt. 영역 강화) • tool: realweb, bizflow	• 도입 완료(협업형 project mgmt.) • tool: bizflow

① 개발 - 양산 process

준qual. 활동(단계)을 통하여 양산개발 기간을 단축하고 있다.

② 전사 프로세스 혁신 프로그램

A사 혁신 과제 중, 2, 3번 과제는 B사 대비 경쟁우위를 가질 수 있는 요소로 보여지며, 이에 대한 전략적 IT 대응이 성공을 견인할 수 있다고 할 수 있다.

③ IT 인프라(PLM)

B사의 (CPI + target costing) 추진은 A사는 total cost 관점으로 접근하며 PLM 차원에서 추진하는 것으로 보여진다.

④ IT 인프라(BPM)

제품개발·과제관리에 BPM을 접목하여, 개발정보공유 및 기간단축·조기품질확보 노력을 주 목적으로 추진하고 있다.

2.6 수율관리

▌표 10 - 7 수율관리 업무 비교

검토 항목	B사	A사
monitoring	SPC경우 사용자 임의 조회, 사전 정의된 일 단위 chart 모니터링 기능을 제공함	B사와 동일한 기능을 제공하고 있으며, 추가적으로 이상(추세/산포 등) 감지로직을 적용한 fab warning 리포트와 EDS wafer map 이상pattern warning 리포트를 제공함
수율분석	• A사의 분석시스템과 동일솔루션(e-cube, i-miner)을 이용한 통계/마이닝 분석툴을 운영함	• data 분석툴인 spotfire를 이용한 비정형 분석 기능을 제공함 • 분석 기능을 정형화하여 이상감지 및 분석/피드백을 자동화 함 - SBL 분석/sleuth분석/동일성 검증 등 제공
defect 분석	• 기능적인 측면은 A사와 동일한 수준임 - wafer map, kill ratio 분석, DSA 등 • 설비와의 인터페이스 모듈과 application 모듈의 통합 환경으로 구축됨	• 설비 인터페이스 모듈과 application 분리됨 • defect 모니터링/분석 기능은 수율분석시스템에 통합됨
변경점 분석	공정/설계 변경점 관리를 하고 있으나, 분석 작업은 자동화 되지 않음	PCCB/PM/소재 변경점에 대해 자동으로 변경 전·후 유의차를 분석하고 사용자에게 reporting 함

① monitoring
- B사는 수작업 모니터링 대상 항목을 표준화하여 일단위 리포트가 자동 발행된다.
- A사는 부서별/수작업 모니터링 및 이상 자동감지 등 모니터링 툴이 다양하다.

② 수율분석

A사는 B사에 비해 상대적으로 다양한 기능의 시스템 인프라를 구축하였으나, 지나치게 자동분석에 의존적일 경우 엔지니어의 분석력 저하 등 부작용도 가져올 수 있다.

③ defect 분석

B사의 경우 통합된 시스템 환경으로 시스템 개발/운영 효율이 높다고 볼 수 있다.

④ 변경점 분석

A사는 변경프로세스 자동화를 통해 업무 효율화 및 변경사고 등이 감소 추세이나, 과도한 투자와 엔지니어의 시스템 의존도를 증가(분석력 저하)시킬 수 있다고 보여진다.

⑤ DOE/통계tool, 수율컨설팅

수율분석 방법의 차이보다는 보유tool의 적극적 활용이 관건으로 조직적인 활용체계 구축이 필요하다고 할 수 있다.

부록 관리한계 계수표

샘플 크기 (n)	x̄ Chart 관리한계				σ Chart 중심선		관리한계				R Chart 중심선			관리한계			
	A	A_2	A_3	E_2	C_4	I/C_4	B_3	B_4	B_5	B_6	d_2	I/d_2	d_3	D_1	D_2	D_3	D_4
2	2.121	1.880	2.659	2.66	0.7979	1.2533	0	3.267	0	2.606	1.126	0.8865	0.853	0	3.686	0	3.267
3	1.732	1.023	1.954	1.77	0.8862	1.1284	0	2.568	0	2.276	1.693	0.5907	0.888	0	4.358	0	2.574
4	1.500	0.729	1628	1.46	0.9213	1.0854	0	2.266	0	2.088	2.059	0.4857	0.880	0	4.698	0	2.282
5	1.342	0.577	1.427	1.29	0.9400	1.0638	0	2.089	0	1.964	2.326	1.4299	0.864	0	4.918	0	2.114
6	1.225	0.483	1.287	1.18	0.9515	1.0510	0.030	1.970	0.029	1.874	2.534	0.3946	0.848	0	5.178	0	2.004
7	1.134	0.419	1.182	1.11	0.9594	1.0423	0.118	1.882	0.113	1.806	2.704	0.3698	0.833	0.204	5.204	0.076	1.924
8	1.061	0.373	1.099	1.05	0.9650	1.0363	0.185	1.815	0.179	1.751	2.847	0.3512	0.820	0.388	5.306	0.136	1.864
9	1.000	0.337	1.032	1.01	0.9693	1.0317	0.239	1.761	0.232	1.707	2.970	0.3367	0.808	0.547	5.393	0.184	1.816
10	0.949	0.308	0.975	0.98	0.9727	1.0281	0.284	1.716	0.276	1.669	3.078	0.3249	0.797	0.687	5.469	0.223	1.777
11	0.905	0.285	0.927	0.95	0.9754	1.0252	0.321	1.679	0.313	1.637	3.173	0.3152	0.787	0.811	5.535	0.256	1.744
12	0.866	0.266	0.886	0.92	0.9776	1.0229	0.354	0.646	0.346	1.610	3.258	0.3069	0.778	0.922	5.594	0.283	1.717
13	0.832	0.249	0.850	0.90	0.9794	1.0210	0.382	1.618	0.374	1.585	3.336	0.2998	0.770	1.025	5.647	0.307	1.693
14	0.802	0.235	0.817	0.88	0.9810	1.0194	0.406	1.594	0.399	1.563	3.407	0.2935	0.763	1.118	5.696	0.328	1.672
15	0.775	0.223	0.789	0.86	0.9823	1.0180	0.428	1.572	0.421	1.544	3.472	0.2880	0.756	1.203	5.741	0.347	1.653
16	0.750	0.212	0.763	0.85	0.9835	1.0168	0.448	1.552	0.440	1.526	3.532	0.2831	0.750	1.282	5.782	0.363	1.637
17	0.728	0.203	0.739	0.84	0.9845	1.0157	0.446	1.534	0.458	1.511	3.588	0.2787	0.744	1.356	5.820	0.378	1.622
18	0.707	0.194	0.718	0.82	0.9854	1.0148	0.482	1.518	0.475	1.496	3.640	0.2747	0.739	1.424	5.856	0.391	1.608
19	0.688	0.187	0.698	0.81	0.9862	1.0140	0.497	1.503	0.490	1.483	3.689	0.2711	0.734	1.487	5.891	0.403	1.597
20	0.671	0.180	0.680	0.80	0.9869	1.0133	0.510	1.490	0.514	1.470	3.735	0.2677	0.729	1.549	5.921	0.415	1.585
21	0.655	0.173	0.663	0.79	0.9876	1.0126	0.523	1.477	0.516	1.459	3.778	0.2647	0.724	1.605	5.951	0.425	1.575
22	0.640	0.167	0.647	0.79	0.9882	1.0119	0.534	1.466	0.528	1.448	3.819	0.2618	0.720	1.659	5.979	0.434	1.566
23	0.626	0.162	0.633	0.78	0.9887	1.0114	0.545	1.455	0.539	1.438	3.858	0.2592	0.716	1.710	6.006	0.443	1.557
24	0.612	0.157	0.619	0.77	0.9892	1.0109	0.555	1.445	0.549	1.429	3.895	0.2567	0.712	1.759	6.031	0.451	1.548
25	0.600	0.153	0.606	0.86	0.9896	1.0105	0.565	1.435	0.559	1.420	3.931	0.2544	0.708	1.806	6.056	0.459	1.541

참고문헌

강금식, 품질경영, 박영사, 2011.

고승회 외, 왜 삼성인가, 비즈니스맵, 2012.

김남영, 스루풋 맥스 전략, 박영사, 2015.

김영인, 신 TPM, 돋을새김, 2004.

김창욱, 생산공정관리, 연세대학교, 2014.

나승훈 외, 설비효율화를 위한 설비관리시스템, 형설출판사, 2012.

도요타생산방식을 생각하는 모임, 도요타생산방식, 2006.

도요타생산시스템, 삼성전자, 1997.

리차드 장, 업무프로세스 혁신, 21세기북스, 1997.

문근찬, 현대생산관리, Kpics, 2008.

반도체공장의 현장경영, 삼성전자, 1991.

송재용 외, SAMSUNG WAY, 21세기 북스. 2013.

신동민 외, 스마트제조, 이프레스, 2017.

심현식, 스마트제조시스템, 박영사, 2020.

안영진, 생산운영관리, 박영사, 2016.

엘리골드렛 외(강승덕 외 번역), THE GOAL, 동양북스, 2019.

유노가미 다카시(임재덕 옮김), 일본 반도체 패전, 성안당, 2012.

유지철, 스토리텔링 생산경영, 한올출판사, 2013.

이시이 마사미쓰, 도요타 생산방식 입문, 동양문고, 2005.

이영훈, 한국형 생산방식, 그 가능성을 찾아서, 삼성경제연구소, 2006.

정남기, TOC 재고관리: 매출증대와 재고감축의 핵심엔진, 시그마프레스, 2013.

정동곤, MES 요소기술, 한울, 2013.

정동곤, 스마트팩토리, 한울아카데미, 2017.

제임스 이그니지오(이영훈 외 옮김), 옵티마이징 팩토리, 럭스미디어, 2012.

최진욱 외, 공장관리와 설비관리: TMP추진활동중심, 한올출판사, 2010.

케빈 멕코맥(KMAC역), 비즈니스 프로세스 성숙도, kmac, 2008.

포스코건설, 혁신을 디자인하라, 교보문고, 2014.

한국경영혁신연구회, 도요타 생산시스템(TPS), 2009.

한국경제신문 특별취재팀, 한국경제신문, 삼성전자 왜 강한가, 2002.

한국반도체산업협회, ITRS(International Technology Roadmap for Semiconductors), 2000.

한국표준협회, 스마트공장 표준화 세미나, 2015.

혁신리더, KMAC, 2013,11.

AIM. http://www.aim.co.kr.

Amold, J. R. Tony and Stephen N. Chapman. 삼성SDS CPIM회 옮김. 『Introduction to Materials Management 공급망관리 기초』, 2002.

APICS. 2013. Execution and Control of Operations(Instructor Guide Version 3.2). APICS.

BISTel, http://www.bistel−inc.com.

Chase and Richard B, Production and Operations Management: Manufacturing and Services, Richard d Irwin, 1998.

ISMI. http://www.ismi.sematech.org.

ITRS Reports. http://www.itrs2.net.

James P, Womack & Dniel T, Jones, Lean Thinking: Banish Waste and Create Wealth in Your Corporation. Free Press, 2013.

JDA Software Group, http://www.jda.com.

KMAC SCM 센터, S&OP Best Practice 세미나 자료, 2010(5).

MESA International. http://www.mesa.org.

SEMI e−Manufacturing Workshop, https://www.semi.org/en/connect/events/smart−manufacturing−workshop−2019.

SEMI. http://www.semi.org./en/standards.

Thomas F. Wallance, LG CNS 옮김, SCM의 중심 S&OP(판매&운영계획), 엠플래닝, 2003.

Thomas F. Wallance, Robert A. Stahl, 정현주 옮김, SCM의 시작 판매예측, 엠플래닝, 2003.

색인

저자소개

심현식

스마트제조경영 학자 / 연세대학교 공학박사.

경기대학교 산업시스템공학전공 교수로 재직 중이며,
한국반도체디스플레이기술학회 편집이사 및 "스마트제조경영연구회" 회장으로 활동하고 있다.

관심 분야는 지능형제조, 스마트팩토리, 스마트제조경영이며,
지능형제조시스템, 제조경영 연구 및 컨설팅과, 연구회 & 아카데미를 연 2회 진행하고 있다.

주요 저서로는 "실전경영학(2018)", "스마트제조시스템(2020)", "실전경영학 개정판(2022)" 등이 있다.

주요 경력은 삼성전자 반도체사업부(그룹장), 삼성전기 생산기술연구소(그룹장)에서 근무하였고, 연세대학교 정경대학에서 실전경영학을 강의하였다.

이메일: simhyunsik7@naver.com

초일류기업을 위한 스마트생산운영

초판발행   2023년 9월 20일

지은이   심현식
펴낸이   안종만·안상준

편 집   탁종민
기획/마케팅   정연환
표지디자인   이영경
제 작   고철민·조영환

펴낸곳   (주) **박영사**
             서울특별시 금천구 가산디지털2로 53, 210호(가산동, 한라시그마밸리)
             등록 1959. 3. 11. 제300-1959-1호(倫)

전 화   02)733-6771
f a x   02)736-4818
e-mail   pys@pybook.co.kr
homepage   www.pybook.co.kr
ISBN   979-11-303-1395-5   93320

정 가   33,000원